미리 훑고 내신 잡고
수능까지 완성하는

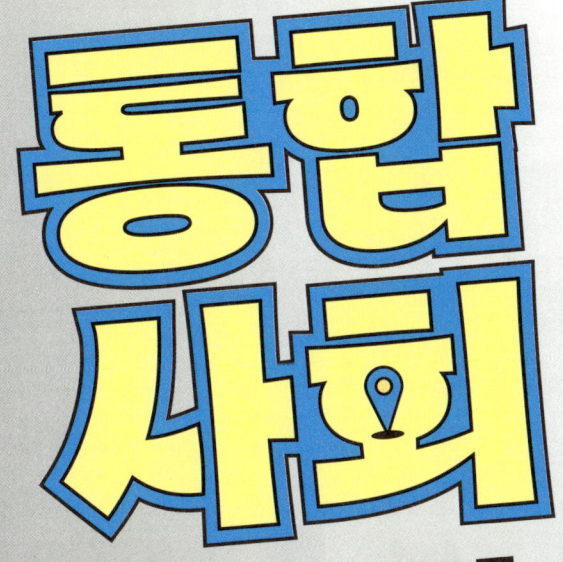

통합사회

개념 픽✓

PICK

박현희 · 최재희 지음

오랜 벗이자 존경하는 동료의 글에서 반짝이는 시선과 깊은 사유를 본다. 개념에 대한 설명을 따라가다 보면 어느새 자기 삶과 사회를 통합적으로 이해하는 힘이 자라고, 단순한 지식을 넘어 살아 있는 질문을 던지는 놀라운 경험을 하게 된다. 이 책은 청소년에게는 세상을 이해하는 길잡이로, 교사에게는 수업의 지평을 넓혀 주는 든든한 동료가 되어 줄 것이다.

최성은(대전성모여자고등학교 사회 교사, 전국사회교사모임 대표)

쉽게 풀어 쓴 통합사회, 넓지만 얕지 않다. 청소년용 도서는 대체로 손이 잘 가지 않는다. 재미가 없거나 뻔하다는 선입견 때문이다. 하지만 이 책은 다르다. 통합사회를 처음 접하는 고등학교 1학년 학생은 물론, 이 과목을 가르치는 교사가 읽어도 깊은 통찰을 얻을 수 있다. 핵심 개념을 지구촌의 다양한 도시와 연결한 구성은 신선하고, 그곳을 직접 여행하고픈 마음마저 든다. 생물처럼 살아 있는 사회를 통합적 관점으로 바라보게 하는 이 책은 가히 통합사회의 부교재라 할 만하다.

정양례(경기 백석고등학교 통합사회 교사)

청소년 양서 출간 경험이 풍부한 베테랑 현직 교사인 저자들이 심혈을 기울여 저술한 흔적이 곳곳에서 묻어난다. 통합사회 교과서의 주요 핵심 개념을 다양한 국내외 사례를 바탕으로 쉽고 짜임새 있게 이야기로 풀어낸 점이 돋보인다. 이 책은 사회를 바라보는 관점을 확장시키고 삶과 세상에 대한 깊이 있는 이해를 돕는 소중한 길잡이가 될 것이다.

최훈(대전지족고등학교 지리 교사)

땅 위에서 인간의 삶을 탐구하는 일은 언제나 설렘을 준다. 이 책을 읽으며 다시금 깨달았다. 기후와 지형, 바다와 바람이 빚어낸 땅의 질서가 인간의 삶과 얼마나 깊이 맞닿아 있는지를. 분절된 주제들이지만 책을 덮고 나면 하나의 큰 지도를 완성한 듯한 충만함이 남는다. 마치 우리나라 최고의 맛집에서 정성껏 지은 비빔밥 한 그릇을 맛보았을 때처럼, 다양한 재료가 어우러져 조화를 이루는 느낌이다. 이 책은 우리가 사는 땅과 시대를 이해하도록 이끄는 사려 깊은 안내서, 그리고 교사로서 다시금 '배움의 기쁨'을 되새기게 하는 따뜻한 지적 동반자다.

남길수(용인 처인고등학교 지리 교사)

이 책은 설명이 무척 자세하고 다양한 예시와 사진이 함께여서 이해하기가 정말 쉬웠다. 이 책에 나오는 인권, 기회 비용 등 내가 현재 배우는 교과 내용이 풍성하게 포함되어 있어 학교 수업을 이해하는 데도 많은 도움이 되었다. 고등학교에 가서 배울 통합사회의 핵심 지식들을 꾹꾹 눌러 담은 책이라는 게 느껴졌다.

김수연(진선여자중학교 2학년)

평소에 책을 많이 읽는 편인데, 하나의 주제에 관한 이야기가 가지처럼 뻗어 나가는 이 책의 형식은 읽는 즐거움을 더했다. 책에 소개된 자연환경과 인문환경의 소재가 읽는 동안 계속 궁금해졌다. 통합사회는 막연하게 암기 과목이라는 생각이 많았는데, 이 책을 통해 진짜 사회가 어떤 맛이 있는지 깨달았다.

최형준(휘문중학교 3학년)

이 책은 사회를 무료하게 생각했던 나에게 사회의 흥미를 알려 주었다. 또한 책을 읽으며 멀게만 느껴졌던 사회 문제를 실감할 수 있었고 사회 구성원으로서의 역할과 책임감의 필요성을 깨달을 수 있었다.

한지연(동래여자중학교 2학년)

사회는 시험을 치르기 위해 배우는 과목이라고만 생각했다. 하지만 이 책을 읽으며 우리가 사회 과목을 왜 배우는지 알게 되었고, 광범위한 사회 개념을 정리하고 이해할 수 있었다.

정시윤(동래여자중학교 2학년)

말로 세상을 배우고,
생각으로 사회를 이해하다

통합사회라는 과목을 공부한다는 것은 사회 현상의 핵심을 이해하기 위한 도구를 갖추는 일입니다. 그 도구는 거창한 것이 아닙니다. 바로 '말'과 '사고력'입니다.

첫 번째 도구는 말, 즉 개념어입니다. 우리는 언어를 통해 세상을 인식하고, 말로써 사고합니다. 새로운 말을 배운다는 것은 단순히 단어 하나를 외우는 일이 아니라 세계를 바라보는 새로운 창을 여는 일입니다.

예를 들어 '문화 상대주의', '자문화 중심주의', '문화 사대주의'라는 개념어를 익히는 순간, 이전에는 흐릿하게만 느껴졌던 문화권 사이의 긴장과 오해, 그리고 그 속에 깃든 태도의 문제들이 분명하게 드러납니다. 단어를 통해 우리는 세상을 새롭게 읽어 내기 시작합니다. 단어는 우리의 감각을 넓히고 깊게 사고하게 합니다.

통합사회는 이러한 개념어들로 지어진 거대한 성과 같습니다. 교과서의 대단원·중단원·소단원은 모두 상위·중위·

하위 개념어의 층위로 구성돼 있습니다. '자연환경'이라는 대단원 아래에는 '지형'과 '기후'가 있고, 다시 그 아래에는 '기후 구분', '지형 형성 요인'과 같은 하위 개념어가 자리합니다. 이처럼 개념어들은 서로를 떠받치며 교과 전체를 이루는 골격을 형성합니다. 그래서 개념어를 정확히 이해하지 않고서는 통합사회의 구조를 파악하기 어렵습니다. 통합사회 학습의 출발점이자 도착점은 결국 '말'을 통한 사고의 정교화라 할 수 있습니다.

두 번째 도구는 사고력입니다. 개념어를 익혔다면, 이제 그것으로 세상을 해석해야 합니다.

"왜 이런 경관이 나타났을까?"

"왜 이런 삶의 방식이 만들어졌을까?"

"불평등은 왜 심화되는 걸까?"

"정의로운 사회는 어떻게 가능할까?"

이러한 질문을 던지고 탐구하는 과정이 곧 통합사회 공부의 핵심입니다. 사회 현상은 결코 단일한 원인으로 설명되지 않습니다. 경제 문제 속에는 정치가 있고, 윤리의 문제가 다시 환경과 맞닿습니다. 정치나 경제, 문화 뒤에 지리가 숨어 있기도 합니다. 그래서 통합사회는 '하나의 교과'를 넘어 사회를 입체적으로 바라보기 위한 관점의 훈련장이 됩니다.

새로운 교육 과정이 통합사회를 강조하는 이유도 여기에 있습니다. 통합사회는 1학년 교과이지만, 대학 수학 능력 시험에서도 중요하게 다루어집니다. 단편적인 암기를 넘어 스스로 사고하고 분석하는 힘을 기르도록 설계된 교과이기 때문입니다. 학문 간의 경계를 허물고 지리·일반사회·윤리의 관점을 통합해 문제의 본질을 바라보게 하는 것이 통합사회의 궁극적인 목표입니다. 말하자면 '수박 겉핥기식'의 얕은 이해를 넘어, 사회를 통합적이고 입체적으로 탐구하는 힘을 기르는 것이지요.

이 책,《통합사회 개념 픽》은 그런 통합적 사고의 기초가 되는 핵심 개념어 50개를 중심으로 쓰였습니다. 각각의 개념은 교과서 속 정의와 맞닿지만, 그 설명은 현실 속 구체적인 장면에서 출발합니다. 교실 창밖의 날씨 변화, 뉴스 속 사회 갈등, 거리의 광고판, 친구와의 대화 속 작은 오해까지 모든 사회 현상은 교과서 속 개념과 연결돼 있습니다. 그 연결의 순간을 놓치지 않으려 했습니다. 개념어가 현실과 만나는 지점에서 비로소 공부는 생명을 얻기 때문입니다.

학생들이 공부가 지루하다고 느낄 때는 대개 이런 의문이 떠오를 때입니다.

"이걸 배워서 어디에 써먹지?"

이 책은 그 질문에 답하기 위한 시도이기도 합니다. 통합사회 개념어는 사전 속 용어가 아니라 지금 우리가 살아가는 사회를 이해하고 움직이는 도구로써의 언어입니다. 그래서 이 책에서는 개념어 하나하나를 삶의 현장과 연결하고, 그 개념이 다른 개념과 어떻게 만나며, 어떤 사회적 의미를 함께 만들어 내는지를 보여 주려 했습니다.

'시장'이라는 개념은 '경제 활동'과 연결되고, 그것은 다시 '자유'나 '정의'라는 가치와 맞닿습니다. '지속 가능성'은 '환경'과 '윤리'를 아우르며, '인권'은 '정치 참여'와 '복지'로 이어집니다. 이처럼 사회를 이루는 말들은 서로 얽혀 있으며 그것을 읽어 내는 능력이 곧 문해력입니다.

이 책은 지리 교사와 사회 교사가 함께 쓴 공저입니다. 각자의 교실에서 학생들과 함께하며 느꼈던 고민과 경험이 자연스럽게 녹아들었습니다. 개념어 하나를 두고도 더 쉽고 더 풍부하며 본질에 한 발짝 더 다가가는 설명을 찾기 위해 긴 시간을 보냈습니다. 그 과정은 두 필자 모두에게 흥미롭고 보람된 여정이었습니다. 이제 그 여정에 독자 여러분을 초대합니다.

《통합사회 개념 픽》으로 여러분이 사회를 읽는 언어를 새롭게 배우고, 익힌 개념을 통해 세상을 더 깊이 이해할 수 있기를 바랍니다. 교과 공부를 위한 책이기도 하지만, 동시에 우리가 살아가는 세계를 이해하는 인문학적 탐구의 입문서로 읽히기를 바랍니다.

이 책이 여러분의 공부를 조금 더 흥미롭게, 세상을 바라보는 눈을 조금 더 넓게 만들어 주기를 바랍니다. 그리고 통합사회를 공부하는 지적 여정을 통해 '생각하는 힘'이 단단히 자라나길 진심으로 응원합니다.

차례

샌프란시스코

캔자스주

매사추세츠주
뉴욕

캘리포니아주

켄터키주

에콰도르

투발루

볼리비아

훗카이도

서울 오사카
부산
마산
제주

아이슬란드 핀란드
노르웨이
영국 덴마크
네덜란드 독일
에스파냐

니제르 두바이 방글라데시
가나 주바 문나르
에리오피아

보츠와나

오스트레일리아

남아프리카 공화국

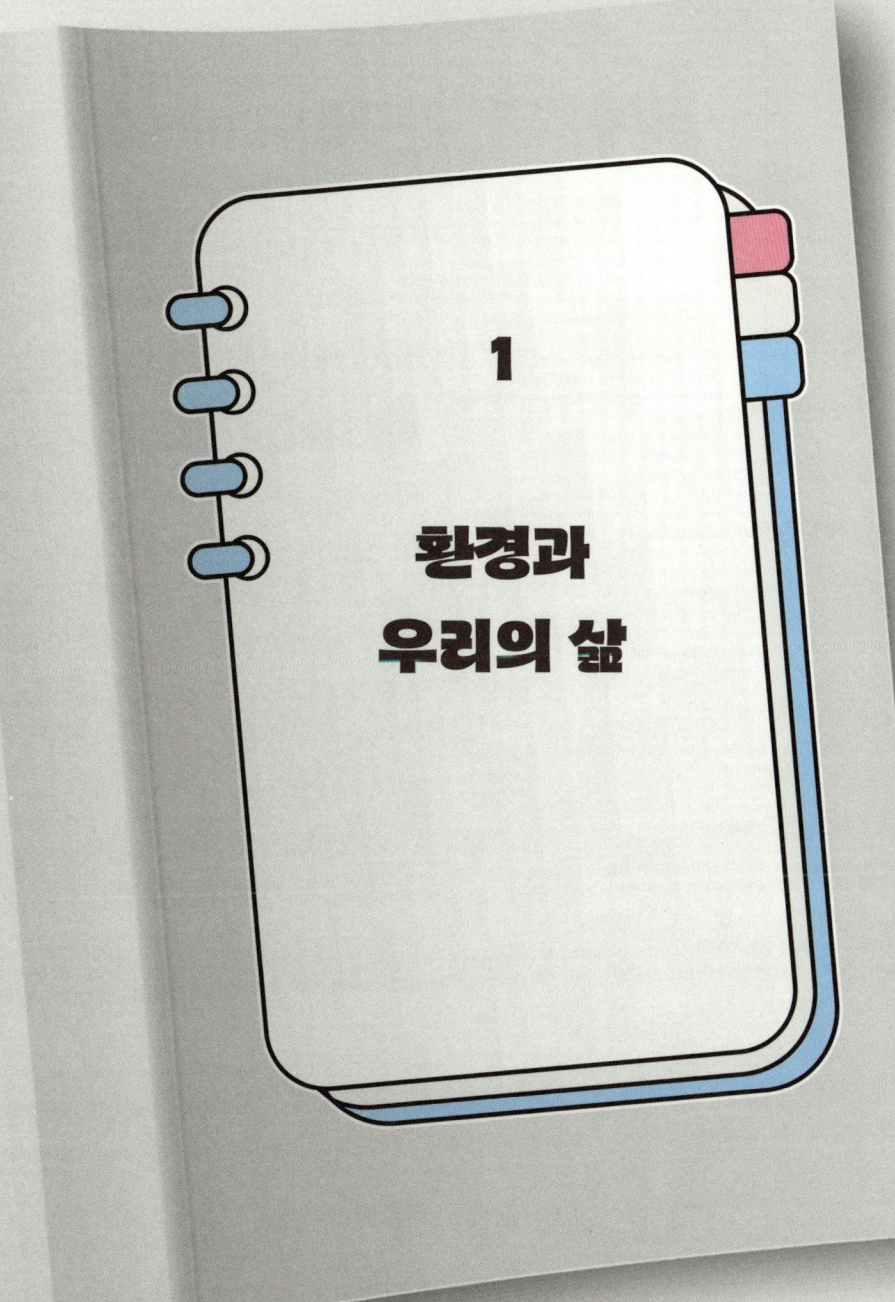

1

환경과
우리의 삶

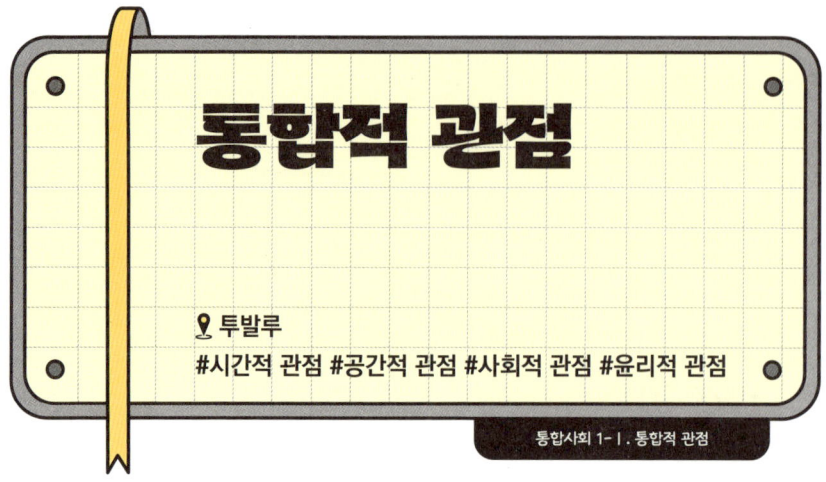

통합적 관점

📍 투발루

#시간적 관점 #공간적 관점 #사회적 관점 #윤리적 관점

2021년, 한 나라의 외무부 장관이 국제 사회를 향해 연설을 했다. 무릎까지 바닷물에 잠긴 상태로. '우리 나라가 이렇게 물에 잠기고 있다'라는 호소를 시각적으로도 보여 주기 위해서였다. 해마다 조금씩 물에 잠기고 있는 나라, 이곳은 어디일까? 바로 투발루다.

투발루는 하와이와 오스트레일리아 사이의 태평양에 있는 작은 섬인데 해발 고도가 약 2m에 불과하며 해마다 바닷물이 약 0.5cm씩 차오르는 것으로 알려졌다. '고작 0.5cm?'라고 생각하면 곤란하다. 10년이면 5cm, 100년이면 50cm가 된다. 예측이 얼마나 정확할지는 알 수 없지만, 전문가들은 현재 해수면 상승 속도로 봤을 때 투발루가 2050년쯤 수몰될 가능성이 높다고 보고 있다.

이런 상황에서 투발루 사람들은 어떻게 살고 있을까? 투발루 국민 1만 2,000여 명이 생존에 위협을 받고 있으며, 생

2021년 수중에서 연설하는 투발루 외무부 장관 사이먼 코페. 해수면 상승으로 위기에 처한 투발루의 상황을 상징적으로 보여 준다.

기후 난민

기후 변화 때문에 살던 곳을 떠나야 하는 사람들을 말한다. 해수면 상승, 가뭄, 사막화, 극심한 자연재해 등의 이유로 발생한다. 유엔난민기구(UNHCR)는 기후 난민을 '기후 변화로 인한 강제 실향민'이라 정의한다.

활의 터전을 잃고 이웃 나라인 오스트레일리아나 뉴질랜드 등으로 이주하고 있다고 한다. 이른바 **기후 난민**의 탄생이다. 이들을 기후 난민이라 부르는 이유는 해수면 상승의 원인이 지구 온난화와 직접적으로 관련이 있기 때문이다. 탄소 배출량의 증가로 온실 효과가 나타나고, 그 결과 북극의 빙하가 녹아내리면서 해수면이 상승하고 있다.

삶의 터전이 물에 잠기는 비극은 투발루에서만 일어나고 있는 것은 아니다. 이탈리아의 베네치아, 방글라데시의 다카, 태국의 방콕, 중국의 상하이, 이집트의 알렉산드리아 등도 거론된다. 솔로몬 제도의 누아탐부섬은 2022~2024년에 걸쳐 주거지 대부분이 수몰돼 주민들이 이주했다. 모두가 알고 있는 것처럼 기후 위기가 해수면 상승으로만 나타나는 것도 아니다. 폭염, 해일, 가뭄, 산불 등 다양한 형태의 극심한 기후 재난이 지구 전역에 걸쳐 끊이지 않고 있다. 정말 이대로 괜찮은 걸까?

기후 위기 문제를 시간적·공간적·사회적·윤리적 관점으로 살펴보자. **시간적 관점**이란 역사적 배경과 시대적 맥락에 초점을 두고 사회 현상을 살펴보는 것이다. 시간적 관점으로 사회 현상을 바라보면 과거 속에서 현재 문제의 원인을 찾아내고, 미래를 예측할 수 있다. 시간적 관점에서 보면 기후 위기는 최근에 갑자기 생겨난 문제가 아니다. 인류가 산업 혁명을 통해 화석 연료를 대규모로 사용하면서부터 기후 변화는 시작됐다. 석유와 천연가스가 전 세계의 주요 에너지원으로 자리 잡으면서 인간의 생활 수준은 눈에 띄게 향상됐지만, 막대한 양의 이산화탄소가 대기 중에 배출되면서 지구 평균 기온은 꾸준히 상승해 왔다. 기후 위기는 인류가 근대화를 선택한 대가로 치른 발전의 문제점이 한 세기 이상 누적돼 온 결과다.

이번에는 공간적 관점에서 기후 위기 문제를 살펴보자. **공간적 관점**이란 장소와 지역 및 공간적 상호 작용에 중점을 두고 사회 현상을 살펴보는 것이다. 공간적 관점으로 사회 현상을 파악하면 위치와 장소, 분포 양상, 이동과 네트워크 등의 공간적 맥락에서 인간, 사회, 환경 간의 상호 관계를 파악할 수 있다. 기후 위기는 전 지구적 문제지만, 공간적 관점에서 보면 그 영향은 지역마다 다르게 나타난다. 투발루는 해수면 상승으로 국가의 존립 자체가 위협받고 있다. 북극 지역에서는 빙하가 빠르게 녹아내리면서 생태계 변화와 자원 개발을 둘러싼 국제적 갈등이 심화되고 있다. 사하라사막 주변국들은 가뭄과 사막화로 농업 기반이 약화되며 식량 위기를 겪고 있다. 그런데 기후 위기를 불러일으키는 탄소 배출은 주로 선진국에 의해 이뤄졌다. 원인을 제공한 쪽과 그로 인해 고통을 받는 쪽이 일치하지 않는 것이다. 만약 기후 위기의 피해가 원인 제공자에게 일대일의 대응 관계로 영향을 미쳤다면 탄소 배출을 줄이려는 노력은 더 즉각적으로 실행되지 않았을까?

기후 위기를 제대로 이해하려면 사회적 관점도 필요하다. **사회적 관점**이란 사회 구조와 제도를 중심으로 사회 현상을 탐구하고 대안을 살펴보는 것이다. 사회적 관점을 활용하면 사회 현상이 나타난 배경을 사회의 구조적·제도적·정책적 측면에서 살펴볼 수 있기 때문에 구조적이고 제도적인 해결책을 모색하는 데 유리하다. 이 관점에서 보면 기후 위기는 경제 체제(→200쪽)와 산업 구조 때문에 발생하는 문제다. 석유와 전기에 의존해 유지되는 시스템이 존재하는 한 기후 위기의 해결은 기대하기 어렵다. 분리수거를 열심히 하고 사용하지 않는 전기 기구의 코드를 항상 빼놓는 것과 같은 개개인의 노력만으로는 한계가 분명하다.

사회적 관점에서 보면 기후 위기는 불평등(→166쪽) 문제와도 관련이 깊다. 선진국들은 역사적으로 가장 많은 온실 기체를 배출했으면서도 상대적으로 피해를 적게 입는 반면, 개발 도상국은 배출량이 적어도 피해는 심각하다. 기후 위기의 불평등은 국가 간 문제만은 아니다. 개인 간에도 마찬가지인데, 상위 10% 부자들은 1인당 연평균 31톤의 탄소를 배출했는데 이들의 탄소 배출량을 모두 합하면 전 세계 탄소 배출량의 48%(거의 절반이다!)에 달한다고 한다. **기후 정의**라는 개념은 세계적인 불평등 구조가 기회 위기를 심화한다는 인식에서 나온 것이다.

기후 정의
기후 변화에 대한 책임과 피해가 불평등하게 분배되는 현실을 인식하고, 이를 사회 정의와 환경 정의의 관점에서 바로잡으려는 접근 방식.

마지막으로 윤리적 관점에서 기후 위기의 본질을 성찰해 보자. **윤리적 관점**이란 도덕적 가치와 도덕규범을 바탕으로 사회 현상을 해석하고 문제점을 찾아 바람직한 삶의 모습을 그려 보는 관점이다. 윤리적 관점은 우리에게 미래 세대에 대한 책임을 묻는다. 우리가 지금 누리고 있는 물질적 풍요는 미래 세대의 자원과 가능성을 뺏어 온 결과다. 그런데 과연 우리에게 미래 세대의 삶을 훔칠 권리가 있을까? 또한 윤리적 관점은 인간과 자연의 관계에 대해서도 질문을 던진다. 인간에게는 지금까지처럼 계속해서 성장을 추구할 권리가 있는가, 아니면 지구 생태계의 일원임을 자각하고 다른 종과 조화를 이루며 살아야 하는가?

이 가운데 어떤 관점을 선택하는 것이 기후 위기에 대한 최적의 해답을 찾는 길이 될까? 답은 분명하다. 어느 하나의 관점만으로는 충분하지 않다는 것. 역사적 관점만 강조하면 현재 우리가 해야 할 선택의 중요성을 놓칠 수 있고, 공간적 관점만 고집하면 지역 특수성에 사로잡혀 전 지구적 연대와 협력이 필요한 측면을 놓칠 수 있다. 사회적 관점만 중시하면 개인과 공동체가 가져야 할 윤리적 책임을 무시할 수 있으며, 윤리적 관점만 강조하면 도덕적 당위는 분명해지지만 구체적인 현실의 제약을 외면하게 된다. 그러므로 우리에게 필요한 것은 이 모든 관점을 통합하는 태도다. 그래야만 기후 위기와 같은 복잡하고 거대한 사회 현상에 대해 현실적이면서도 가치 있는 해결책을 마련할 수 있다.

기후 위기뿐이겠는가. 모든 사회 현상은 언제나 다층적이다. 우리는 종종 하나의 관점으로 현상을 단순화하곤 한다. 하지만 사회를 올바르게 이해하려면 역사, 지리, 사회, 윤리라는 네 가지 관점을 넘나들고 통합하는 관점이 필요하다. 이것이 바로 **통합적 관점**이며 우리가 통합사회를 공부하는 이유다. 물론 모든 사회 현상에 대해 이 네 가지 관점을 균등한 비율로 통합해야 한다는 의미는 아니다. 어떤 사안에 대해서는 시간적 관점으로 중심을 잡아야 하고, 또 다른 사안에 대해서는 윤리적 관점이 가장 유효한 관점이 될 수도 있다.

이스털린의 역설

📍 독일
#행복의 조건 #소득의 역설

통합사회 1-Ⅱ. 인간, 사회, 환경과 행복

잘나가는 스타트업의 운영자인 폴과 토니는 절친한 사이지만, 둘 사이의 경쟁심도 만만치 않다. 어느 날 둘은 술김에 모든 물건을 창고에 넣은 뒤 하루에 하나씩만 꺼내 생활하면서 100일을 버티는 내기를 한다. 진 사람은 자신이 보유한 회사 주식의 절반을 직원들에게 나눠 줘야 한다. 독일 영화 〈100일 동안 100가지로 100퍼센트 행복찾기〉의 설정이다. 직원들이 감시하는 가운데 벌어지는 두 사람의 도전, 과연 누구의 승리로 끝날까?

'돈이 많으면 행복할까?'

누구나 한 번쯤은 이런 질문을 해 본 적이 있을 것이다. 잠시만 생각해 보면 바로 답이 나온다. 맛있는 음식을 먹고, 예쁜 옷을 사고, 멋진 여행을 떠나려면 돈이 필요하다. 이왕이면 크고 근사한 집, 남들이 부러워할 만한 차를 갖고 싶다. 이 역시 돈이 필요하다. 그러니 '돈이 많으면 행복하겠

영화 〈100일 동안 100가지로 100퍼센트 행복찾기〉(2018)

지'라고 생각할 수 있다. 영화는 우리가 너무 많은 물건에 둘러싸여 진정한 행복을 찾을 틈이 없는 것은 아닌지 우리에게 묻는다.

영화도 흥미롭지만 미국의 경제학자 리처드 이스털린의 소득과 행복의 상관관계에 관한 연구도 흥미롭다. 그는 1974년 여러 나라의 경제 성장과 국민들의 행복도에 대한 방대한 자료를 수집하고 비교 연구한 결과를 내놓아 세상을 깜짝 놀라게 했다. 그의 연구에 따르면 한 나라 안에서는 소득이 높은 사람이 일반적으로 더 행복한 경향을 보였다. 여기까지는 우리의 짐작에 부합한다. 그런데 시간의 흐름이라는 변수를 추가하자 우리의 상식에 어긋나는 결과를 만나게 된다. 나라 전체의 소득이 높아져도 국민 전체의 행복은 그만큼 증가하지 않더라는 것! 다시 말해 개인 수준에서는 소득과 행복이 연결되지만, 사회 전체로 보면 그렇지 않다는 것이다. 이것이 바로 **이스털린의 역설(Easterlin paradox)**이다.

왜 소득이 늘어난 만큼 행복은 늘지 않을까? 이스털린의 역설이 발생하는 원인이 궁금해진다. 이스털린에 따르면 "사회적 비교가 역설을 만든다." 요컨대 행복을 가져다주는 건 소득의 절대적인 가치가 아니라 그 상대적 가치라는 것이다. 예를 들어, A라는 사람이 월 100만 원을 벌고, 주변 사람들은 모두 80만 원을 번다고 가정하자. A는 '나는 꽤 잘사는 편이구나'라고 느끼며 만족할 수 있다. 그런데 몇 년 뒤 경제가 좋아져서 A는 월 200만 원을 벌게 되지만, 주변 사람들도 모두 200만 원을 번다. 그러면 A는 '이젠 내가 특별히 잘사는 것도 아니네'라고 느끼며 이전보다 별로 행복하지 않을 수도 있다. 이처럼 사람들은 절대적인 소득보다 상대적 위치, 즉 '내가 남들보다 잘사는가?'를 더 중요하게 생각한다.

또한 인간은 적응하는 존재이기도 하다. 부모님을 졸라 손에 넣은 고가의 최신형 스마트폰이 주는 기쁨은 우리의 기대만큼 오래가지 않는다. 그것이 곧 '당연한 것'이 돼 버리기 때문이다. 게다가 기술은 계속 발전하고 기업은 끊임없이 신

상품을 내놓아 우리를 유혹한다. 나의 최신형 스마트폰이 구형 스마트폰이 되는 데 걸리는 시간은 그리 길지 않다. 그러니까 사람들은 더 멋진 차, 더 큰 집을 찾지만, 결국 거기에도 적응하면서 행복의 수준은 제자리걸음을 하게 된다.

한 걸음 더 나아가 보자. 이스털린은 사람들이 경제적 욕구를 충족하면, 더 많은 소득보다 다른 요소들이 행복에 영향을 준다고 주장했다. 예를 들어 가족과의 관계, 건강, 안정적인 직장, 자유로운 시간, 사회적 존중, 공동체 속의 소속감 같은 것들이다. 이를 통해 우리는 돈이 전혀 중요하지 않다고 말할 수는 없지만, 일정 수준 이상이 되면 소득은 더는 행복의 결정적 조건이 아니라는 사실을 알 수 있다.

이스털린의 역설은 우리에게 중요한 교훈을 준다. 소득이 늘면 행복해질 것 같지만, 그건 잠시일 뿐이라는 점이다. 우리는 모두 더 나은 삶을 꿈꾼다. 하지만 그 '더 나음'이 꼭 돈이나 물질에만 있는 것은 아니다. 오히려 삶을 어떻게 바라보고, 누구와 함께하며, 무엇을 위해 살아가는가가 더 깊은 행복을 만든다.

그럼 행복해지려면 우리는 어떻게 해야 할까? 심리학자 서은국은 저서 《행복의 기원》에서 행복이란 삶의 목적이 아니라 생존과 번식을 위한 수단이기에 음식과 섹스가 행복의 가장 핵심적 요인이며, 이 두 가지를 동시에 만족시키는 것이 바로 '좋아하는 사람과 함께 음식을 먹는 일'이라고 주장한다. 좋아하는 사람과 함께 음식을 먹는 것 정도야 나도 당장 할 수 있는 일인데 그것이 행복으로 가는 치트 키라니 안심이 되지 않나. 좋아, 오늘은 애인이랑 마라탕을 먹겠어!

이걸로 끝? 그럴 리가. 경제학자 강수돌은 '좋아하는 사람과 함께 음식을 먹는 것'이 행복이라는 주장에 반박한다. 《자본주의와 생태주의 강의》에 따르면 행복에 대한 이런 관점은 매우 '위험'하다. 위험하기까지 하다고? 대체 왜일까?

인간은 개인적 존재인 동시에 공동체적 존재이고, 생물학적 존재이면서 사회적 존재인데 개인적이고 생물학적인 측면만을 부각해 행복을 정의하면 공동체 차원, 사회적 차원에서 행복을 추구하는 일을 간과하게 할 수 있다. 좋아하는 사람과 함께 음식을 먹는 일에는 생각보다 많은 조건이 관여한다. 지금 우리가 살고 있는 세상은 좋은 관계에 시간과 에너지를 쓰는 것을 어렵게 만든다. 스마트폰은 우리의 집중력을 떨어뜨리고, 학교와 회사는 나의 시간을 내 것이 아니게 만든다. 생태계가 계속 파괴되는 상황에서 좋은 식재료를 구하는 일도 점점 간단치 않다. 그 결과 많은 사람이 '먹방'을 시청하며 홀로 편의점 음식이나 배달 음식을 먹는다.

혹시 그림책 《행복한 청소부》를 본 적이 있는지? 거리의 표지판을 닦는 한 청소부가 표지판 속 거리 이름이 유명한 음악가와 작가의 이름이라는 사실을 깨달은 후 이들의 음악을 듣고 작품을 읽으며 진짜 행복을 찾아간다는 이야기다. 대학에서는 그에게 강의를 요청하고 교수 자리도 제안하지만 그는 거절한다. 지금 이대로도 행복하니까. 많은 이가 '인생 책'으로 《행복한 청소부》를 꼽는 데는 그럴 만한 이유가 있다. 어떤 일을 하는지가 중요한 것이 아니라 어떻게 일하는지가 더 중요하다는 것, 일상에서 행복을 가꾸라는 메시지는 소중히 간직해야 할 지혜다.

하지만 한 걸음 더 나아가 볼 수는 없을까? 행복한 청소부가 되는 일은 그리 간단하지 않다. 일을 마치고 도서관, 음악회, 미술관에 가려면 여가 시간도 있어야 하고 가까운 곳에 그런 시설들이 갖추어져 있어야 한다. 교수 일을 거절할 수 있을 정도로 청소부의 급여도 괜찮은 수준이어야 한다. 게다가 이곳은 학위가 없는 사람에게 대학 강의를 요청할 정도로 학력 차별이 없는 데다가 예술가의 이름으로 도로 이름을 삼을 만큼 예술에 대한 안목이 높은 도시이기도 하다. 그러니 어찌 행복을 개인적 차원에서만 생각하겠는가?

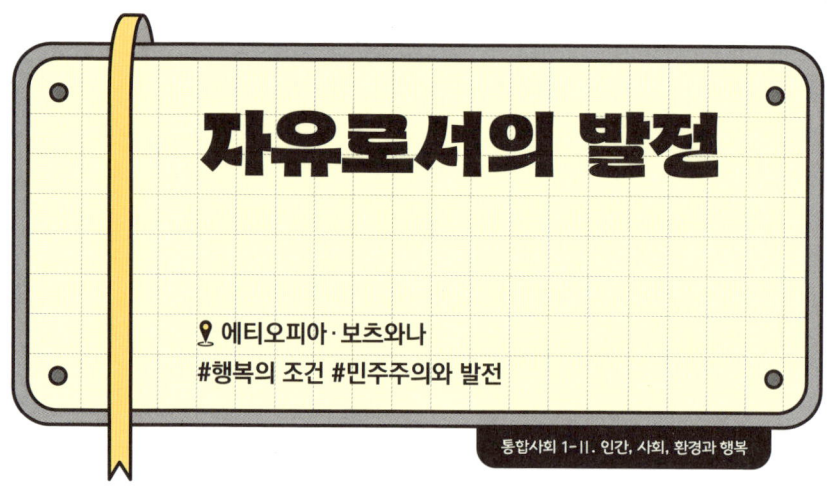

자유로서의 발전

📍 에티오피아·보츠와나
#행복의 조건 #민주주의와 발전

1985년 7월 13일, 런던과 뉴욕에서 대규모 록 페스티벌이 동시에 열렸다. 당시 영미권의 유명한 뮤지션들이 총출동했고, 수많은 관객이 열광했다. 우리나라를 포함한 여러 나라에서도 이 공연이 TV로 생중계돼 큰 화제를 모았다. 이 공연의 이름은 라이브 에이드(Live Aid). 상처에 붙이는 반창고 상표인 밴드에이드(Band-Aid)에서 착안한 것이라고 한다. 이 공연은 누구의 상처를 위로하기 위한 것이었을까?

라이브 에이드의 배경에는 1983년부터 1985년까지 아프리카에서 일어난 대가뭄이 있다. 라이브 에이드는 특히 기근으로 고통받던 에티오피아 난민을 돕는 자선 공연이었다. 그런데 이상한 점이 하나 있다. 같은 시기, 보츠와나도 가뭄을 겪었는데, 에티오피아에서는 약 100만 명이 아사한 반면, 보츠와나에서는 아사자가 한 명도 없었다는 것이다. 이 차이는 어디서 왔을까?

1985년 7월 13일에 열린 자선 공연 라이브 에이드

　노벨 경제학상 수상자인 아마르티아 센은 이 차이를 정치 체제의 차이에서 찾는다. 당시 보츠와나는 민주주의 국가였고, 에티오피아는 독재 국가였다. 민주주의 사회에서는 시민의 목소리가 정치에 반영된다. 재난이 발생하면 정부는 시민의 요구에 신속하게 대응하지 않으면 안 된다. 반면, 독재 정권은 시민의 고통에 귀를 기울이지 않고 외면할 가능성이 크다. 그래서 보츠와나는 정부가 앞장서서 위기를 관

리했지만, 에티오피아는 그렇지 못했던 것이다.

이 사례는 우리에게 중요한 메시지를 준다. 우리는 흔히 경제가 성장하고 나라가 발전하면 자연스럽게 행복해질 것이라고 생각하지만 센의 논리를 따라가 보면 행복은 민주주의라는 조건 속에서 자라난다. 진정한 발전이란 경제 성장이나 소득 증가만을 이루는 게 아니라 사람들이 자유롭게 자기 삶을 선택할 수 있는 조건이 마련되는 것이다. 센은 이를 **자유로서의 발전(Development as Freedom)**✓이라 불렀다. 사람들이 자신이 가치 있게 여기는 삶을 살아갈 자유를 갖는 것이 진정한 발전이라는 의미다.

자유로서의 발전
발전이란 경제 성장만이 아니라 사람들이 자유롭게 살아갈 수 있는 조건을 마련하는 것이라는 관점.

그렇다면 '자유'란 무엇일까? '선택'만 할 수 있다면 자유로운 걸까? 예를 들어, 학교 급식에서 치킨과 피자 중 하나를 고를 수 있다면, 선택의 자유를 누리고 있는 것처럼 보인다. 하지만 만약 어떤 학생이 형편이 어려워 급식을 먹지 못한다면, 그 학생은 선택은커녕 먹을 자유조차 없는 상태다. 급식 메뉴를 다양하게 짜서 학생들의 선택지를 보장하는 것도 좋겠지만, 더 중요한 사실은 모든 학생이 선택 자체가 가능하도록 만들어 주는 것이다. 그랬을 때 진짜 자유를 보장하는 길이 된다. 오늘날 실시되고 있는 '무상 급식 제도'는 자유로서의 발전이라는 개념에 부합한다고 볼 수 있다.

센의 이야기를 좀 더 따라가 보자. 센은 선택지가 많은 것으로는 충분하지 않으며, 그 선택지를 실현할 수 있는 능력과 조건이 뒷받침될 때 진정한 자유가 실현된다고 이야기한다. 투표할 나이가 되었지만 글을 읽지 못한다면? 대학에 진학하고 싶지만 등록금이 없다면? 병원에 갈 권리는 있지만 근처에 병원이 없다면? 이런 상황에 놓인 사람들은 법적으로는 자유롭지만, 실제로는 자유롭지 않은 상태다. 센은 이를 **실질적 자유(real freedom)**[✔]의 부재라고 부른다. 그리고 실질적 자유가 보장될 때 비로소 진정한 발전이 이뤄진다고 강조한다.

실질적 자유
법적으로만이 아니라 실제로 그 자유를 실현할 수 있는 능력과 환경을 포함하는 개념이다.

이 개념은 특히 사회적 약자를 생각할 때 더욱 중요해진다. 장애인, 저소득층, 여성, 노인 등 사회적 소수자들은 법적으로 동등한 권리를 가지고 있지 않아 문제가 되기도 하지만, 법적으로는 같은 권리를 가지는 것처럼 보여도 현실에서 제도와 환경의 벽에 가로막혀 선택하지 못하는 경우도 많다.

불평등은 단지 소득의 문제가 아니라, 삶의 능력(capability)의 차이에서 발생한다. 똑같이 10만 원이 있다고 해도, 건강한 사람은 여러 선택이 가능하지만, 휠체어를 이용하는 사람은 그렇지 못할 때가 있다. 만일 그가 엘리베이터 없는 학교에 다닌다면, 10만 원이 있더라도 그 돈은 선택지를 넓혀주지 못한다. 그래서 제시되는 것이 **능력 접근법(capability approach)**이다. 이는 사람들이 스스로 가치 있게 여기는 삶을 선택하고 실현할 수 있는 능력과 조건, 환경이 얼마나 마련되어 있는지를 중심으로 불평등을 분석하는 방법이다. 센은 정부와 사회가 소득 향상을 넘어서서 사람들이 다양한 삶을 선택할 수 있도록 삶의 가능성을 넓히는 데에 집중해야 한다고 주장한다.

이 같은 주장은 세계은행, 유엔 같은 국제 기구(→251쪽)에도 영향을 주었고, 결국 인간 개발 지수(HDI)라는 새로운 지표가 등장했다. 과거에 한 나라의 발전을 국내 총생산(GDP)✔으로만 측정했다면, 이제는 기대 수명, 교육 수준, 소득 등 다양한 요소를 함께 고려하게 된 것이다.

국내 총생산(GDP)
한 나라 안에서 일정 기간(보통 1년) 동안 생산된 모든 재화와 서비스의 시장 가치를 더한 값

"당신은 어떤 삶을 살고 싶나요? 그리고 당신 주변의 누군가는 그 삶을 선택할 자유가 없지는 않나요?"

이 질문에 우리는 함께 답할 수 있어야 한다. 나만의 자유를 지키는 것에 머무르지 않고, 서로의 자유를 넓히기 위해 무엇을 할 수 있을지 고민하는 것. 그것이 아마르티아 센이 이야기하는 진정한 발전이며 경제 성장이나 소득 증가보다 더 중요한 행복의 조건이다.

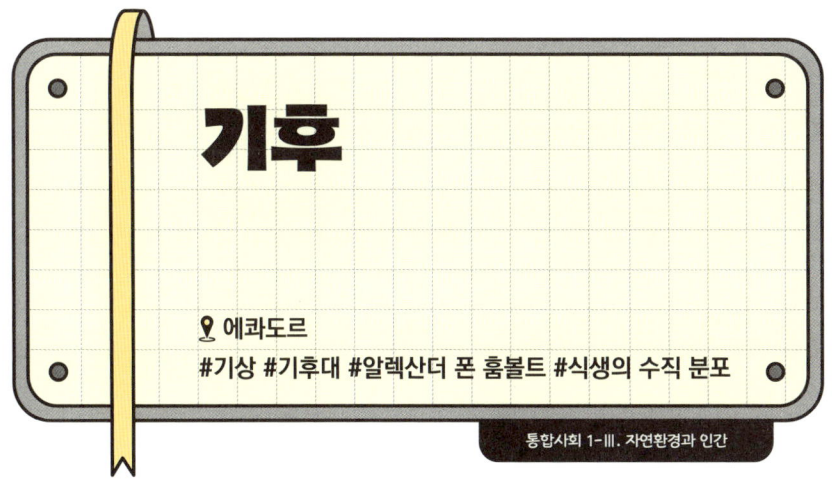

기후

📍 에콰도르

#기상 #기후대 #알렉산더 폰 훔볼트 #식생의 수직 분포

통합사회 1-Ⅲ. 자연환경과 인간

'침보라소산(6,263m)은 세계에서 가장 높은 산이다.' 이 문장은 약간의 긴장감을 준다. 대중에게 널리 알려진 세계 최고봉은 에베레스트산(8,848m)이라서다. 다음 문장은 긴장감을 살짝 더 불러일으킨다. '침보라소산이나 에베레스트산이나 모두 세계에서 가장 높은 산이다.' 결론부터 말하자면 이 문장은 참이다. 왜 그럴까?

침보라소산이 세계에서 가장 높은 산이 될 수 있는 건 지구 중심으로부터의 거리를 기준으로 계산했을 때다. 지구는 배가 불룩한 타원체다. 자전으로 인한 원심력 때문이다. 따라서 불룩한 배 위에 얹힌 침보라소산은 지구 중심에서 가장 멀리 떨어져 있다. 반면 해수면을 기준으로 높이를 재면 에베레스트산이 가장 높다. 앞선 문장이 참인 이유다.

침보라소산이 위치한 '에콰도르'는 에스파냐어로 '적도'라는 뜻이다. 적도가 지나가기 때문이다. 오늘날 에콰도르

안데스의 자연을 기록한 알렉산더 폰 훔볼트의 그림. 고도, 토양 구성, 식생 등이 양쪽에 표로 정리되어 있다.

에 일찍이 영향을 준 건 잉카 제국이지만, 에스파냐가 식민지배로 이곳에 더욱 뚜렷한 흔적을 남겼다. 에콰도르의 도시 대부분은 에스파냐의 문화, 특히 종교의 영향을 크게 받았다. 침보라소산 역시 유럽인의 영향을 받았는데, 그 주인공은 에스파냐가 아닌 독일 출신의 알렉산더 폰 훔볼트다.

훔볼트는 근대 지리학의 선구자로 평가받는 인물이다. 부유한 집안에 태어난 그는 막대한 재산의 대부분을 관심 분야에 관한 도전과 공부에 썼다. 훔볼트는 남아메리카를 특

홈볼트의 탐험 일화
전기 뱀장어를 해부하고 싶었던 홈볼트는 말 몇 마리를 늪에 넣어 전기 뱀장어가 탈진하도록 만든 후 수면 위로 떠오른 전기 뱀장어를 낚아채 사냥했다. 다소 무식한 방식이지만 목표한 바는 어떻게든 성취하려는 홈볼트의 인물됨을 엿볼 수 있다.

히 좋아했다. 오리노코강과 아마존강을 시작으로 안데스 산맥과 주변 바다까지, 관심과 발길이 닿는 곳은 그의 도서관이었다. 그의 발길은 침보라소산까지 닿았다.

1802년 홈볼트는 죽음을 불사한 탐사 열정으로 침보라소산의 5,917m 높이까지 다다랐다. 그 과정에서 수집한 각종 측정값과 식물 표본, 암석 등을 종합해 본 그는 이 모든 것이 복잡하게 연결된 생명의 그물이라 여겼다. 홈볼트는 방대한 자료를 그간의 경험을 토대로 유기적으로 엮어 한 장의 '자연 그림(painting of nature)'으로 정리했다.

홈볼트는 복잡한 분류 체계 대신 간결한 그림으로 표현하는 걸 선호했다. 자연을 살아 있는 전체로 보는 일은 침보라소산을 하나의 네트워크로 묘사할 수 있는 남다른 시선이 됐다. 오르는 동안 발견한 식물을 해당 고도에 맞춰 정확히 표기했다. 이는 어느 정도의 높이에서 어떤 기온, 습도, 기압이 나타나는지, 이러한 조건 속에는 어떤 식물이 사는지 한눈에 알 수 있도록 보여 주는 청사진이었다. 홈볼트는 여기서 한 걸음 더 나아가 다른 나라와도 비교하는 치밀함을 발휘했다.

노작
애쓰고 노력해서 만든 작품. 비슷한 말로 '역작'이 있다.

홈볼트의 노작은 오늘날 **식생의 수직 분포**라는 지리학의 개념으로 이어진다. 일반적으로 해발 고도가 높아질수록 기온이 낮아지고, 그에 따라 다양한 기후가 나타난다. 기후를 알아볼 수 있는 가장 손쉬운 방법이 해당 지역에 사는 식물종이다. 사막에서 열대림을 볼 수는 없는 것과 같다. 현대 기후 체계의 틀을 완성한 독일의 기상학자 블라디미르 쾨펜

역시 기온과 강수량의 관계를 통해 식생 분포를 파악했다. 그래서 정립된 개념이 바로 **기후**다.

기후는 적도에서부터 극에 이르는 위도에 맞춰 구분하는 게 일반적이다. 북반구를 기준으로 보면 적도에서부터 열대·건조·온대·냉대·한대 기후로 나타난다. 하지만 건조 기후는 지역에 따라 사정이 다르다. 아프리카 대륙에서 중앙아시아 일대까지는 앞선 순서로 나타나지만, 인도반도에서 아시아 대륙에 이르는 구간에서는 건조 기후가 나타나지 않기 때문이다. 이는 계절풍(→45쪽)의 영향 때문이다. 나아가 남반구도 북반구와는 사정이 다르다. 북반구는 극지방에 가까운 곳까지 대륙이 있지만, 남반구는 그렇지 않다. 북반구처럼 대륙 면적의 비중이 크지 않다. 그런 까닭에 남반구에서는 냉대 기후가 나타나지 않는다. 남극 대륙에서만 유일하게 한대 기후가 나타날 뿐이다.

침보라소산을 힘겹게 등정했던 훔볼트는 흥미롭게도 앞서 언급된 **기후대**를 두루 경험했다. 저지대에선 야자나무 위주의 열대 식물을 보았고, 높이 올라가면서 온대와 냉대 식물을 차례로 만났다. 눈이 시작되는 경계 지역에서는 이끼와 같은 지의류를 만났고, 그 위로는 1년 내내 녹지 않는 만년설을 경험했다. 눈의 경계 지역에서 만년설이 뒤덮은 정상까지는 한대 기후로 볼 수 있다.

훔볼트의 이색 경험이 가능했던 요인은 해발 고도다. 단, 전제 조건이 있다. 적도와 가까운 높은 산이어야만 열대 기후를 경험할 수 있다. 침보라소산과 비슷한 높이의, 북아메리카에 위치한 디날리산(매킨리산, 6,194m)에서는 다채로운 기후를 경험할 수 없는 이유다.

기후는 대기의 종합적인 상태를 표현한 용어다. **기상**이 매일의 대기 상태를 표현하는 것이라면, 기후는 1년의 대기 상태를 종합한 표현이다. 기후가 중요한 이유는 인간 생활에 미치는 파급력에 있다. 매일은 물론 1년의 대기 상태는 곧 정착 생활의 필수 요건인 작물 재배와 밀접한 관련이 있다. 기온이 높고 강수량이 많은 곳에서 대체로 벼농사를 짓고, 상대적으로 그 정도가 낮은 지역에서 밀 농사를 짓는 것도 기후 때문이다. 그런 면에서 최근의 기후 변화는 인류의 생활에 커다란 영향을 끼치는, 상당히 부담스러운 과제라 할 수 있다.

지형

조선 후기의 화가 겸재 정선은 진경 산수화의 대가다. 진경 산수화는 '진경(眞景)', 즉 실제 보이는 경치를 약간의 예술성을 가미해 그린 것이다. 그렇다면 상상해서 그린 산수화도 있다는 말일까? 있다. 관념(觀念) 산수화다. 산과 강이 어우러지는 풍경을 상상해 그린 대표적인 작품으로는 조선 전기 안견의 〈몽유도원도〉가 있다. 그럼 진경 산수화의 백미로 꼽히는 작품은 뭘까? 겸재 정선이 그린 〈인왕제색도〉다. 이 그림은 국보다.

　지리학은 인간이 땅에 기대어 어떻게 생활해 왔는지에 주목한다. 여기서 땅은 지리학 용어로 **지형(地形)**이다. 지형은 땅의 생김새를 뜻한다. 사람마다 생김새가 다르듯, 땅도 만들어진 과정에 따라 모양이 제각각이다. 우리가 보는 산과 들, 강과 해안은 저마다의 사연으로 지금의 모습을 연출하고 있다. 그렇다면 진경 산수화에 담긴 땅의 모습은 어떻게

겸재 정선, 〈인왕제색도〉, 1751

해석할 수 있을까? 몇 가지 도구를 활용하면 그림 속의 숨은 이야기를 흥미롭게 탐구할 수 있다.

〈인왕제색도〉의 핵심은 거대한 암반이다. 이 암반은 화강암이다. 화강암은 본디 땅속 깊은 곳의 마그마가 굳어서 만들어졌다. 그 시기는 중생대다. 여기서 중요한 건 땅속에 있던 화강암이 노출됐다는 사실이다. 누군가 땅을 파지 않고서야 어떻게 거대한 암반이 지표로, 그것도 산으로 남을 수 있었을까? 비밀은 자연의 조각칼로 불리는 풍화와 침식 과정에 있다.

조선 후기 겸재가 바라본 인왕산과 지금의 인왕산은 언뜻 별반 차이가 없다. 수백 년이 흘러도 그 모습 그대로다.

하지만 엄밀히 말해 두 인왕산은 같지 않다. 어제 거울로 본 내 모습과 지금의 내 모습이 같아 보이지만, 세포 수준에선 분명히 다른 존재다. 땅도 그렇다. 늘 그 모습 그대로 그 자리에 있는 것처럼 보이지만, 자세히 파헤치면 암반 속이 문드러질 수 있고, 흙이 중력 방향으로 쓸려 내려갔을 수 있다. 이런 일련의 과정을 **풍화(風化)** 라고 한다. 풍화가 잘된 암반은 비와 바람, 강물, '얼었다 녹았다'를 반복하는 동결과 융해 작용 등에 취약하다. 이들은 지표를 깎아 내는 침식의 도구다. 풍화와 침식은 오랜 시간을 지나는 동안 땅속에 잠들었던 화강암을 세상 밖으로 꺼낸 장본인이다. 겸재가 그린 인왕산의 암반은 큰 틀에서 앞선 과정을 거쳐 산으로 남았다. **화강암(花崗巖)** 은 '산꼭대기에 핀 돌꽃'이라는 뜻이다. 이름과 모습이 제법 잘 어울린다.

다음으로 주목할 부분은 나무다. 〈인왕제색도〉의 암반 사이사이에는 나무들이 빽빽이 들어서 있다. 대체로 암반 사이에는 잎이 피고 지는 낙엽수, 암반 가까운 곳과 꼭대기는 소나무류의 침엽수가 주를 이룬다. 나무들이 빽빽이 들어차려면 토양이 두꺼워야 한다. 이 점을 떠올리면 문제를 쉽게 풀 수 있다. 암반 사이마다 풍화와 침식을 거친 물질이 오랜 세월 켜켜이 쌓여 토양층을 이룬다. 나머지는 그 반대다. 여기서 낙엽수와 침엽수의 생존 전략이 달라진다. 낙엽수는 잎을 내고 줄기를 넓게 키우기 위해 뿌리를 깊게 내린다. 반면 침엽수는 그럴 필요가 없어 토양층이 얇아도 잘 자란다. 겸재는 인왕산을 감싸는 운해로 작품의 운치를 더했다. 다

풍화
암석이 물, 바람, 화학 작용, 생물 등의 영향을 받아 점차 작은 크기로 줄어드는 일을 뜻한다. 풍화는 크게 물리적· 화학적 풍화로 나눈다. 물리적 풍화는 암석이 물리적인 힘으로 부서지거나 분해되는 현상, 화학적 풍화는 암석을 구성하는 광물이 화학 반응을 해 성질이 변하는 현상이다.

만 '진경' 산수화답게 인왕산의 모습을 왜곡 없이 그대로 그려냈다.

인왕산 곁 경복궁 뒷산은 북악산이다. 그 뒤로 북한산이 있고, 북한산의 유명 암반은 인수봉이다. 경복궁과 청와대 뒷산은 하얀 화강암으로 된 바위가 훤히 드러나 있다. 웅장하고도 아름답다. 인왕산의 암반과 인수봉은 형성 과정이 대동소이하다. 암석 유전자로 보면 일란성 쌍둥이다.

한 걸음만 더 나가 보자. 경복궁의 자리, 나아가 사대문의 자리는 모두 화강암이 기반암이다. 잠시 생각이 주춤거릴 수 있다. 앞서 이야기한 화강암은 아름다운 진경 산수화의 주인공이 아니었던가? 넓은 평지를 이루는 사대문도 화강암이라니 혼란스럽다. 실은 이 부분이 바로 지형 공부를 하는 묘미다.

산으로 남은 지역과 평지로 남은 지역은 모두 화강암이다. 차이가 있다면 풍화와 침식이 더 잘 이뤄지는 조건인 지역과 그렇지 않은 지역이라는 점이다. 가장 대표적인 풍화 도구인 물은 갈라진 틈이 많은 곳에서 더 강력한 힘을 발휘한다. 그렇게 보면 산으로 남은 곳은 땅이 덜 갈라진 자리, 평지로 남은 곳은 땅이 촘촘히 갈라진 자리가 된다. 지리학 용어로 '절리✔ 밀도'의 차이라고 부른다. 두부모를 촘촘히 썰어 다진 곳과, 듬성듬성 썰어 놓은 곳의 차이 정도로 이해하면 좋다. 전자처럼 갈라진 틈이 촘촘하다면 절리 밀도가 높다고 말할 수 있다.

브라질의 리우데자네이루에 가면 팡지아수카르산이 유

절리(節理)
암석이 오랜 세월 동안 다양한 방향의 힘을 받아 만들어진 갈라진 틈을 뜻한다. 절리는 암석마다 밀도의 차를 보인다.

명하다. 마치 설탕 덩어리처럼 생겼다고 해서 슈거로프라는 별명이 붙었다. 이 거대한 돔 역시 화강암으로 이루어져 있다. 크기가 다를 뿐, 북한산의 인수봉과 여러모로 닮았다. 리우데자네이루는 화강암 덕에 아름다운 해안 풍경을 자랑한다. 인근 산지에 우뚝 선 거대 예수상에서 내려다보는 해안의 풍경은 화강암이 만들어 낸 절경이다. 배가 드나드는 해안도 드나듦이 있는 아름다운 패턴을 보인다. 해안도 지형이다. 백사장에 가득히 쌓인 많은 모래는 주변 화강암 산에서 떨어져 나온 게 대부분이다.

우리나라의 동해안도 마찬가지다. 강원도 고성에서 강릉까지 이어지는 백사장은 대부분 설악산을 중심으로 펼쳐진 화강암이 내준 모래로 구성되어 있다. 배후에 든든한 모래 공급처가 있어 우리나라에서 가장 긴 백사장을 보유하고 있다. 백사장은 그 자체로 훌륭한 해수욕장으로 인간에게 여가의 장이 돼 왔다. 동해안이 여름철 휴가지로 각광받는 이유다. 한편 바닷바람에 실려 오는 모래는 생활에 방해가 되기도 했는데, 이곳 사람들은 방풍림을 만들어 이 문제를 해결했다. 모래에서도 잘 자라는 소나무를 심어 짠 바닷바람과 모래를 막았다. 그래서 동해안에는 방풍림 너머에 가옥과 농경지가 밀집해 있다.

이처럼 지형은 인간의 삶과 밀접히 관련돼 있다. 인간은 두 발을 땅에 딛고 사는 존재다. 지형 공부가 뒷받침돼야 지역의 생활 모습을 제대로 이해할 수 있다는 뜻이다.

계절풍

📍 인도 문나르
#지형성 강수 #경동지형

통합사회 1-Ⅲ. 자연환경과 인간

인도 남쪽 케랄라주의 문나르 지역은 세계적인 녹차 생산
지다. 차나무는 연평균 기온 15℃ 내외, 연 강수량 1,500mm
이상, 물 빠짐이 좋은 흙에서 잘 자란다. 문나르 지역은 이
조건을 모두 충족한다.

우선 기온을 살펴보자. 문나르는 적도와 꽤 가깝다. 아열
대 기후로 연평균 기온 조건은 합격이다. 다음은 연 강수량
과 물 빠짐이다. 이 두 가지는 문나르의 지형 조건으로 결정
된다. 문나르 지역은 넓게 보아 서고츠산맥의 일부다. 서고
츠산맥은 역삼각형 모양으로 생긴 인도반도의 서쪽에 남북
으로 길게 뻗어 있다. 뚜렷한 산줄기는 비구름을 막아내고
비를 내리도록 만든다. 아라비아해에서 불어오는 바람이 서
고츠산맥의 서쪽 비탈면을 타고 상승해 많은 양의 비를 내
린다. 이를 **지형성 강수**라고 부른다. 서고츠산맥의 서쪽 비
탈면에 위치한 문나르 지역에 비가 많이 내리는 건 지형성

문나르 지역의 차밭

강수 때문이다.

   문나르 지역의 뼈대를 이루는 서고츠산맥은 우리나라의 태백산맥과 닮았다. 수도권과 강원도를 잇는 영동고속도로 구간 중 대관령까지는 완만한 오르막이다가 대관령을 지나면 짧고 강렬한 내리막길이 이어진다. 대관령을 기준으로 서쪽을 영서, 동쪽을 영동 지방으로 구분한다. 동쪽은 서쪽에 비해 경사가 더 가파르다. 이 구간을 정확히 반대로 돌려 놓으면 서고츠산맥이 된다. 문나르 지역이 있는 서쪽 비탈면의 경사가 급하고, 반대쪽은 상대적으로 완만하다. 한쪽

경동지형

동서남북 어느 방향이
든 한쪽으로 치우쳐 기
울어진 지형을 뜻한다.
그래서 같은 산줄기라
고 해도 경사가 급한
지역과 완만한 지역이
나타난다. 만약 태백산
맥에서 녹차를 재배한
다면, 상대적으로 경
사가 급한 영동 지방이
제격이다.

으로 치우쳐 있다는 뜻에서 '기울 경(傾)' 자를 써 **경동지형** ✔️
이라 부른다. 문나르 녹차밭의 경우 경동지형과 관련해 배
수 조건을 설명할 수 있다. 경사가 급한 산비탈이다 보니 물
이 잘 빠진다. 우리나라의 대표 녹차 산지인 보성 녹차밭이
산비탈에 만들어진 것도 같은 이유다. 똑같이 가파른 경사
가 있지만 태백산맥에서 녹차를 재배하기가 어려운 까닭은
겨울이 너무 추워서다.

인도에서 유명한 차 재배지를 더 살펴보자. 인도 동북부
의 다르질링과 아삼 지방이다. 두 곳은 모두 히말라야산맥
에 기대어 있다. 히말라야산맥은 높이 측면에서 서고츠산맥
을 월등히 능가한다. 비구름은 단 한 방울도 히말라야산맥
을 넘을 수 없다. 벵골만에서 유입된 강한 비구름은 다르질
링과 아삼 지방을 지나면서 많은 비를 내린다. 특히 아삼 지
방은 연평균 1만 mm 이상 비가 내린다. 이 지역은 땅 모양
이 비구름을 들어오는 족족 잡아내는 글러브처럼 생겼다.
문나르 지역과 비슷한 지형 조건을 지닌 터라 차 재배지로
적합함은 물론이다.

차나무가 잘 자라려면 앞서 언급한 세 가지 조건을 갖춰
야 하지만, 인간 생활에 핵심적 영향을 주는 것은 강수 조건
이다. 지형성 강수의 효과도 비구름이 있어야 가능한 일이
다. 여기서 비구름이란 수증기를 많이 머금은 공기 덩어리
다. 덥고 습한 공기가 산지로 잘 들어오는 흐름이 있어야 지
형성 강수를 만들 수 있다. 인간 생활에 필요한 충분한 물은
계절풍으로 설명할 수 있다. 이를 이해하려면 바람의 원리

를 알아야 한다.

바람은 공기의 흐름이다. 공기가 흐르는 이유는 둥근 지구가 지역에 따라 태양 에너지로부터 불균등하게 가열되어서다. 공기는 밀도가 높은 데서 낮은 데로 이동한다. 인위적으로 방향을 교란하지 않는 한 예외는 없다. 이마의 땀을 식힐 정도로 가벼운 실바람부터 집을 파괴할 강풍까지 바람의 힘은 천차만별이다. 세계 어딘가에는 늘 바람이 분다. 어떤 지역은 1년 내내 한 방향으로, 또 어떤 지역은 계절에 따라 우세한 바람이 교차하기도 한다. 후자가 바로 **계절풍**이다.

세계에서 계절풍이 두드러지는 지역은 아시아다. 아시아를 오가는 계절풍은 겨울과 여름이 대조적이다. 겨울엔 고위도의 시베리아 대륙에서 만들어진 차갑고 건조한 바람이 바다를 향해 분다. 여름엔 그 반대다. 적도 부근의 태평양이나 인도양에서 만들어진 덥고 습한 바람이 육지를 향해 분다. 전자를 겨울 계절풍, 후자를 여름 계절풍이라 부른다. 같은 계절풍이지만 둘은 이란성 쌍둥이처럼 성격이 완전히 다르다.

인도는 인도양의 한복판에 있고, 거꾸로 선 고깔모자처럼 인도양을 향해 튀어나온 모양새다. 여름철 적도 부근의 인도양은 덥고 습한 공기로 가득 찬다. 이 공기 덩어리는 상대적으로 공기의 밀도가 낮은 인도반도와 그 너머의 대륙 깊숙한 지역을 향해 불어 간다. 이게 바로 '신의 축복'으로 불리는 여름 계절풍이다.

여름 계절풍의 영향력을 보면 '신의 축복'이라는 표현은

세계의 물 축제

'신의 축복'이 다가오는 건기의 끝자락에는 대부분 국가에서 축제를 연다. 풍성한 물을 기원하고자 서로에게 물을 뿌리며 우기를 축복한다. 태국의 송끄란 축제가 대표적이다. 축제 기간에는 물총 싸움을 하려고 몰려든 세계 각지의 인파로 인산인해를 이룬다.

지나치지 않다. 때에 맞춰 얻는 충분한 물은 그 자체로 생명수와 같다. 국토 전역에서 벼농사를 짓는 인도의 농부에겐 특히 그렇다. 생육기에 물을 대지 못하면 벼는 쉽게 말라 죽는다. 수확의 실패는 곧 농부의 생활고로 이어진다. 여름 계절풍 지역으로 벼농사를 짓는 조선도 그랬다. 가뭄이 들면 임금이 신을 향한 기우제를 마다하지 않았다. 계절풍의 영향을 받는 아시아의 벼농사 지역에서 여름 계절풍을 응당 '신의 축복'으로 여겨 온 이유다.

하지만 이 계절풍은 변덕쟁이다. 어떤 해는 때에 맞춰 충분한 비를 내리지만, 어떤 때는 많은 시간 지각하거나 비의 양이 적다. 여름 계절풍이 변덕을 부리면 인도는 그야말로 혼돈에 빠진다. 여름 계절풍이 너무 과해도 문제다. 강수량이 많으면 홍수 피해가 늘고, 때론 산사태를 불러온다. 최근 기후 위기로 여름 계절풍의 변덕은 나날이 늘고 있다. '신의 축복'은 예측이 가능한 정도로 알맞게 와 주는 게 좋다. 그래야 진짜 '축복'이다.

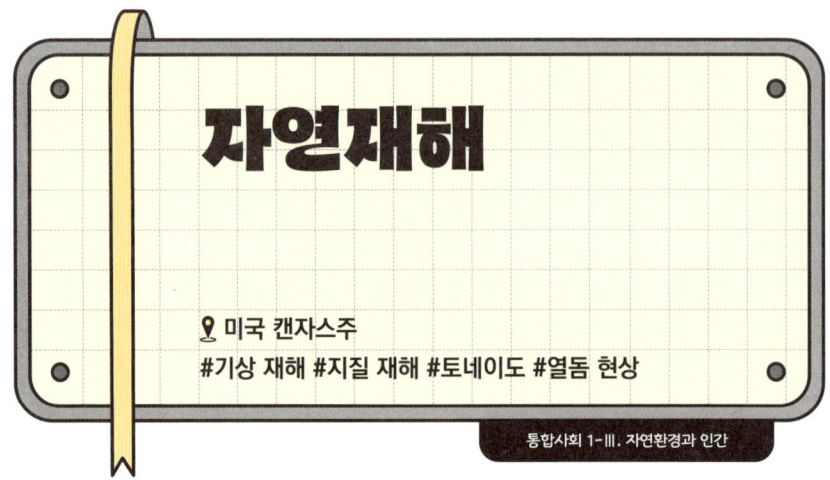

자연재해

📍 미국 캔자스주

#기상 재해 #지질 재해 #토네이도 #열돔 현상

오른쪽 그림을 보자. 온 가족이 다급하게 지하로 대피하는 중이다. 엄마는 아기를 안고, 아빠는 어린 딸의 손을 잡고, 두 남자 어린이는 각기 강아지와 고양이를 안고 있다. 그 곁을 개가 따른다. 이들이 황급히 지하로 대피하는 이유는 저 멀리서 다가오는 토네이도 때문이다. 잿빛 먹구름을 몰고 성난 모습으로 다가오는 중이다. 작가는 보기만 해도 공포감을 주는 풍경을 어둡고 음울한 색감으로 화폭에 담았다.

이 작품은 미국의 화가 존 스튜어트 커리가 1929년에 그린 〈캔자스 상공의 토네이도〉다. 그의 고향은 그림의 배경인 미국 중부의 캔자스주다. 이곳은 토네이도 발생이 빈번한 지역이다. 캔자스주 위에 위치한 네브래스카주와 사우스다코타주, 아래의 오클라호마주와 텍사스주 등에서는 토네이도 출몰이 잦다. 로키산맥의 오른쪽에 붙은 이 지역들은 산지에서 평지로 변화하는 **점이 지대**♥에 해당한다. 이들을

점이 지대
서로 다른 지리적 특성이 교차하는 지역으로, 두 지역의 특성이 섞여 나타난다.

존 스튜어트 커리, 〈캔자스 상공의 토네이도(Tornado Over Kansas)〉,
1929

토네이도 앨리(alley, 골목)라고 부른다.

　판타지 소설《오즈의 마법사》또한 캔자스주의 시골 마을
에 사는 소녀 도로시가 토네이도에 휩쓸려 마법의 대륙인
오즈에 떨어지면서 펼쳐지는 모험 이야기다. 도로시는 우여
곡절 끝에 집으로 돌아온다. 하지만 이건 어디까지나 소설
속 이야기다. 토네이도에 휩쓸리면 목숨을 유지하기란 거의
불가능하다. 시속 수백 km에 달하는 회오리는 수많은 파편
을 함께 싣고 움직이는 살아 있는 무기와 같기 때문이다. 토

네이도는 어떻게 만들어지는 걸까?

토네이도는 쉽게 말해 육지의 태풍이다. 따뜻한 공기가 에너지원이다. 빠르게 상승한 공기는 상층의 차갑고 건조한 공기를 만나 소용돌이를 일으킨다. 소용돌이는 위아래 바람의 방향과 속도 차이가 클수록 커진다. 하늘의 소용돌이가 땅까지 닿으면 거대한 바람기둥이 만들어진다. 강력한 회전력과 파괴력을 지닌 토네이도는 주변의 더 따뜻한 지역을 따라 이동하며 마을을 파괴한다.

'토네이도 앨리'에서 발생 빈도가 잦은 건 지리적 특징 때문이다. 핵심은 평편한 땅이다. 미국 중부 대평원이 시작되는 평지에는 토네이도가 만들어질 때 공기 흐름을 방해하는 산지 등이 없다. 3~6월경 이곳으로 멕시코만의 더운 공기가 밀려든다. 중부 대평원 서쪽에 위치한 로키산맥에서는 상대적으로 건조하고 찬 공기가 산을 타고 내려온다. 한여름이 시작되기 전이라 찬 공기의 공급이 가능한 구조다. 이 공기가 중부 평지의 더운 공기와 만나면, 토네이도가 만들어질 확률이 높아진다.

토네이도는 **자연재해**다. 자연재해는 자연 현상이 인간에게 피해를 주는 경우를 일컫는다. 크게 두 가지 범주다. 대기의 현상과 땅의 흔들림이다. **기상 재해**와 **지질 재해**로 부른다. 토네이도는 기상 재해에 속한다. 태풍, 홍수, 대설, 폭염 등은 기상 재해다. 지진, 화산, 지진 해일 등은 지질 재해에 속한다. 우리나라의 경우 자연재해라면 가장 먼저 태풍이 떠오른다. 북반구 아열대 해상에서 발생한 태풍은 강력한

지진 해일
일본어로 쓰나미라 부른다. 해저에서 지진이 발생하면 바닷물이 순간적으로 들어올려져 해안으로 밀려든다. 2011년 동일본 대지진 후 일본 동북부 해안으로 밀려든 쓰나미는 역대급 재앙으로 기록돼 있다.

비바람을 몰고 한반도를 강습한다. 태풍은 그 자체로 자연재해를 한데 모은 것과 같다. 태풍에 수반되는 집중 호우, 폭풍 해일과 강풍은 산사태 등 또 다른 자연재해를 불러온다.

우리나라의 자연재해도 자세히 들여다보면 지리적 힘이 숨어 있다. 주로 7~9월에 태풍이 발생하는 이유는 구로시오 난류가 꾸준히 길목을 열어 주기 때문이다. 북태평양 고기압이 덩치를 키울 수 있도록 수증기를 불어넣어 줌은 물론이다. 여름철 집중 호우도 그렇다. 국토의 70%가 산지인 탓에, 비구름이 강제로 산을 타고 넘는 과정에서 불안정한 대기가 만들어진다. 비구름이 갇히는 공간이 만들어지면 집중 호우가 내릴 가능성이 높다. 태백산맥, 소백산맥 등 꽤 험준한 산지 주변에서 집중 호우가 잦은 이유다.

겨울철의 대설은 황해가 디딤돌을 놓는다. 시베리아에서 불어오는 차가운 바람이 상대적으로 따뜻한 황해를 지나면서 많은 수증기를 머금는다. 이 상태로 눈구름이 돼 육지로 진입하면 산지를 만나 눈을 내린다. 전라북도 정읍 일대에 눈이 많은 것은 이 때문이다. 찬바람이 동해에서 밀려들어도 구조는 같다. 동해로부터 불어오는 습한 바람이 경사가 급한 태백산맥의 동쪽 사면을 타고 오르면서 눈구름이 만들어진다. 그래서 늦겨울 대관령을 비롯한 영동 지방은 대설이 잦다.

최근 자연재해는 더욱 빈번하고 강력해지는 추세다. **기후 변화** 때문이다. 기후 변화는 통계학의 관점으로 보면 예외적인 값이다. 수십 년 동안 익숙했던 평균값은 예기치 않은

폭우, 바람, 강력한 태풍 등 위력적인 자연재해 앞에 의미
없는 숫자에 불과하다. 최근 북반구의 여러 국가가 기존에
없던 **열돔 현상**으로 몸살을 앓고 있다. 뜨거운 공기가 머무
르는 상황이 만들어지면서 기온이 장기간 높은 상태로 유지
되는 현상이다.

국내 기상 관측 사상 111년 만에 가장 심각한 폭염으로
기록된 2018년 여름 역시 열돔 현상의 영향이었다. 폭염 일
수 31.5일, 열대야 일수 17.7일로 모두 최고치를 기록한 이
때, 역대 가장 많은 4,500여 명의 온열 질환자가 발생했다.
열돔은 비단 우리나라뿐 아니라 세계적으로도 경각심이 높
은 자연재해다. 2025년에는 이미 6월부터 유럽과 북미 등지
에 폭염이 시작됐고, 그리스와 포르투갈을 비롯한 남유럽
전역에서 산불이 속출했다. 극단적인 이상 기후에 온열 질
환으로 사망하는 인명 피해도 이어졌다.

전문가들은 열돔 현상의 원인으로 지구 온난화를 꼽는다.
현재의 추세라면 열돔 현상은 더욱 강력해지고 빈번해질 태
세다. 그런 면에서 자연재해라기보다는 인간의 행위로 인간
이 피해받는 인재라 할 수 있다.

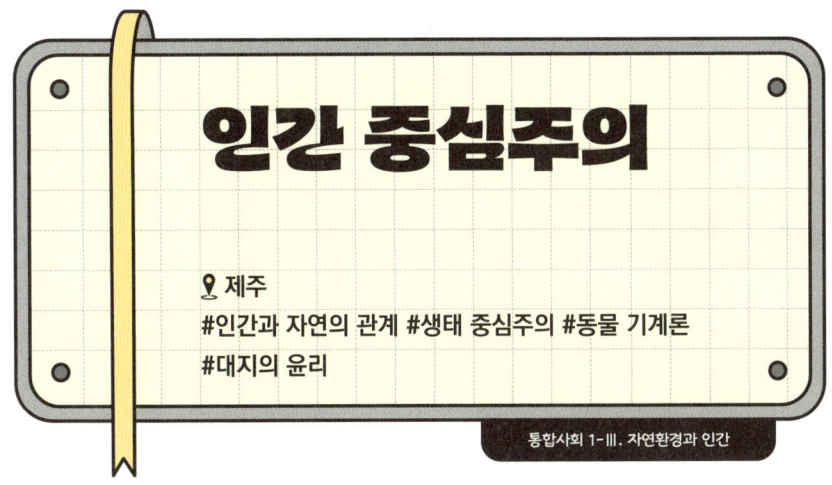

인간 중심주의

📍 제주
#인간과 자연의 관계 #생태 중심주의 #동물 기계론
#대지의 윤리

제주도의 빛깔은 검다. 검은색을 띠는 현무암이 주를 이루는 탓이다. 신생대 제3기 말에서 4기 초 사이에 크게 다섯 번에 걸쳐 화산 폭발이 있었다. 이 과정에서 화산섬 제주가 형성됐다.

제주는 유네스코가 지정하고 인정하는 세계 자연 유산, 생물권 보전 지역, 세계 지질 공원에 이름을 올렸다. 꽤 넓은 면적의 화산섬이라 볼거리와 즐길 거리가 풍성하다. 하지만 제주를 대표하는 풍경은 용머리 해안, 산방산, 천지연 폭포, 백록담과 같은 부분적 명소가 아니다. 다름 아닌 돌담이다.

사실 돌이 많은 마을에서는 돌담을 흔히 볼 수 있다. 돌이 주변에 있으니 굳이 쓰지 않을 이유가 없다. 속초 상도문 돌담마을, 군위 한밤마을 등이 유명하다. 하지만 제주는 마을 수준을 뛰어넘는다. 과장을 조금 보태 섬 전역이 돌담으

돌담마을
상도문 돌담마을과 한밤마을의 돌담은 화강암으로 쌓았다. 설악산과 팔공산이라는 화강암 산이 마을에 풍부한 석재를 제공한 셈이다.

1 환경과 우리의 삶

현무암으로 쌓은 제주의 돌담

로 둘러쳐 있다. 사람의 발길이 조금이라도 닿는 곳은 어김
없이 돌담이 반긴다. 제주에는 왜 이토록 많은 돌담이 있는
걸까? 크게 두 가지 이유로 추정할 수 있다. 하나는 돌이 많
아서고, 다른 하나는 돌담이 필요해서다.

제주에 돌이 많은 건 화산 지형과 관련이 깊다. 화산암은
땅속 마그마가 지표 밖으로 분출해 굳어 만들어졌다. 마그
마가 지표 밖으로 분출하는 순간, 용암이 된다. 용암의 성질
에 따라 암석은 다양한 모습으로 빚어진다. 오늘날 제주의
표면을 가장 많이 덮고 있는 암석은 현무암이다. 1,000℃ 내

외의 뜨거운 용암이 서서히 굳어 만들어진 암석이다 보니 표면이 거칠다. 가스가 빠져나간 터라 표면에 구멍이 많다.

사방에 널린 게 현무암이니 작은 밭이라도 일구려면 돌을 골라내야 했다. 이렇게 걷어 낸 돌은 돌담의 주재료가 됐다. 산과 들은 물론 살림집과 해안에도 돌담은 나날이 늘어 갔다. 사람이 죽으면 무덤마저 돌담으로 두를 정도였다. 농사를 위해 돌을 걷었지만, 돌은 또 다른 의미에서 제주 생활에 꼭 필요했다. 왜일까?

제주의 돌담은 돌과 돌 사이에 구멍이 많다. 서울의 덕수궁 돌담이 작은 바람구멍 하나 없는 것과는 대조적이다. 제주는 워낙 바람이 잦고 강하다. 특히 겨울철이 그렇다. 겨울철 시베리아 고기압에서 불어오는 바람은 황해를 지나 곧장 제주로 달린다. 오늘날 강한 바람은 풍력 발전에 도움을 주지만, 예전엔 최대한 억제해야 할 위험 요소였다.

여름이나 초가을도 문제였다. 제주는 태풍의 길목이라서다. 태풍의 강한 바람은 돌담의 구멍에서 숨을 고른다. 돌담 구멍은 아무리 강한 바람도 돌담을 무너뜨리지 못하도록 하는 안전장치와 다름없다. 그 안에서 사람은 생활을 일궜다. 애써 일군 밭의 흙이 바람에 날아가는 일을 막는 것은 덤이었다. 살기 위해 쌓은 돌담이 터전의 생명줄이 된 셈이다. 제주엔 그래서 돌담이 많다.

인간 중심주의라는 말이 있다. 말 그대로 인간을 중심에 두고, 인간의 이익이나 행복을 중시하는 철학적 관점이다. 이 관점에선 환경은 오롯이 인간의 욕구를 충족하기 위한 수단에 불과하다. 인간과 자연을 철저히 이분법적으로 나눠 인간을 절대적으로 우위에 있는 존재로 본다. 이를 사상적으로 뒷받침한 대표적인 철학자는 데카르트다. 데카르트는 **동물 기계론**도 주장했다. 동물은 영혼이 없는 기계에 불과하며 의식이 없는 생명체로 봤다. 이성을 지닌 인간이 자연을 최대한 이용할 수 있도록 지식 활용에 초점을 둔 프랜시스 베이컨도 인간 중심주의를 뒷받침한다.

인간 중심주의를 비판하며 등장한 사조가 바로 **생태 중심주의**다. 생태계를 이루는 모든 구성원을 그 자체로 수단이 아닌 목적으로 봤다. 여기서 목적은 존재만으로도 존중받아야 할 도덕적 대상이라는 뜻이다. 이 관점에선 인간 역시 자연으로부터 독립된 우월한 존재가 아니라 생태계의 일부다. 인간의 이익이나 행복보다 생태계의 균형과 조화가 더 중요하다고 역설한다. 생태 중심주의의 대표적 사상가는 알도 레오폴드다. 그는 생물은 물론 무생물까지 존중해야 한다는 **대지의 윤리**를 강조했다. 전 지구가 거대한 유기체이니 구성요소가 상호 보완적이라는 입장이다.

인간 중심주의는 물질문명의 성장을 지지하지만, 생태 중심주의는 그 흐름을 억제하고자 한다. 전자를 지향하면 지구 공동체는 빠른 속도로 파괴될 것이고, 후자를 지향하면 자연을 있는 그대로 두는 게 최선이다. 이 대목에서 따져 봐야 할 건 자연과 인간의 상호 보완성이다. 인류는 이성을 바탕으로 문명을 일궜다. 이는 되돌릴 수 없는 현재다. 수십억 명의 인류가 석기 시대의 생활로 돌아갈 순 없다는 뜻이다.

그런 면에서 제주 돌담은 인간과 자연의 상호 보완성을 돌아보게 하는 훌륭한 사례다.

제주 돌담은 인간의 이용이 무조건 환경에 부담을 주는 게 아님을 알려 준다. 환경 조건에 맞는 최소한의 개입은 인간이 터전을 만들고 삶을 영속해도 자연에 큰 해를 끼치지 않는다는 뜻이다. 돌담은 농사는 물론, 말과 소, 돼지 등의 가축을 섬에 들이도록 만들어 줬다. 인간과 자연의 상호 보완적 관계는 이처럼 어느 한쪽의 절멸로 완성되지 않는다. 두 요소의 균형과 조화로 만들어 가는 게 옳다.

그렇다면 강원도 대관령과 같은 고랭지에 목초지를 두는 건 환경에 어울리는 걸까? 대관령은 지대가 높고 눈이 많고 안개가 잦다. 이는 초지 형성에 유리한 지리적 조건이다. 부분적으로 산림을 제거해야 했지만, 인간의 이용이 외려 환경과의 상호 보완성을 가능케 했다. 인류의 멸종이 환경 회복의 유일한 대안이라고 주장하는 건 지나치게 극단적이다. 환경 조건에 맞는 최소한의 인간 개입은 지속 가능성을 담보하는 훌륭한 대안일 수 있다.

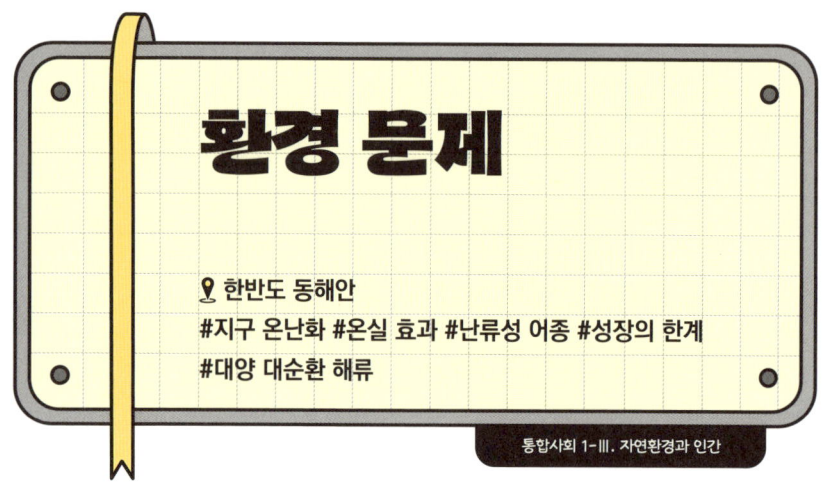

환경 문제

📍 한반도 동해안
#지구 온난화 #온실 효과 #난류성 어종 #성장의 한계
#대양 대순환 해류

2025년 여름, 경상북도 동해안에서 참다랑어(참치) 1,300여 마리가 한 번에 잡혔다. 자그마치 몸무게가 150~300kg에 달하는 대형 참다랑어다. 참다랑어는 최고급 어종으로 분류된다. '바다의 귀족'으로도 불린다. 주로 태평양이나 대서양, 남극해같이 넓은 먼바다에서 잘 잡힌다. 이번 어획량은 예상을 훨씬 웃도는 수치다.

참다랑어는 본디 우리 바다에서는 어쩌다 몇 마리 잡히는 희귀 어종이다. 어획되는 참다랑어의 크기도 작다. 1950년대에는 한국 전쟁으로 서민의 삶이 힘들었다. 전쟁으로 경제 기반이 무너진 상황에서 정부는 원양 산업을 새로운 돌파구로 삼았다. 당시 참치는 미국 등에서 인기가 높아 외화 벌이의 주요한 수단이었다. 참치 통조림 산업의 본격적인 신호탄이었다.

참다랑어 원양 어선의 첫 출항은 1957년이다. 뱃사람들은

바다를 헤엄치는 참다랑어

만선의 꿈을 안고 대양으로 나갔다. 참다랑어는 돈이 되는
확실한 보증 수표였다. 지금도 1t당 1,500만 원을 호가한다.
그로부터 반세기를 훌쩍 넘긴 지금, 원양 어선의 꿈은 동해
앞바다에서 이루어지고 있다. 그동안 바다에는 무슨 일이
있었던 걸까?

　참다랑어는 육식성 어종이다. 플랑크톤이 아닌 작은 어류
를 먹는다. 오징어나 갑각류도 가리지 않고 먹는다. 작은 어
류는 멸치와 정어리, 고등어가 주를 이룬다. 이들은 모두 따
뜻한 물을 좋아하는 **난류성 어종**이다. 우리나라 연근해를 찾
는 난류성 어종은 여름철에 머물다가 겨울철 다시 따뜻한

남쪽 바다를 찾아 내려가는 경우가 많다. 이들 뒤를 참다랑어 떼가 바짝 쫓는다.

참다랑어는 고위도의 찬 바다에서도 잘 견딘다. 참다랑어의 이동에 가장 중요한 건 먹이다. 우리나라 연근해에서 참다랑어가 대량으로 잡히는 건 먹이의 이동 때문이다. 바꿔 말하자면 난류성 어종이 예년보다 훨씬 풍부하고, 과거보다 바닷물이 더 따뜻해졌다는 뜻이다. 뜻하지 않은 대형 참다랑어의 대량 어획은 예년보다 빠른 속도로 기온이 오르는 현상, 즉 **지구 온난화**의 한 단면으로 봐야 한다.

지구 온난화는 오늘날 세계의 주요 이슈다. 지구 온난화가 발생하는 원리는 큰 틀에서 간단하다. 지구는 태양 에너지를 받고 일정 부분을 밖으로 내보낸다. 문제는 밖으로 나가야 하는 열이 대기에 갇혀 배출되지 않는 데 있다. 이는 평균 기온의 상승으로 이어진다. 이를 **온실 효과**라 부른다. 나가는 복사열을 도로 붙잡는 대표적인 **온실 기체**✔가 바로 이산화탄소다.

온실 기체
이산화탄소, 메테인, 이산화질소 등이 대표적이다. 적절한 양의 온실 기체는 지구의 기온 유지에 반드시 필요하다. 하지만 산업 혁명 후 인류는 온실 기체를 대기에 과도하게 배출했다.

지구 전체에 존재하는 탄소의 양은 정해져 있다. 어떤 탄소는 화석 연료(→271쪽)나 나무에 갇혀 있고, 또 어떤 탄소는 극지방의 빙하에 갇혀 있다. 바닷물 속에도 있다. 탄소는 순환하면서 지구 곳곳에 고르게 분포해야 하는데, 화석 연료를 꺼내 사용하게 되면서 문제가 생겼다. 석탄과 석유 등은 그 자체로 고밀도의 탄소다. 응집된 구조라 에너지원으로 이용할 수 있다.

화석 연료 사용이 급증한 것은 18세기 후반 산업 혁명 이후다. 사용량이 폭발적으로 증가한 화석 연료는 대기 중에 막대한 탄소를 내뿜었다. 사실 20세기 초반만 해도 이게 그렇게 나쁜 일인지 몰랐다. 이를 세계적으로 널리 알린 것은 1972년 로마 클럽✔에서 발표한 〈성장의 한계〉라는 보고서다. 성장 위주의 문명 발전은 결국 인류의 재앙을 초래할 수 있다는 게 핵심 메시지다.

로마 클럽
천연 자원 고갈, 환경 오염, 지구 온난화 등 인류의 위기를 분석해 대책을 세우는 것을 목적으로 하는 국제 비영리 연구 단체. 1968년 세계 각국의 지식인들이 로마에 모여 결성했다.

지구 온난화는 21세기에 접어들면서 더욱 확고한 진실로 자리 잡았다. 한때는 인류의 활동이 지구 온난화의 원인이라는 주장은 지나친 해석이라는 의견도 있었다. 하지만 오늘날 인류는 갈수록 빈번하게 나타나는 전 지구적 이상 현상을 통해 지구 온난화를 피부로 받아들이는 단계에 들어섰다. 지구 온난화의 영향은 복잡계다. 쉽게 그 파장을 예측하기 어렵다는 뜻이다.

그 단면은 몇몇 극단적인 기후 변화로 엿볼 수 있다. 폭우와 폭염이 발생하고, 극지방의 빙하가 녹아 해수면이 상승하고, 수온 상승으로 산호초 및 해양 생태계가 교란되는 일은 이제는 익숙하다. 최근에는 전 지구적으로 극도로 건조한 시기가 늘면서 숲이 말라 초대형 산불이 발생하기도 한다. 특히 미국 서부와 오스트레일리아 동부가 그랬다. 인간의 힘으로는 도저히 감당하기 힘든 규모다.

지구 온난화는 극단적인 기후를 유발하는 나비 효과를 연출한다. 예측 범위를 벗어난 자연 현상은 결국 균형과 안정을 중시하는 생태계를 교란한다. 생태계는 거미줄보다 복잡하게 얽힌, 무수히 많은 생명의 관계로 이루어진 거대한 시스템이다. 오랜 시간 형성된 시스템은 빨리 무너지지 않는다. 하지만 조금씩 회로가 망가지면서 어느 순간 모든 회로가 일순간에 망가지는 참극이 벌어질 수 있다.

해양 생태계와 관련해서는 **대양 대순환 해류(열염순환)**도 알아 두자. 대양 대순환 해류는 바닷물의 밀도 차이로 발생하는 일정한 흐름을 뜻한다. 원리는 이렇다. 바닷물은 밀도가 높은 데서 낮은 데로 이동한다. 극지방에 있는 밀도 높은 바닷물은 상대적으로 밀도가 낮은 바닷물을 찾아 흐른다. 이를테면 그린란드의 찬 바닷물이 적도를 향해 이동하고, 그 반대급부로 멕시코만의 따뜻한 바닷물이 고위도로 이동하는 구조가 만들어진다. 이 흐름은 바다가 지구의 열적 균형을 맞추기 위해 노력하는 복잡한 시스템이라는 사실을 보여 준다.

이처럼 중요한 대양 대순환 해류도 지구 온난화 앞에선 무력하다. 지구의 평균 기온이 계속 오르면 극지방의 빙하는 더욱 빨리 녹아 바닷물의 염도를 낮추고, 극지방 바닷물의 밀도는 감소할 수밖에 없어서다. 이런 상황이면 밀도 차이에서 오는 해류의 순환은 길을 잃는다. 해류 순환 시스템이 붕괴하면 전 지구적으로 해수의 온도 분포가 불균형해지는 것은 물론, 다양한 생태계 변화의 기폭제가 될 수 있다. 참다랑어의 출몰이 달갑지만은 않은 이유다.

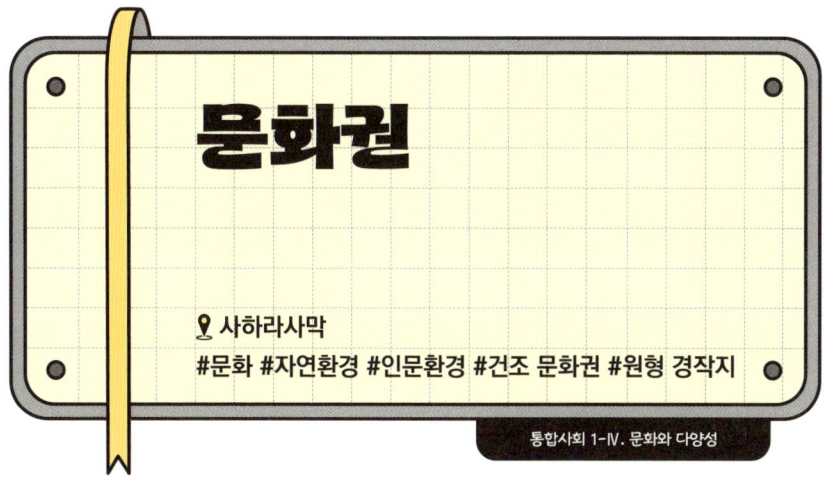

사우디아라비아에 가면 독특한 모양의 도시 주바(Jubbah)가 눈길을 끈다. 주바는 사막 한복판에 있다. 아라비아반도의 중간 지점, 그러니까 홍해와 페르시아만의 거의 절반 지점이다. 바다로부터 멀리 떨어진 데다 사막이니 물 구경은 요원한 일이라 여기기 쉽다. 하지만 주바에는 사람이 산다. 그것도 5,000명이 넘는다. 어떻게 이런 일이 가능한 걸까? 답은 오아시스다.

사막에 사는 사람들의 관심사는 오직 물이다. 지하수의 일부가 땅 위로 드러난 오아시스는 사하라사막에서 인간이 찾은 최초의 터전이었다. 주바가 바로 그런 곳이다. 사람들은 오아시스를 베이스캠프 삼아 마을을 일군 데 이어 주변 마을과 소통했다. 마을 간 소통을 가능하게 한 건 몸속에 물을 비축할 수 있도록 진화한 낙타였다. 낙타를 이용해 물건을 교환하고 사고파는 일을 **대상 무역**이라고 한다.

사막 도시 주바의 위성 사진

주바는 대상 무역을 하고자 긴 낙타 행렬을 이루며 사막을 오가는 사람들이 쉬어 가는 휴게소와 같다. 이 같은 인간의 생활 양식은 건조한 자연환경이 낳은 산물이다. 도적 떼를 견제하며 아라비아반도의 사막을 누빈 대상 행렬은 오늘날 카라반(caravan)을 끌며 도로를 누비는 캠핑족의 행렬과 묘하게 닮았다.

주바가 있는 사우디아라비아, 나아가 아라비아반도는 **건조 문화권**에 속한다. 이는 환경을 기준으로 구분한 것이다. 건조 문화권은 연 강수량이 극히 적고 일교차가 큰 자연환

카라반
사막 등지에서 낙타에 짐을 싣고 다니며 장사하는 상인인 '대상(隊商)'을 카라반이라고 불렀다. 오늘날에는 주로 자동차에 매달아 끌고 다니는 이동식 주택을 가리킨다.

경에서 비롯한 생활 양식을 공통분모로 갖는다. 마치 해안가에서 고기잡이가 성행하듯, 비슷한 자연환경의 조건에서 닮은꼴 생활 양식이 만들어진다. 대표적인 것이 옷이다. 그들은 얇은 천으로 온몸을 감싸는 헐렁한 옷을 입는다. 특별할 게 없어 보이지만, 여기엔 약간의 과학적 사실이 숨어 있다. 햇볕과 모래바람을 막는 게 표면적 효용이라면, 땀 증발에 따른 냉각 효과는 이러한 옷차림의 진짜 효용이다. 오래전부터 사하라사막에 살던 투아레그족, 하우사족은 물론 뒤늦게 사하라사막에 발을 들인 아랍인, 베르베르인은 모두 비슷한 옷을 입는다. 이는 지리적으로 사리에 맞는 '문화'적 행위다.

문화는 영어로 컬처(culture)다. 이 말의 뿌리는 중세 유럽으로 거슬러 오른다. 당시 '컬처'는 땅을 갈고 농작물을 심을 준비를 하는 행위를 가리켰는데, 이는 '경작하다', '가꾸다'라는 뜻의 라틴어 쿨투라(cultura)에서 유래했다. 지리의 관점에서 볼 때 흥미로운 것은 중세 유럽의 땅이다. 오래전 유럽 대륙이 거대한 빙하로 덮였던 때가 있었다. 이후 빙하가 뒷걸음치면서 땅에 남은 돌무더기가 곳곳에 흩어졌다. 이런 곳에 터전을 만들려면 돌을 골라 내는 일이 필요했다. 그래서 '컬처'는 인간의 행위를 전제한다. 자연은 영어로 네이처(nature)다. 이 단어는 '탄생'이나 '본질'을 뜻하는 라틴어에서 왔다. 자연은 신의 영역, 그 밖에 인간이 가꾸어 만든 건 문화가 되는 이치다.

문화는 붙임성이 좋은 개념어다. 도시 문화, 농경 문화, 대

베르베르인
사하라사막이 압도적인 비중을 차지하는 북아프리카의 넓은 지역에 사는 사람을 총칭하는 말. 이슬람 세력이 북아프리카를 지배하면서**부터** 이슬람화가 진행됐다.

류 문화, 해양 문화는 물론, 학교 문화, 기업 문화, 군대 문화 등 어떤 분야에 붙여도 어색하지 않다. 그만큼 뜻이 폭넓다. 지리학은 땅과 인간, 다시 말해 네이처(자연)와 컬처(문화)를 한데 모아 연구한다.

문화권은 공통된 문화적 특징이 나타나는 일정한 지리적 범위를 뜻한다. 즉 문화권이라는 개념어는 공간을 전제한다. 문화권을 구분할 때 일반적으로 쓰는 준거는 환경이다. 자연이 만든 **자연환경**이든 사람이 만든 **인문환경**이든, 뚜렷한 환경 차이는 문화권마다 고유한 생활 양식을 낳는다.

건조 문화권은 비단 사하라사막에만 있지 않다. 사하라사막에서 꽤 멀리 떨어진 중앙아시아와 몽골 일대도 실은 건조 문화권에 속한다. 지리적 범위로 보자면 사하라사막이 있는 북부 아프리카에서부터 서남아시아를 거쳐 중앙아시아로 이어진다. 불모의 사막에서 오아시스가 한 줄기 희망이었다면, 그나마 약간의 비가 내리는 지역은 가축이 구원의 빛이다. 조금이나마 비가 내리는 곳을 건조 스텝 기후 지역이라 부른다. 이곳 사람들은 건조한 환경에서도 잘 적응하는 염소와 양을 데리고 다니면서 풀을 먹여 생활한다. 풀이야 자연환경이 주는 것이니 파노라마처럼 펼쳐진 초원을 따라 주기적으로 이동하는 일이 잦다. 그게 **유목**이다. 쉽게 조립 및 해체할 수 있는 이동식 가옥이 필요했던 까닭이기도 하다. 자연이 내준 풀을 먹고 가축과 고기, 젖을 제공하는 가축은 유목민의 삶 그 자체였다.

건조 문화권을 판단하는 데 유용한 단서가 있다. 바로 **원**

형 경작지다. 위성 사진으로 북부 아프리카, 서남아시아, 중앙아시아 일대를 훑어보면 간간이 원형 경작지로 빼곡한 공간을 찾을 수 있다. 광활한 황톳빛의 사막에서 경작지만 녹음이 짙다. 경작지가 원형인 건 지하에서 뽑아 올린 물을 원활하게 공급하기 위해서다. 원의 중심에서 솟구친 물은 긴 구조물이 반지름을 이뤄 한 바퀴 도는 동안 골고루 뿌려진다. 원형 경작지는 사각 경작지보다 공간 효율이 낮지만, 이곳에서 중요한 건 오직 물이다. 주바에서 만날 수 있는 수많은 원형 경작지는 이곳이 건조 문화권임을 보여 주는 징표다.

그 밖에도 중국 내륙 일대, 미국 서부 일대, 뉴질랜드 남섬 일대에서도 원형 경작지를 어렵지 않게 찾을 수 있다. 하지만 이 지역들은 엄밀히 말하자면 건조 문화권에 속하지 않는다. 기후적으로 사막이나 스텝과 같은 건조 기후 조건에 해당하지 않기 때문이다. 그런데 비슷한 농업 형태가 나타나는 건 왜일까? 확실한 답은 물이다. 앞서 언급한 지역은 기후를 떠나 물을 구하기 힘든 지리적 조건을 지녔다. 건조 문화권의 완성은 자연환경과 인문환경이라는 두 가지 조건이 호응해야 성립할 수 있다는 뜻이다. 다른 문화권도 논리는 같다.

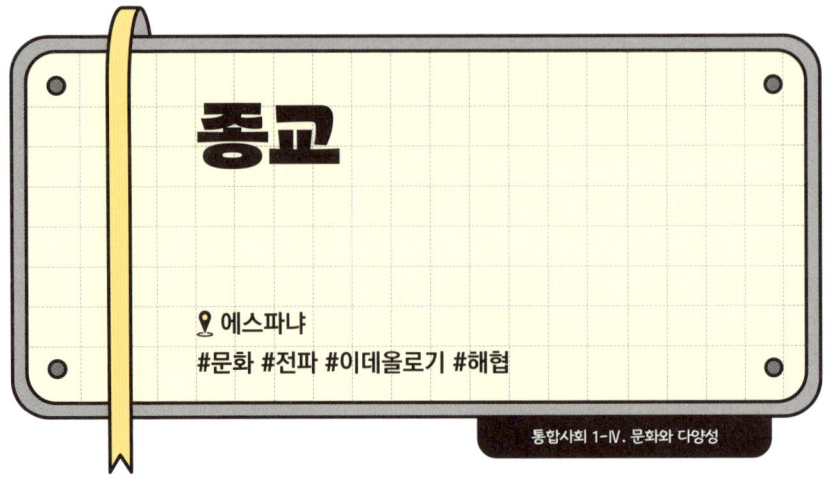

종교

📍 에스파냐
#문화 #전파 #이데올로기 #해협

에스파냐의 국교는 **크리스트교**다. 이 문장은 참이다. 크리스트교를 가톨릭교로 바꿔도 참이다. 하지만 개신교나 동방정교로 바꾸면 거짓이다. 이 세 종교는 모두 크리스트교, 즉 기독교의 분파다. 에스파냐를 비롯한 남유럽 대부분은 크리스트교 중에서도 가톨릭교를 믿는 지역이 많다. 그 중심에 바티칸 시국✔️의 교황청이 있다. 교황이 이끄는 가톨릭교는 성당이라 불리는 종교 시설에서 종교 의식을 거행한다. 개신교 교회와는 의식의 분위기가 사뭇 다르다.

에스파냐에 가면 흥미로운 유적이 있다. 바로 알람브라 궁전이다. 에스파냐 남부 그라나다주에 있는 이 궁전은 13~14세기에 걸쳐 지어졌다. 이곳이 흥미로운 건 지배 세력에 따라 종교 시설의 기능이 바뀌었기 때문이다. 처음 궁전을 지은 건 13세기 술탄 무함마드 1세다. 이름에서 알 수 있듯 당시 지배 세력은 **이슬람**이었다. 고대 로마 시대에 있

바티칸 시국
로마 시내 한복판에 있는 도시 국가. 나라라고 하지만 인구는 수백 명에 불과하고, 지도에서 찾기 힘들 정도로 작다. 이탈리아에 강제 합병됐던 교황령을 회복하는 과정에서 교황이 통치하는 국가인 바티칸 시국이 탄생했다. 시국 내엔 세계 로마 가톨릭교회의 총본산인 교황청이 있다.

알람브라 궁전의 전경

던 작은 요새를 궁궐로 쓰고자 재건축과 리모델링을 진행
했다. 궁전을 설계하고 지은 건 무어인, 그러니까 당시 이베
리아반도에 살던 무슬림이다. 건축 양식이 아름답기로 소
문난 알람브라 궁전은 '무어인이 남긴 최고의 예술품'이라
불린다.

아라비아반도에서 시작된 이슬람 세력은 어떻게 이베리
아반도까지 왔을까? 경로는 생각보다 단순하다. 처음엔 아
라비아반도에서 홍해를 건넜다. 이후 사하라사막과 지중해
가 만나는 북쪽 끝자락을 따라 서서히 서쪽으로 이동하며
세력을 넓혔다. 크리스트교가 막강한 지배 세력을 구축하고

있던 지중해 반대편으로는 포교 자체가 힘든 구조였다. 서쪽으로 꾸준히 나아가던 세력은 끝자락에서 모로코를 만나 잠시 발길을 멈췄다. 이슬람 세력은 모로코의 탕헤르, 카사블랑카와 같은 거점 도시에서 숨을 골랐다. 기회를 엿보던 이슬람 세력은 지브롤터해협을 건너 이베리아반도에 발을 들였다. 알람브라 궁전은 그 시절 강렬한 이슬람 세력의 화석처럼 남았다.

어느덧 이슬람 세력이 물러나고 크리스트교 세력이 알람브라 궁전에 발을 들였다. 크리스토퍼 콜럼버스가 신대륙 항해를 떠난 1492년의 일이다. 알람브라 궁전은 없애 버리기엔 너무나 아름다웠다. 그래서 건축 양식을 보존하되, 가톨릭 의식에 맞춰 몇몇 시설을 개·보수하는 쪽으로 결정됐다. 이슬람교의 종교 시설인 모스크가 가톨릭 교회로 용도가 변경된 건 그만큼 궁전이 아름다웠기 때문이다.

좁은 바다, **해협**은 혼종의 공간이기도 하다. 좁은 바다라서 한쪽의 속성이 다른 쪽과 섞이는 일이 가능했다. 지브롤터해협의 알람브라 궁전이 그 증거다. 튀르키예의 보스포루스해협도 마찬가지다. 보스포루스해협 일대에선 크리스트교와 이슬람교 세력이 자리싸움을 벌였다. 그 덕에 두 종교 양식이 혼재된 독특한 건축물이 증거로 남았다. 바로 아야 소피아다.

아시아의 믈라카해협도 사정은 비슷하다. 믈라카해협은 유럽과 아시아를 잇는 핵심 바닷길이다. 인도차이나반도의 말레이시아와 섬나라 인도네시아의 사이에 있다. 이곳은 유럽의 크리스트교, 인도의 **힌두교**와 **불교**, 아라비아반도의 이슬람교가 섞일 수 있는 지리적 조건을 충족한다. 워낙 많은 사람과 물자가 오가는 터라 자연스럽게 다양한 종교 시설이 만들어졌다.

믈라카해협의 끝자락에는 도시 국가인 싱가포르가 있다. 싱가포르 역시 해협의 공간 함수를 벗어나지 않는다. 싱가포르는 유럽 세력이 진출한 후 동서양을 아우르는 바닷길의 거점으로 성장했다. 예나 지금이나 그 지위는 견고하다. 세계 각지의 물자와 사람이 오가는 곳은 앞서 이야기했듯 다채로운 **문화**를 낳는다. 싱가포르는 국교가 없다. 다양한 주민 구성만큼이나 종교 구성이 다양하다. 어떻게 보면 국교를 두는 게 원론적으로 불가능하다. 지리적 조건으로 보면 당연한 결과다.

세계에는 정말 많은 종교가 있다. 그중에서도 지구촌에서 널리 신자를 보유한 종교는 크게 네 가지다. 신자 수를 기준으로 보면 크리스트교, 이슬람교, 힌두교, 불교 순이다. 이 종교들은 세계 전역으로 전파되어 있다. 종교의 전파는 곧 인구의 이동을 뜻한다. 유럽이 대항해 시대✔를 연 후 종교의 전파는 더욱 빨라졌다. 식민지 개척은 곧 종교를 심는 행위와 같았다. 그 결과 크리스트교는 남아메리카, 아시아, 아프리카 등 전 세계로 퍼져 나갔다.

반면 특정 지역에 집중된 종교도 있는데 힌두교가 대표적이다. 힌두교는 인도를 중심으로 신자가 집중해 있다. 힌두교가 널리 전파되지 않은 이유는 여럿이다. 그중에서도 타

대항해 시대
15~16세기에 유럽인들의 신항로 개척이나 신대륙 발견이 활발하던 시대. 당시에 활약한 대표적 인물로 콜럼버스가 있다.

당성이 높은 견해는 두 가지다. 하나는 견고한 신분 제도인 카스트와의 상관성이고, 다른 하나는 여러 신을 모시는 다신교적 성격이다. 태어날 때부터 신분이 정해져 있다는 교리는 선뜻 받아들이기 힘든 측면이 있다. 다신교적 성격은 강력한 중앙 집권적 교리 전파에 불리하다.

종교는 문화의 여러 요소 중에서도 가장 전파가 빠르고, 이데올로기✓적 힘이 세다. 때론 죽음을 불사할 정도다. 신에 대한 믿음이 현실 세계에서 대립할 때면 으레 전쟁으로 치닫는 경우가 많은 이유다.

이데올로기
세상을 바라보는 관점이나 사상 체계. 어떤 나라에서 나고 자라는지는 개인의 이데올로기 형성에 지대한 영향을 끼친다. 이데올로기는 사회가 전체적으로 공유하는 가치관, 신념 체계를 포괄하는 상위 개념이다.

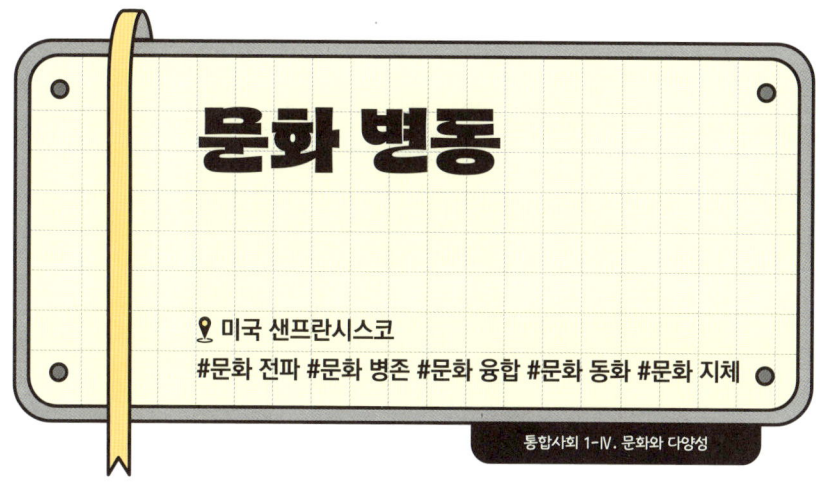

문화 변동

📍 미국 샌프란시스코
#문화 전파 #문화 병존 #문화 융합 #문화 동화 #문화 지체

통합사회 1-Ⅳ. 문화와 다양성

2007년 초, 스티브 잡스가 세상에 아이폰을 내놨다. 당시에
도 스마트폰은 여럿이었다. 하지만 오늘날 우리가 쓰는 스
마트폰과는 거리가 멀었다. 기기의 화면 크기도 작았고, 무
엇보다 거추장스러운 키보드가 붙어 있었다. 얇은 스타일러
스 펜을 활용해 화면을 터치하면서 작은 키보드를 두드리는
게 당시 스마트폰이 제공하는 사용자 환경의 전부였다.

잡스는 스마트폰이 전혀 '스마트'하지 않다는 데 문제의
식을 가졌다. 그는 화면의 크기를 대폭 키우고 수십 개의 키
보드 대신 홈 버튼 하나만 뒀다. 잃어버리기 십상인 스타일
러스 펜을 절대 잃어버릴 수 없는 손가락으로 대체했다. 손
가락으로 화면을 터치하는 행위는 그야말로 신세계급 사용
자 경험을 안겼다. 복잡하고 민감한 스마트폰을 손가락과
버튼 하나만으로 통제할 수 있었다. 그것은 혁명이었다.

아이폰 1세대는 하드웨어는 물론 소프트웨어도 남달랐

스마트폰의 패러다임을 바꾼 애플의 아이폰

다. 크게 세 가지의 기능을 한데 모았다. 전화와 음악 플레이어와 인터넷이었다. 화면을 터치해 전화를 걸고 문자 메시지를 보내기 시작한 게 이때부터다. 음원을 저장하거나 인터넷으로 스트리밍할 수 있는 것은 음악 플레이어와 인터넷 애플리케이션의 조합으로 가능했다. 개발자가 공들여 만든 다양한 애플리케이션을 구매할 수 있는 변화는 소프트웨어의 확장성에 날개를 달아 주었다. 아이폰은 이후 스마트폰의 확고부동한 문법이 되었다. 새로 출시되는 스마트폰은 규격과 기능에서 약간의 차이가 있을 뿐, 본질은 아이폰 1세대와 같다.

아이폰의 혁신은 고스란히 다른 제조 회사로 흘러들었다. 후발 주자는 너도나도 아이폰의 혁신을 따라 할 수밖에 없었다. 이미 소비자에게 그 이상의 사용자 환경을 제공하기 힘들 정도로 당시 아이폰의 구성은 완벽에 가까웠다. 그렇다면 애플은 어떻게 이런 기기를 내놓을 수 있었을까? 한마디로 적재적소의 융합이다. 1세대 아이폰에 적용된 기술 대부분은 이미 세상에 있었다. 스티브 잡스가 이끄는 애플은 이를 스마트폰에 맞도록 적절히 융합해 기존에 없던 기기를 만들어 냈다.

문화 변동이라는 개념이 있다. 어떤 사회가 일군 문화 요소가 다른 문화와 접촉하는 등의 변화를 겪는 현상을 일컫는다. 한 나라가 있다고 가정해 보자. 이 나라는 아주 높은 고지대에 있다. 지대가 높지만, 적도 부근이라 기온은 늘 서늘하다. 기후 조건이 알맞아 오래전부터 사람이 많이 모여 살게 되고, 그 결과 문명이 탄생했다. 고지대라 태양은 늘 가까이에 있었고 자연스럽게 태양을 숭배하는 문화가 만들어졌다. 오랜 시간 동안 꾸준히 계승되던 문화는 외부의 침략 집단에 의해 서서히 사라지기 시작했다. 어떤 문화는 아예 씨가 말랐고, 또 어떤 문화는 침략자의 문화와 섞였다. 잉카 제국의 문화 변동 양상을 가상으로 정리한 내용이다. 중요한 건 문화는 얼마든지 바뀔 수 있다는 거다.

문화 변동의 핵심 요인은 크게 세 가지다. 한 사회에서 새로운 문화 요소가 생겨나는 **발명**, 이미 있었지만 미처 알려지지 않았던 **발견** 그리고 한 사회의 문화 요소가 다른 사회로 흘러가는 **문화 전파**다. 아이폰의 혁신은 이 중 발명에 해당한다. 진정한 스마트폰의 시대가 열리자, 세상은 그에 발맞춰 변화해 나갔다. 애플리케이션의 시장이 폭발적으로 성장하면서 개발자가 기술 산업의 핵심 인재로 급부상했다. 문자 메시지와 소셜 네트워크 서비스의 소통 방식이 보편화됐고, 미디어 콘텐츠 소비 패턴이 TV에서 스마트폰으로 급격히 이동했다. 스마트폰이 여느 카메라 성능을 능가하며 산업 또한 뒤바뀌었다. 스마트폰을 중심으로 재편된 시장 질서는 다른 나라의 기술 및 소비 문화도 얼추 비슷하게 바꿔 놓았다. 직접이든 간접이든 문화는 강력한 구동력이 생기면 새로운 전파 지역을 찾아가는 발 없는 말과 같다. 아이폰이 만든 문화 변동의 양상은 미국을 넘어 전 세계가 공유하는 지구촌 문화를 추동한 셈이다.

문화 변동의 양상은 크게 세 가지 방식으로 이루어진다. 여러 문화가 섞이면서도 고유의 문화적 기질을 유지하는 **문화 병존**, 두 문화가 만나 새로운 문화가 만들어지는 **문화 융합**, 한 문화가 다른 문화로 인해 사라지는 **문화 동화**가 그것이다. 표현은 다양해도 본질은 하나다. 문화는 어떻게든 변한다는 것이다. 그 변화를 이끄는 건 기존 **패러다임**을 완전히 바꾸는 선두 주자. 교통과 통신 기술이 미비했던 과거엔 그 속도가 느렸지만, 지금은 다르다. 다른 문화를 대체할 수 있는 혁신적인 아이템이 나오면 문화의 전파 속도는 걷잡을 수 없이 빨라진다. 문화도 약육강식의 논리가 얼추 들어맞는 셈이다.

패러다임
한 시대 구성원들의 사고를 근본적으로 규정하는 이론적 틀이나 개념의 집합체를 뜻한다. 미국의 과학 철학자 토머스 쿤이 정의한 말로, 특정 시대의 과학자들이 공유하는 이해의 틀, 모범적 규범이 있다는 데서 비롯한 단어다.

그렇다면 문화 변동은 항상 좋은 일일까? 혁신적인 기술의 발달이 확산하는 건 긍정적이지만, 그에 따른 부작용도 만만찮다. 기존 문화를 빠른 속도로 바꾸는 건 받아들이는 쪽에선 부담스러울 수 있다. 기술의 혁신이 아닌 종교와 같은 보편적이고 대표적인 문화라면 더욱 그러하다. 기존 질서와 새 질서 간에 갈등이 나타나는 건 그 때문이다. 문화의 급변으로 구성원이 혼란을 느끼면 아노미 현상이 나타나고, 기술의 발달이 문화 변동의 속도를 압도해 **문화 지체** 현상도 빈번하다. 지배적인 문화는 소수 문화를 억압하는, 눈에 보이지 않는 폭력을 낳기도 한다. 이에 대한 대안은 꼼꼼한 사회적 합의다. 몸에 좋은 음식과 좋지 않은 음식을 가려 먹듯, 문화도 가려서 받아들여야 탈이 나지 않는다.

아노미 현상
행위를 규제하는 공통 가치나 도덕 기준이 없는 혼돈 상태로, 사회와 그 구성원이 혼란과 불안정을 느끼게 된다.

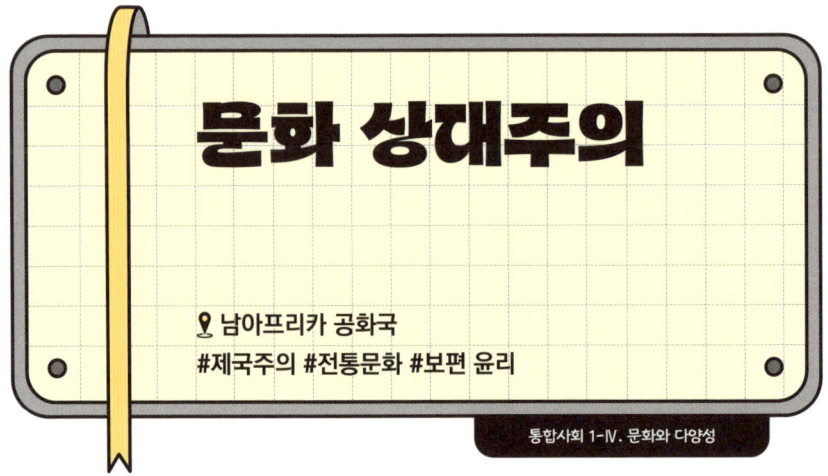

문화 상대주의

📍 남아프리카 공화국
#제국주의 #전통문화 #보편 윤리

오른쪽 사진을 보자. 크게 세 가지가 눈길을 끈다. 자동차, 노인, 독특한 문양이다. 하나씩 들여다보자. 우선 자동차 모델은 롤스로이스 팬텀이다. 롤스로이스는 1906년 영국에서 시작됐다. 이후 한 세기를 훌쩍 넘는 시간 동안 세계 최고의 고급 자동차로 자리매김했다. 이 차가 유별난 건 생산 방식에 있다. 고객이 원하는 방향으로 얼마든지 맞춤 제작할 수 있다. 차량의 내외부 디자인은 물론 가죽의 종류, 실내 장식, 오디오 시스템, 심지어 트렁크의 구성까지도 선택할 수 있다. 선택의 폭이 넓다는 건 그만큼 비싸다는 뜻이다. 자동차 한 대가 수억 원을 넘는다.

롤스로이스 자동차는 생산 방식 못지않게 생산 철학도 독특하다. 자동차의 본질은 잘 달리고 잘 멈추고 편안한 것이다. 롤스로이스는 이를 뛰어넘어 자동차가 하나의 예술품이 돼야 한다고 봤다. 맞춤 제작하는 차량마다 고유의 디

롤스로이스 마흘란구 팬텀을 탄 에스더 마흘란구. 자동차 내부는 마흘란구가 직접 디자인한 기하학적 전통 문양으로 장식되어 있다.

자인과 문양을 새겨 넣은 이유다. 그런 면에서 주목할 만한 모델이 있다. 바로 2020년에 선보인 '마흘란구 팬텀(The Mahlangu Phantom)'이다. 마흘란구는 사진 속의 인물이다. 마흘란구와 롤스로이스 간에는 어떤 이야기가 숨어 있을까?

에스더 마흘란구는 남아프리카 공화국에서 나고 자란 예술가다. 그녀는 아프리카 토착 부족인 은데벨레족 출신이다. 은데벨레족은 집의 벽면에 독특한 패턴의 문양을 그려 넣는다. 주로 결혼한 여성이 그린다. 18세기 중반부터 그려

지기 시작한 벽화는 은데벨레족의 고유한 문화다. 그림에는 그림을 그리는 사람의 마음과 정체성, 감정을 비롯해 결혼이나 출산 등 가족과 부족에 대한 이야기가 담겼다. 종갓집 전통주의 비법이 시어머니에게서 며느리로 계승되듯, 은데벨레족 가옥 벽화는 어머니에게서 딸로 꾸준히 전승됐다. 꾸준하고 오랜 집단의 행위는 문화가 된다. 마흘란구는 오늘날 이 문화를 계승하는 최고의 시각 예술가로 평가받는다. 그녀는 전통문화를 현대 시각 예술로 승화했다. 그녀가 구현한 기하학적 패턴과 밝고 경쾌한 색상은 롤스로이스 마흘란구 팬텀에 오롯이 새겨졌다.

문화 상대주의라는 개념어가 있다. 어떤 문화든 그 자체로 존중받아야 한다는 것이 골자다. 문화를 만드는 핵심은 인간의 행위다. 어떤 집단이 오랜 세월에 걸쳐 만든 문화는 그 지역의 전통문화가 된다. 전통은 집단 내에서 꾸준히 계승되는 경우가 많다. 하지만 어디에서나 적용될 정도로 보편적이지는 않다. 작게는 특정한 부족에게만, 넓게는 한 지역이나 나라에서 통용된다. 문화는 그 사회의 자연환경, 역사 등의 영향으로 탄생하며 고유한 특징을 지닌다. 이처럼 다양한 문화의 상대적 우열을 가리는 것은 무의미하다. 각 문화의 독자성을 인정하고 상호 존중과 이해의 태도를 갖자는 것이 바로 문화 상대주의다. 그런 면에서 아프리카의 전통문화를 수용한 롤스로이스 마흘란구 팬텀은 문화 상대주의의 좋은 예다.

제국주의♥ 시대의 아프리카 전역은 유럽의 식민지였다.

제국주의

어떤 나라가 다른 나라
혹은 지역을 무력이나
경제력으로 지배해 제
국을 이루려는 행위 또
는 사상. 유럽 세력이
아프리카를 식민화하
기 시작한 것은 19세
기 말로, 이러한 제국
주의의 영향은 오늘날
까지 이어진다.

에스더 마흘란구가 나고 자란 남아프리카 공화국은 영국의
지배를 받았다. 당시 남아프리카 일대엔 유럽에서 건너온
이민자가 많았다. 이들이 바로 아프리칸스어를 쓰는 백인
민족 집단인 보어인이다. 오늘날 보어인은 남아프리카 일대
백인 인구의 약 60%를 차지하고 있다. 보어인은 영국의 제
국주의 확장에서 보면 피해자였지만, 은데벨레족 입장에서
는 영국과 보어인 모두 제국주의 침략 세력이었다. 당시 유
럽인은 아프리카의 전통문화를 미개한 하위 문화로 여겼다.
그래서 사라져야 할 야만적 문화로 보는 경우가 많았다.

아프리카라고 하면 흔히 기아, 빈곤, 내전, 야만 등의 부정
적 이미지를 떠올린다. 아프리카와 현대 예술은 어쩐지 한
참 멀게 느껴진다. 하지만 아프리카의 전통문화는 피카소와
같은 현대 미술 거장에게도 영향을 끼쳤으며 오늘날 세계
예술계의 연구 대상이다. 독특한 조형물, 강렬하고 생생한
색채, 역동적인 생명력의 표현 등은 아프리카 예술의 특징
이다. 아프리카의 전통문화가 빚어낸 다양한 도구, 악기, 문
양, 의복 등은 현대 예술의 각 분야에 고루 접목 중이다. 조
형 예술, 재즈를 비롯한 음악 예술과 악기 등 일일이 열거하
기 힘들 정도다.

아프리카의 전통문화는 오래전 누군가에겐 원시적이고
야만적인 사라져야 할 대상이었는지 모르지만, 이는 당시
패권적 침략 행위에 몰두했던 지배자의 시선일 뿐이다. 그
런 그들이 문화 상대주의적 태도를 가졌을 리 만무하다. 흥
미롭게도 이제는 당시 피지배자였던 사회의 특출난 전통문

화가 획일화되어 가는 물질문명의 문화적 한계와 결핍을 채우는 모양새다. 문화 상대주의 관점에선 지극히 당연하고 가치 있는 행태다.

앞서 이야기했듯, 지역마다 일궈 온 고유한 문화는 상호 존중돼야 한다. 다만 조건부다. 교통과 통신의 발달로 세계는 지구촌(→236쪽)이라는 개념으로 묶이는 중이다. 이러한 시대적 흐름 속에서 인권, 자유 등 인류의 보편적 가치는 존중돼야 한다. **보편 윤리**♥에 반하는 대표적 사례는 이슬람 문화권의 명예 살인이다. 명예 살인은 가족이나 부족의 명예를 훼손한 구성원이 다른 구성원으로부터 죽임을 당하는 전통적 행위다. 대상은 주로 여성이다. 대개 간음이나 혼전 성관계가 명예 살인의 근거로 거론된다. 하지만 살인 행위는 어떤 이유로도 정당화할 수 없다. 문화 상대주의의 관점에서 명예 살인을 수용할 수 없는 이유다.

보편 윤리
시대와 문화를 초월해 모두가 따라야 할 도덕적 원칙이나 가치

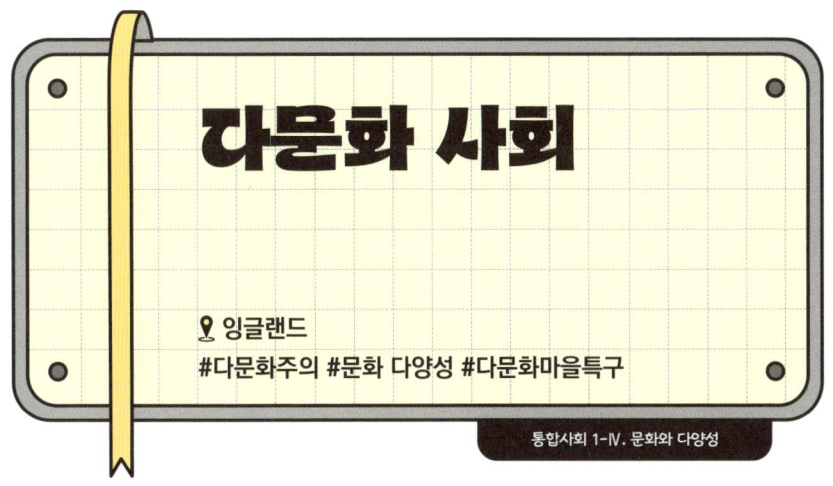

통합사회 1-Ⅳ. 문화와 다양성

손흥민처럼 세계 무대에서 활약하는 한국 선수들이 늘면서 해외 축구를 즐겨 보는 사람도 많아졌다. 수많은 이가 즐기는 스포츠, 축구의 본고장은 영국이다. 그런데 월드컵에서 '영국 대표팀'은 찾아볼 수 없다. 잉글랜드를 영국 국가대표팀으로 보기 쉽지만 그렇지 않다. 영국은 북아일랜드, 웨일스, 스코틀랜드, 잉글랜드 이렇게 네 국가의 연합국이다. 영어로 유나이티드 킹덤(United Kingdom, UK)이라고 불리는 이유다. 구성국이 네 개라서 축구 국가대표팀도 네 개다.

흥미로운 건 잉글랜드 국가대표팀의 민족(인종) 구성이다. 피부색과 겉모습이 한눈에 봐도 다른 다양한 선수들이 국가대표팀을 이룬다. 다음 사진은 영국이 다문화 사회임을 직관적으로 보여 준다. 영국은 연방 국가답게 민족(인종)과 문화가 다양하다. 이렇게 된 건 영국이 적극적으로 **다문화주의**를 택했기 때문이다. 그 뿌리는 17세기로 거슬러 오른다. 유

2018 월드컵에 참가한 잉글랜드 국가대표팀 선수들의 모습

럽의 대항해 시대를 연 것은 이베리아반도의 국가지만, 그 정점에 오른 나라는 영국이었다.

19세기 조직적인 식민지 경영을 통해 얻은 막대한 영토는 '대영 제국'을 '해가 지지 않는 나라'로 만들어 줬다. 세계 각지에서 이민자가 들어온 것은 그 무렵부터다. 특히 제2차 세계 대전은 이민자의 유입을 더욱 부추기는 계기가 됐다. 많은 사람이 전쟁으로 목숨을 잃은 탓에 노동력이 부족했기 때문이다. 이후 영연방✓의 나라에서, 독일 나치의 폭

영연방

영국을 비롯해 과거 대영제국의 식민지였던 여러 자치 공화국, 보호령 등이 결합한 연합체

압에 지친 유럽 본토에서 시나브로 이민자가 들어오면서 다문화 사회의 꼴을 갖출 수 있었다. 식민지 국가 중에서는 인도와 파키스탄, 유럽 본토에선 특히 폴란드에서 많은 사람이 들어왔다.

끼리끼리 모인다는 뜻의 유유상종이라는 말이 있다. 같은 문화를 공유하는 사람이라면 언어와 종교는 물론 겉모습도 친숙해 쉽게 어울릴 수 있는 장점이 많다. 공통된 문화를 공유한 사람이 아무래도 함께 살기 편하다. 낯선 나라를 여행하다가 우연히 만난 모국의 여행자와 빨리 가까워지는 이유다. 영국에 들어온 이민자도 그랬다. 한 지역을 특정 문화 집단이 점유하면, 그 공간에는 시나브로 해당 문화권 출신의 이민자가 모인다. 특히 항구 도시에서 그런 경향이 강했다. 영국이 섬나라이기 때문이다. 런던은 물론 리버풀, 글래스고 같은 주요 항구 도시에는 소수 이민자의 마을이 생겨났다.

이민자는 문화적 다양성과 이질감을 동시에 주기도 한다. 영국이 본격적으로 이민자를 받아들이면서 초창기에는 이민 정책의 기조를 포용보다는 억압으로 가닥을 잡은 이유다. 그 대표적인 예가 〈영연방 이민자법〉(1962)이다. 이 법이 발효되면서 영연방 출신이라 하더라도 입국은 쉽게 허락되지 않았다. 오늘날 '이민자의 나라'로 불리는 미국이 까다로운 비자 발급으로 입국을 어렵게 만드는 것과 비슷한 원리다. 하지만 이미 입국한 이민자를 사회적으로 차별하기엔 곤란한 점이 많았다. 사회 통합의 측면에서 1965년 〈인종관계법〉, 그러니까 이미 정착한 이민자에 대한 차별을 금지하는 법안이 마련되기에 이른다. 이후 영국은 전체적인 이민 기조를 억압보다는 포용 쪽으로 방향을 잡았다.

영국의 수도 런던에 가면 영국이 오랜 세월 일군 다문화 사회의 면면을 엿볼 수 있다. 가장 도드라지는 건 차이나타운이다. 화려한 차이나타운은 여행 명소로 거듭났다. 차이나타운에선 다채로운 중국 음식을 맛볼 수 있다. 영국에서 중국을 간접 여행하는 효과를 얻는 셈이다. 영국 레스터시는 다문화 사회를 만들고자 적극적으로 노력했다. 나날이 이민자가 늘자 각각의 문화를 존중하는 정책을 꾸준히 유지했다. 핵심은 어떤 문화가 우위에 있다는 사고를 경계하는 일이었다. 모든 시민이 서로의 다양성을 내면 깊숙한 곳에서부터 존중하는 일이 '다문화 도시'의 출발점임을 인식하게 하는 것이었다.

우리나라에는 '한민족' 신화가 있다. 단군 이래 한민족이 한반도에 살면서 하나의 언어를 쓴다는 것이 골자다. '백의민족', '단일 민족'이라는 개념도 그렇다. 한반도 바깥 지역의 사람과 소위 '피가 섞이지 않았다'는 믿음은 사실 앞뒤가 맞지 않는다. 우리나라는 오래전부터 이웃 나라와 다양한 방식으로 소통해 왔기 때문이다. 전쟁을 치르는 동안에는 의도하지 않은 유전적 결합도 빈번했다. 이른바 모두가 '단군의 자손'이라는 관념은 단일 민족론으로 발전해 역사 교과서에서 오랫동안 강조돼 왔다. 하지만 이는 '만들어진 전통'이라는 것이 오늘날 학계의 중론이다. 단일성을 주장할수록 사회적 다양성은 떨어진다. 생김새로 누군가를 판단하는 일은 사회 곳곳에 벌어지는 또 다른 폭력의 시작일 수 있다.

한국 사회는 시나브로 단일 민족을 넘어 완연한 다문화 사회로 진화 중이다. 이를 가장 잘 느낄 수 있는 장소는 경기도 안산시 다문화마을특구✔다. 안산에 많은 외국인이 들어온 것은 근처 공단이 활성화하면서부터다. 저임금 노동을 감당해 줄 노동력이 필요했던 한국은 중국 동포를 시작으로 동남아시아와 중앙아시아, 아프리카의 외국인에게 비자를 내주었다. 이 비자를 통해 다양한 국가 출신의 외국인이 한국에서 오랜 기간 돈을 벌며 살아간다. 외국인 노동자를 받아들이는 것은 곧 여러 문화를 한국에 들이는 일과 같다. 안산에는 워낙 많은 외국인이 모인 탓에 특구로 특별히 관리 중이다.

다문화마을특구는 행정구역상 안산시 원곡동에 속한다. 거리를 거닐면 낯선 언어가 쓰인 상점 간판과 수많은 외국인 인파로 마치 외국에 온 것처럼 느껴진다. 언제 어느 골목을 가도 한국인보다 외국인이 많다. 외국의 전통 음식에서 풍기는 향신료는 공간의 이질감을 후각적으로 더욱 극대화한다. 혹자는 원곡동 다문화 거리를 거닐면서 안전에 관한 걱정을 한다고도 한다. 하지만 안산 다문화안전 경찰센터에 따르면 다른 지역과 큰 차이가 없다고 한다. 낯선 것을 경계하는 고정 관념이 오해와 갈등을 가져올 수 있다는 사실을 보여 주는 대목이다. 시나브로 한국은 다문화 사회로 나아가고 있다. 세계적인 추세로 보면 거스를 수 없는 흐름이다.

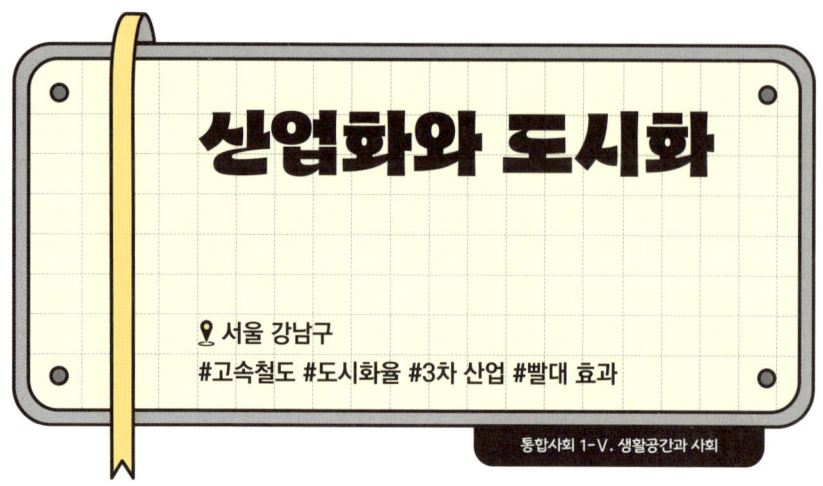

산업화와 도시화

📍 서울 강남구
#고속철도 #도시화율 #3차 산업 #빨대 효과

국내엔 이른바 '5대 대형 병원'이 있다. 서울대학교병원, 세브란스병원, 삼성서울병원, 서울아산병원, 서울성모병원이다. 이 병원들은 의과 대학과 긴밀한 관계를 맺고 있다. 각각 서울대학교, 연세대학교, 성균관대학교, 울산대학교, 가톨릭대학교다. 각 대학의 의과 대학 졸업생은 이 병원에서 인턴, 레지던트, 전공의 과정을 수련한다. 5대 병원은 보건복지부로부터 상급 종합 병원으로 꾸준히 지정돼 왔다. 상급 종합 병원은 치료가 어려운 난치병, 암과 같은 중증 질환에 대비할 수 있는 인력과 장비가 갖춰진 병원을 뜻한다.

　삼성서울병원은 서울 강남구 일원동에 있다. 이름에서 알수 있듯 삼성 그룹에서 설립했다. 그렇다고 삼성 그룹이 운영하는 병원은 아니다. 삼성 그룹은 경기도 수원시에 있는 성균관대학교 의학전문대학원과 의과 대학을 운영한다. 그리고 삼성서울병원 소속 의사가 의과 대학 교수로서 성균관

서울시 서초구에 위치한 서울성모병원. 고속버스터미널(서울고속터미널·센트럴시티터미널)과 가까이 위치해 접근성이 뛰어나다.

대학교 의과 대학 학생을 양성하는 구조다. 그렇다면 삼성
서울병원은 어째서 서울 강남구 일원동에 있는 걸까?

삼성서울병원이 설립된 것은 1994년이다. 당시 삼성 그
룹은 지금의 삼성서울병원 자리에 부지가 있었다. 일원동
은 개포동과 더불어 1970년대 강남 택지 개발 사업 지역이
었다. 강남의 변두리였지만 빠르게 증가하는 강남의 인구
를 수용하기 위해 막바지 개발에 들어갔다. 강남이라는 입
지 조건도 선택에 한몫했다. 대형 병원을 유지하려면 수요
가 많아야 한다. 상급 종합 병원의 병원비를 충분히 감당할
수 있는 수요가 많은 곳이 바로 강남이었다. 1993년 지하철

3호선 일원역이 개통한 것도 중요한 변곡점이었다. 서울을 남북으로 잇는 3호선의 개통은 강북과 강남을 아우르는 수요를 창출하기에 충분했다.

삼성서울병원의 성장 가도에 날개를 달아 준 것은 수서고속철도(SRT)의 개통이었다. 2016년 개통한 고속 철도는 2004년에 개통한 한국고속철도(KTX)와 함께 서울 중심성을 강화했다. 경부고속도로를 이용하면 서울에서 부산까지 5시간 정도 걸린다. 고속 철도를 이용하면 소요 시간이 절반으로 단축된다. 목포와 여수도 고속 철도로 빠르게 오갈 수 있다. 이른바 경상도와 전라도, 그 분기점에 해당하는 충청도와 수도권을 아우르는 광역 노선이 만들어진 셈이다. 이렇다 보니 삼성서울병원의 수요는 강남구나 서울에 머물지 않는다. 전국 각지에서 최상급 종합 병원의 의료 서비스를 이용하려는 사람들이 하루에 통원하게 된 것이다.

산업화와 **도시화**라는 개념이 있다. 산업화는 농업 중심의 사회에서 서비스업 중심의 사회로 변화하는 과정을 일컫는다. 조선 시대는 철저히 농업 중심의 사회였다. 한국 전쟁 이후 우리나라가 본격적인 성장 궤도에 오른 계기는 산업 구조의 빠른 재편이었다. 사회 구조가 농업에서 공업과 서비스업 중심으로 바뀌면서 국가 경제는 나날이 좋아졌다. 마치 근육을 키우는 보디빌더처럼, 공장을 짓고 물건을 만들어 국내나 해외로 팔면 많은 돈을 벌 수 있었다.

강력한 산업화를 탄탄하게 뒷받침한 사회 현상은 도시화다. 도시화는 인구 이동에 초점을 둔 개념어다. 촌락에서 농사를 짓던 사람이 도시로 이사해 전입 신고를 마치면 통계상으로 도시에 거주하는 것으로 간주된다. 우리나라는 산업화 못지않게 빠른 도시화를 경험했다. 급격한 도시화는 도시에 거주하는 인구 비율, 다시 말해 **도시화율**을 급속히 높였다. 우리나라는 2005년에 도시화율이 90%를 넘었다. 전체 인구 열 명 중 아홉 명이 도시에 산다는 뜻이다.

산업화와 도시화는 선순환 관계다. 산업화를 통해 돈을 버는 구조가 바뀌면 촌락에 머물러서는 곤란하다. 어떻게든 도시로 이사해 공장에서 일하거나 상점을 차리거나 사무실에서 근무해야 한다. 세계적으로 선진국이라 일컬어지는 나라는 십중팔구 **3차 산업**✔ 중심이다. 농림어업에만 의존해서는 많은 돈을 벌기 힘들도록 경제 질서가 잡힌 탓이다. 큰돈을 벌지 못하면 부유한 나라가 될 수 없다. 3차 산업으로 경제를 부흥하려면 많은 사람이 도시에 모여 살아야 한다. 모이면 아이디어를 충분히 공유할 수 있고, 창의적인 열정과 도전이 곳곳에서 일어날 확률이 높아진다. 워낙 다양한 산업이 만들어지니 일자리도 많고 직업도 다양해진다. 산업화는 도시화를 부르고 다시 도시화는 산업화를 추동하는 순환 관계는 이렇게 만들어진다.

우리나라의 '5대 대형 병원'은 모두 서울에 있다. 이는 급속한 산업화와 도시화의 결과다. 1960년대부터 이루어진 산업화는 서울과 수도권 중심으로 본격화했다. 수도권 육성에 정부가 든든한 후원자 역할을 하면서 도시화가 맞물려 이뤄졌다. 이미 수백 년간 수도의 지위가 확고했던 만큼

3차 산업
생산한 물건을 운반하고 판매하는 산업 활동을 뜻한다. 1차 산업은 주로 농업과 광업, 2차 산업은 제조업에 해당한다. 오늘날 선진국은 대부분 3차 산업 중심의 산업 구조를 보이는 반면, 개발 도상국은 상대적으로 1차 산업의 비중이 높게 나타난다.

서울의 성장은 강력한 일극 도시 체계를 낳았다. '서울 공화국'이라는 말이 이때 생겨났다. 입법, 사법, 행정은 물론 핵심 교통과 시설이 서울로 몰렸다. 서울 집중화 현상은 의과 대학을 낀 대학 캠퍼스와도 무관하지 않다. 대형 병원에 날개를 달아 준 고속 철도의 개통은 의료의 서울 집중화 현상을 불러왔다.

한국고속철도를 이용해 서울역에 내리면 서울대학교병원과 세브란스병원으로 손쉽게 이동할 수 있다. 서울 최대 규모의 강남고속버스터미널에 내리면 길 건너 서울성모병원이 있다. 수서고속철도를 이용해 수서역에 내리면 수시로 오가는 셔틀버스를 타고 삼성서울병원과 서울아산병원에 금방 닿을 수 있다. 서울의 '5대 대형 병원'은 막강한 교통 인프라를 이용해 전국의 중증 환자를 빨아들이고 있다. 이러한 현상을 **빨대 효과**라 부른다. 빨대로 음료를 빨 듯, 대도시가 주변의 인구와 자원을 빨아들이는 모습에 빗댄 개념이다.

예상하다시피 그 결과는 지역 불균형으로 이어진다. 국민건강보험공단에 따르면 2023년 기준 우리나라 전체 의사의 약 28%가 서울에 몰려 있고, 수도권 전체로 보면 그 수는 거의 절반에 달한다. 그 결과 수도권과 비수도권의 필수 의료 전문의 수는 네 배 가까이 차이가 난다. 이 때문에 비수도권의 응급 환자가 적절한 진료를 제때에 받지 못해 사망하는 일도 빈번히 일어난다. 국민 건강권 약화로 이어지는 지역 필수 의료 공백을 메울 근본적인 대책이 시급하다.

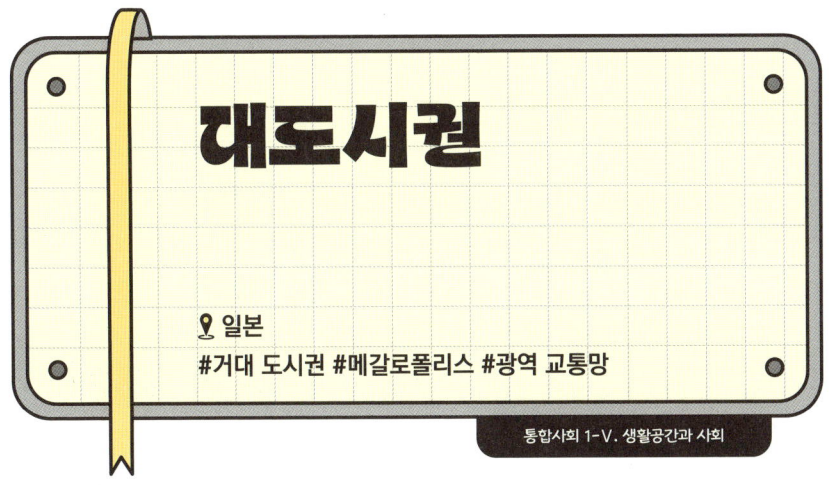

대도시권

📍 일본
#거대 도시권 #메갈로폴리스 #광역 교통망

통합사회 1-Ⅴ. 생활공간과 사회

정자와 난자가 만나면 수정이 이루어진다. 이후 약 10주가 지나면 의학적으로 태아다. 태아는 자궁 속에서 오장육부를 비롯한 다양한 신체 기관이 만들어지며 세상 밖으로 나올 준비를 마친다. 탄생 이후 유아기를 거치는 동안 인지 능력과 운동 능력이 급격히 발달하고, 청소년기를 맞아 제2차 성징을 겪으면서 성별에 따른 신체적 변화가 나타난다. 청소년기를 안정적으로 마치면 비로소 성인으로 자립한다.

도시의 성장은 인간의 성장과 닮았다. 거주하기 좋은 곳에 사람들이 모여 마을을 이룬다. 마을이 풍요로운 가운데 인구가 점차 늘면서 도시로 변모한다. 여기서 도시는 주로 행정과 상업 기능을 갖춘 공간이다. 한 마을이 중심이 돼 주변 도시를 점차 포섭하는 관계가 성립되는 것이다. 이후 도시는 먼 거리의 마을과 연대하면서 점차 덩치를 키우고, 급기야 다른 도시에까지 세력을 넓힌다. 비교적 규모가 작은

도카이도 신칸센

주변 도시는 눈덩이처럼 커지는 도시에 의존하는 경향이 나타난다. 커질 대로 커진 도시는 대도시가 되고, 대도시와 한 몸을 이룬 주변 지역을 묶어서 **대도시권**이라 부른다. 대도시권은 생물학적으로 성인에 해당한다.

흥미롭게도 대도시권은 성장의 끝이 아니다. 대도시권과 대도시권 사이에도 누가 더 공간 지배력이 강한지에 따라 계층이 만들어질 수 있기 때문이다. 지구 상에서 남북으로 가장 긴 나라 칠레의 북단에 있는 도시와 남단에 있는 도시가 긴밀하게 연결되는 건 지리적으로 불가능에 가깝다. 하지만 이웃한 대도시권이라면 상호 보완의 시너지 효과를 낼 수 있다. 대도시들이 하나의 생명체처럼 연결되어 기능할 때, 이를 **거대 도시권, 메갈로폴리스**라 부른다. 메갈로폴리스는 굳이 비유하자면 골리앗처럼 덩치가 비정상적으로 큰 도시라 할 수 있다.

거대 도시권을 처음으로 주창한 이는 프랑스의 지리학자 장 고트만이다. 그는 미국 보스턴부터 버지니아주 노퍽에 이르는 좁고 긴 지역이 마치 하나의 도시처럼 기능한다는 사실을 간파했다. 이러한 연속적인 거대 도시 모형을 두고 메갈로폴리스(megalopolis)라고 이름을 붙였다. 접두어 메갈로(megalo-)는 '거대하다'는 뜻이고, 폴리스(polis)는 '도시'를 뜻한다.

메갈로폴리스의 본향은 미국 동부 대서양 연안이지만, 오늘날 세계에서 가장 큰 대도시권은 일본에 있다. 바로 도카이도✔️ 메갈로폴리스다. 일본의 3대 도시인 도쿄, 오사카, 나고야는 대도시권을 이루는 핵심 도시다. 세 대도시권은 태평양을 면한 공간을 따라 연속해 분포한다. 오사카에서 나고야로, 다시 나고야에서 도쿄로 이동하려는 수요가 늘면서 세계 최초의 고속 철도인 신칸센이 들어섰다. 1964년 도쿄 올림픽을 앞두고 신칸센 사업은 속도를 냈다. 올림픽을 치르면서 국제 사회의 이목을 끈 신칸센은 대도시권과 대도시권을 일일 생활권으로 묶었다. 오사카에 사는 사람이 아침에 도쿄에 가서 볼일을 보고 저녁에 집으로 돌아올 수 있게 된 것이다. 신칸센은 아시아 최초의 메갈로폴리스가 만들어지는 데 결정적인 역할을 했다.

도카이도
도카이도는 일본 에도 시대부터 있었던 길로, 도쿄 중심의 간토 지방과 오사카 중심의 간사이 지방을 연결하는 핵심 육로다. 오늘날 도카이도는 일본의 1번 국도와 고속도로, 철도와 고속철도가 지난다. 그야말로 일본의 중추 교통로인 셈이다.

우리나라의 수도권도 메갈로폴리스다. 2025년 현재 900만 명 이상이 거주하는 서울특별시와, 약 300만 명이 살고 있는 인천광역시라는 거대 도시가 그 중심에 있다. 두 거대 도시 주변에는 인구 100만 명이 넘는 수원시, 화성시, 고양시, 용인시와 같은 대도시가 있다. 대도시 주변으로는 인구 수십만 명의 도시가 즐비하다. 이 도시들은 마치 한 몸처럼 유기적으로 기능한다. 앞서 살펴봤듯 이들을 엮는 핵심 요소는 **광역 교통망**이다. 여러 겹으로 조직된 외곽 순환 도로와 빠르게 이동할 수 있는 수도권 광역 급행 철도(GTX) 등은 수도권이 거대 도시권이라는 확실한 증거다.

수도권의 범위는 어디까지일까? 일반적으로 수도권이라 하면 서울특별시, 경기도, 인천광역시의 행정 구역을 떠올린다. 법률상 맞는 이야기다. 〈수도권정비계획법〉 제2조는 수도권을 위의 세 행정 구역으로 정하고 있다. 하지만 기능적 연결에 초점을 두면 수도권은 법령의 범위를 넘는다. 광역 교통망으로 출퇴근이 가능하다면 기능상 수도권으로 볼 수 있다. 이러한 관점에서 수도권을 충청남도의 천안과 아산, 강원도의 춘천까지 넓혀도 어색하지 않다. 기능적으로 보면 그렇다는 것이다.

그렇다면 대도시권은 언젠가 인간처럼 죽음을 맞이할까? 확답할 순 없지만, 인류가 살아 있는 한 소멸하진 않을 태세다. 대도시권의 성장이 멈추려면 도시의 성장이 멈춰야 하는데, 21세기 도시 성장 추이는 상승을 거듭하고 있다. **도시화**가 급격하다는 뜻이다. 도시화는 촌락의 인구가 도시로 이동하는 현상, 다시 말해 이촌향도로 도시 인구 비중이 높아지는 일이다. 2020년 기준, 지난 40년 동안 도시화는 증가를 넘어 가속화되고 있다. 도시화는 멈출 수 없는 폭주 기관차처럼 질주 중이다.

　대도시나 대도시권이 경제 발전과 성장을 담보하진 않는다. 하지만 도시의 성장 없이 경제 발전을 이룬 사례는 찾아보기 힘들다. 농업에서 제조업으로, 제조업에서 서비스업으로 산업 구조가 바뀌는 핵심 지역은 늘 도시였다. 도시가 모여 대도시가 되고, 대도시를 중심으로 대도시권이 만들어지고, 다시 대도시권이 모여 거대 도시권이 형성되는 흐름은 거스를 수 없을 만큼 힘이 세다. 이렇게 보면 가까운 미래에 초거대 도시권이 나타날 수도 있다. 인구학적 관점에서 보면 합리적인 추론이다.

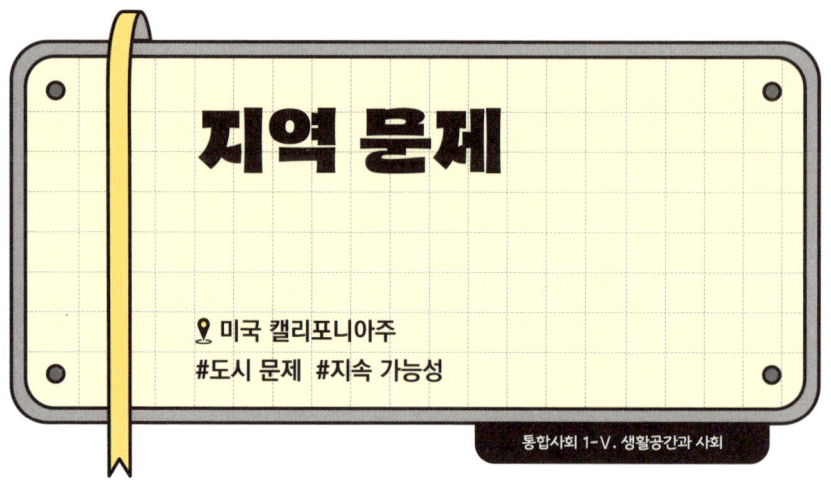

내가 먹고 남긴 음식물 쓰레기는 어디로 갈까? 내가 샤워하면서 흘려보낸 물은 어디로 갈까? 내가 배출한 쓰레기는 마지막에는 어디로 갈까? 평소 생각할 일이 드문 질문이다. 나라마다 지역마다 구체적인 답변은 다르겠지만, 대략적인 흐름은 이렇다.

가정이든 식당이든 음식물 쓰레기는 곧바로 모아져 재활용 처리 시설로 간다. 사료나 퇴비로 재활용할 수 있는 것은 별도로 가공하고, 나머지는 불에 태워 없애거나 땅에 묻는다. 내가 쓴 목욕물 역시 지하의 하수관을 따라 하수 처리장으로 간다. 하수관을 만들 땐 중력의 힘을 거슬러선 안 된다. 오염수가 원활하게 하수 처리장으로 가는 것이 중요하기 때문이다. 하수 처리장 대부분이 지대가 낮은 이유다. 하수 처리장에서 여러 화학 공정을 거쳐 정수된 물은 재이용되거나 강으로 흘러든다.

쓰레기도 대동소이하다. 재활용이 가능한 것은 재활용 센터로, 소각이나 매립이 필요한 것은 각각 소각장과 매립장으로 이동한다. 그렇다면 국내 최대의 쓰레기 매립지는 어딜까? 바로 인천광역시 서구부터 경기도 김포시 일부에 걸쳐 있는 수도권 매립지다. 단일 규모로는 세계 최대 수준이다. 인천에 이처럼 넓은 땅이 있었나 싶을지 모르겠다. 해법은 간척이었다. 인천은 간척의 도시다. 서해가 워낙 조수 간만의 차가 커서 넓은 갯벌이 발달해 간척이 쉽다. 첨단의 스마트 시티를 표방한 송도국제도시가 만들어질 수 있었던 것도 같은 이유에서다.

각종 쓰레기, 생활 하수 등 불쾌감을 주는 것들 대부분은 눈에 보이지 않는 경로로 생활 공간을 빠져나간다. 도시의 상가마다 쏟아져 나온 각종 쓰레기는 새벽에 청소 업체가 빠르게 수거한다. 생활 하수는 지하의 하수관을 따라 이동한다. 그러고 보니 굳이 눈에 띌 필요가 없는 시설은 대개 지하에 있다. 상하수도관, 인터넷 망, 도시가스관, 송유관 등이다. 도시를 떠받치는 핵심 시설의 자리는 곧 지하다. 그런 면에서 도시에서 이루어지는 공사는 신중해야 한다. 땅속에 뭐가 있는지를 정확히 알아야 추가 개발을 할 수 있기 때문이다. 간혹 이를 간과한 경우 가스 폭발과 같은 대형 사고로 이어질 수 있다.

도시 문제는 그 자체로 **지역 문제**다. 인구가 너무 많아 생기는 주택 부족 문제, 차가 너무 많아 생기는 교통 문제, 밀집한 인구가 쏟아내는 오염 물질로 인한 환경 문제, 도시 빈민의 증가에 따른 슬럼 문제 등 무수히 많다. 도시는 인간이 자연을 거슬러 인위적으로 만든 공간이라 생기는 문제다. 곰곰이 생각하면 자연은 그 자체로 완벽한 디자인이다. 오랜 세월 생태계와 균형을 맞춰 온 결과이기 때문이다. 그렇다면 도시가 자연을 벤치마킹하면 도시 문제를 해결할 수 있지 않을까?

미국 캘리포니아주 샌프란시스코 북쪽에 페탈루마(Petaluma)라는 작은 도시가 있다. 페탈루마는 미국에서 유일하게 추가 주유소를 건설하지 않겠다고 선언했다. 2030년까지 **탄소 중립**(→281쪽)을 달성하기 위한 장기 프로젝트가 가동 중이기도 하다. 인구 5만 명이 넘는 도시에서 이렇듯 과감한 시도를 할 수 있었던 것은 주민 간 원활한 소통 구조에 있다. 시민들로 이루어진 다양한 위원회가 더 나은 도시를 위해 꾸준히 머리를 맞댔다. 중장기 비전을 세우고 그에 발맞춰 시민들이 합심하는 꽤나 이상적인 모델이다.

페탈루마의 다양한 시도 중 가장 눈에 띄는 것은 엘리스 크리크 하수 재활용 시설이다. 여느 도시의 물 재활용 시설과 다른 부분은 재활용·재사용 비율이 높다는 점이다. 화약 약품을 활용한 공정도 거의 없다. 원리는 이렇다. 폐수가 흘러들면 수조에서 일정 시간 머무르게 하면서 고체 이물질을 가라앉힌다. 이어서 산소를 공급해 미생물을 활성화하는 생물학적 방법으로 폐수를 처리한다. 이렇게 어느 정도 정화된 물은 수생 식물이 밀집한 습지대를 지나면서 자연 상태에서 정화 과정을 거친다. 이 습지대엔 다양한 미생물과 곤

페탈루마의 엘리스 크리크 하수 재활용 시설(Ellis Creek Water Recycling Facility)

충이 사는데, 이들이 화학 물질을 분비해 정화를 돕는다. 미생물은 먹이를 얻고 오염수는 정화되는 이상적인 정화 시스템이 구축되는 셈이다. 엘리스 크리크 하수 재활용 시설이 지속 가능한 이유다.

여기서 한 가지 기억해야 할 점이 있다. 자연 상태의 하천은 스스로 오염 물질을 걸러 낼 힘이 있다는 사실이다. 이를테면 내성천이 그렇다. 내성천은 우리나라 최대의 모래 강이다. 내성천이 흐르는 주변 산지는 모래를 공급하기에 최적의 조건을 갖추고 있다. 산에서 내려온 많은 모래는 켜켜이 강으로 모여 물의 흐름에 따라 이동한다. 물을 따라 하류로 흘러가는 것도 있고, 힘이 부족해 모래가 잠시 머무는 곳도 있다. 모래가 꽤 오래 머무는 자리는 어느새 흰수마자 같은 다양한 수중 생물의 서식 공간이 된다. 특히 모래 사이를 가득 메운 미생물은 강물 속 오염 물질을 정화하는 역할을 한다. 인간으로 치면 콩팥의 기능을 하는 셈이다. 모래 강의 모래를 걷어 내거나 모래 공급을 차단하는 댐이나 수중보를 건설하는 일은 그래서 더욱 신중해야 한다.

최근 지역 문제의 해결 방안은 **지속 가능성**이 전제되는 경우가 많다. 지속 가능하지 않으면, 해결한 지역 문제가 또 다른 지역 문제를 불러올 수 있기 때문이다. 개발 논리를 앞세운 정책이 시민의 성원을 받기 어려움은 물론이다. 앞서 살펴본 내성천도 그렇다. 2016년 내성천의 상류엔 영주댐이 들어섰다. 이로 인해 내성천 하류의 모래 공급에 문제가 생겼다. 아름다운 모래 강은 점차 생명력을 잃어 가고 있다.

한편 영주댐의 상류 지역은 또 다른 문제로 골머리를 앓고 있다. 바로 녹조다. 댐이 막아선 정체된 물이라고 반드시 썩지는 않는다. 주변 농경지에서 사용한 비료로부터 질소, 인 등이 흘러나와 강에 쌓이고, 기후 변화에 따른 수온 상승 등이 복합적으로 작용한 결과다. 녹조가 창궐하면 독소가 공기를 타고 퍼진다. 독소는 인근 주민의 호흡기 질환을 가져올 확률이 높다. 눈에 보이지 않는 게 더 무섭다. 내성천을 살리려면 주민과 지방 자치 단체가 머리를 맞대고 근본적인 해결책을 강구해야 한다.

내성천의 변화는 우리에게 특별한 교훈을 준다. 자연은

그 자체로 완벽한 디자인이라는 점이다. 오랜 세월 지구가 수많은 시행착오를 겪으면서 만들어 온 디자인은 결함이 없다. 지구가 추구한 가치가 바로 자연과 생물의 조화다. 인간도 생물 종의 하나다. 그 이상으로 의미를 부여하면 인간의 개발 행위는 끝없이 성장하는 암세포처럼 위험할 수 있다. 인간과 환경의 균형과 조화를 추구하는 방향으로 지역 문제를 해결하려는 노력은 이미 여러 나라에서 다양한 방식으로 이뤄지고 있다. 토지 이용에 관한 지역 문제든, 산업 구조와 인구에 관한 지역 문제든 해결의 핵심은 지속 가능성이라는 점을 기억하자.

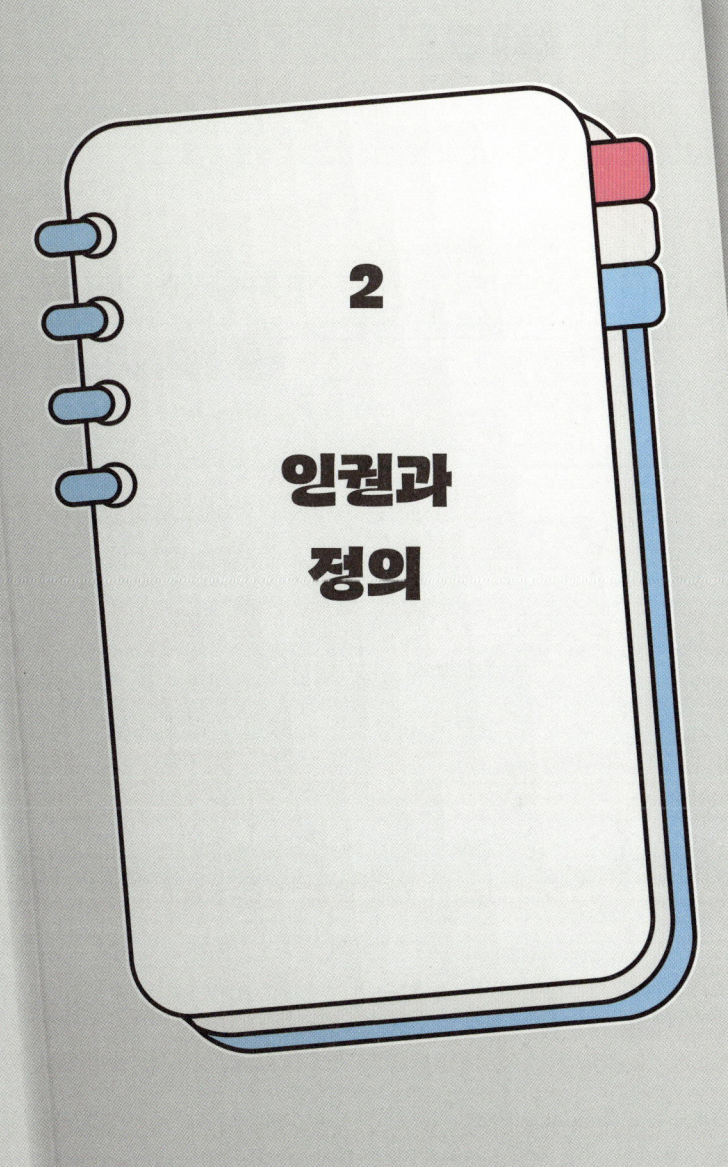

2

인권과
정의

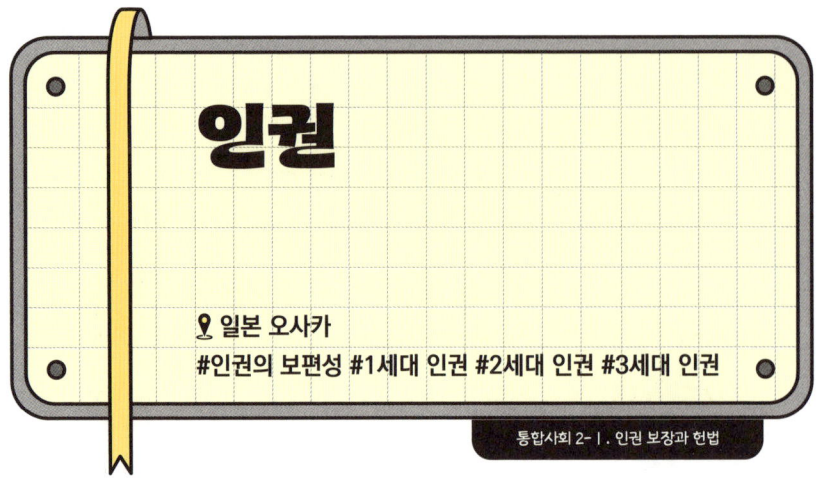

인권

📍 일본 오사카
#인권의 보편성 #1세대 인권 #2세대 인권 #3세대 인권

19세기와 20세기는 제국주의의 시대였다. 당시 강력한 선두 주자였던 영국은 1851년 철과 유리로 지어진 거대한 건물인 수정궁에서 런던 만국 박람회를 연다. 세계인의 관심과 부러움 속에 만국 박람회는 대성공을 거두었다. 영국에 질 수 없었던 프랑스는 1889년 파리에서 만국 박람회를 개최한다. 지금까지 파리의 랜드마크로 자리 잡고 있는 에펠탑은 1889년 만국 박람회에서 프랑스의 기술과 부를 한눈에 보여 주기 위해 만들어진 조형물이다. 아시아의 맹주를 꿈꾸던 일본도 이에 뒤질세라 1903년 오사카에서 박람회를 개최한다. 이 시대에 국력을 총동원해 박람회를 여는 목표는 동일했다. '우리 나라가 이토록 강력하고 부유하다'라는 사실을 보여 주는 것.

그 목표를 달성하고자 최첨단 기술을 선보이고 자신들이 점령한 식민지에서 가져온 온갖 신기한 것을 전시했는데,

1903년 오사카 박람회에 '전시' 된 사람들. 사진에서 둘째 줄 오른쪽 끝의 두 여성이 조선인이다.

그 가운데에는 아주 충격적인 것이 포함되어 있었다. 바로 '사람'이었다. 오사카 박람회도 예외는 아니었다. 350평 크기의 별도 공간을 마련하고 '학술인류관'이라 이름 붙인 전시관에는 류큐인✔, 타이완 고산족, 아이누인✔, 인도인, 자바인, 아프리카인 등이 전시됐다. 이들 모두 일본의 점령 지역에서 데리고 온 사람들이라는 점을 생각하면 당연한 의문이 뒤따른다. 조선은? 맞다. 오사카 박람회의 전시품 가운데에는 조선 사람도 있었다.

류큐인
오키나와인. 오키나와는 과거 '류큐'라는 독립 국가였다가 1879년 일본에 합병돼 '오키나와현'이 된다.

아이누인
오늘날 일본의 홋카이도와 도호쿠, 러시아의 쿠릴 열도, 사할린, 캄차카반도에 정착해 살던 원주민이다.

1903년이면 20세기다. 17~18세기 시민 혁명(→114쪽)의 시대를 거친 지 오래며, '모든 사람은 자유롭고 평등한 존재'라는 점은 이미 상식이 된 게 아니었나? 그런데 사람이 사람을 전시하고 구경하는 일이 일어날 수 있단 말인가? 18세기 프랑스 혁명 과정에서 발표된 〈인간과 시민의 권리 선언〉에서 "모든 인간은 자유롭게 그리고 평등한 권리를 누리게 태어나고 또 그렇게 생존한다"라고 한 것은 그냥 듣기 좋은 소리였을 뿐일까?

이 선언을 만들어 낸 사람들이 생각한 '인간'이 지금 우리가 생각하는 '인간'과 달랐다는 점이 문제였다. 서구 부르주아 백인 남성들은 인간은 자유롭고 평등한 존재라고 믿었지만 여성, 유색인, 식민지나 점령 지역의 원주민들도 인간이라고 생각하지는 않았던 것이다.

인권이 정말로 '모든 사람'의 것이 되기까지는 많은 시간이 필요했다. **인권**이란 오직 인간이라는 이유만으로 자신의 존엄성을 보장받으며 행복하게 살아갈 권리를 말하는데, 인종·성별·종교·사회적 신분 등과 관계없이 인류 구성원 모두가 갖는 권리라는 점에서 **보편성**을 가진다. 너무나 당연한 일이라서 의문의 여지가 없어 보이지만 과연 그럴까?

인권의 보편성이 시시때때로 위협받고 있다는 사실을 이야기하기 위해 아프리카에서 짐승처럼 끌려갔던 흑인 노예들의 사례를 찾아 18세기까지 거슬러 올라갈 것도 없다. 혹시 끔찍한 범죄를 저지르고 체포되어 포토 라인에 선 피의자를 보면서 한 번쯤 '범죄자에게까지 인권을 보장해야 하나? 재판은 무슨 재판?' 하고 생각해 본 적 없는 사람이 있을까? 분노하는 마음속에 죄의 유무와 관계없이 인권을 보장해야 한다거나 누구든지 유죄로 확정되까지는 무죄로 추정해야 한다는 원칙 같은 것이 떠오를 자리가 없다. 인권의 보편성은 끊임없이 도전받고 있으며, 우리의 인권 의식은 늘 시험대 위에 놓인다. 인권이라는 개념이 처음 등장했을 때부터 현재까지 인류는 느릿느릿 전진 중이다. 때로는 뒷걸음질치고, 때로는 엉뚱한 방향으로 돌아가면서 말이다.

프랑스 법학자 카렐 바사크는 인권이 확장돼 온 과정을 숙고하면서 1세대 인권, 2세대 인권, 3세대 인권으로 구분했다. 1세대 인권은 **자유권**, **평등권**, **참정권**을 포함하는 개념이다. 시민 혁명을 거치면서 자유권과 평등권의 개념이 확산됐고, 이후 참정권 운동 등을 통해 일정한 연령에 이른 모든 사람에게 선거권(→120쪽)이 부여된다.

2세대 인권은 사회권이다. **사회권**이란 인간다운 삶을 살 수 있도록 국가가 적극적으로 보장해야 하는 권리를 말한다. 산업 혁명은 인류에게 물질적 풍요를 가져다주었지만 그렇다고 모든 사람에게 풍요의 혜택이 돌아간 것은 아니었다. 심각한 빈부 격차는 시장 경제 자체가 정상적으로 작동하는 것을 불가능하게 만들었다.(→185쪽) 이대로는 곤란하다는 깨달음이 사회권으로 이어졌으며 '인간다운 삶'의 기준을 점차로 높여 가면서 계속 발전하고 있다.

역사상 최초로 사회권을 헌법에 명시한 국가는 독일의 바이마르 공화국이었다. 바이마르 공화국은 〈헌법〉 제151조에 "경제생활의 질서는 모든 사람에게 인간다운 생활을 보장할 것을 목적으로 하는 정의의 원칙에 기초해야 한다"라고 명시하고 적절한 일자리를 보장받지 못한 사람에게는 생계비를 지원해야 한다고 규정하고 있다. 1919년의 일이니 시대적 배경을 고려하면 앞서가는 헌법이었던 것은 분명하다. 하지만 이 시기 독일의 사정은 좋지 않았기에 사회권의 아이디어를 현실화하기는 어려웠을 것이다. 여러 나라에서 사회권이 법과 제도를 통해 실질적으로 보장되기 시작한 것은 제2차 세계 대전이 끝난 이후다.

제2차 세계 대전이 끝난 후 아인슈타인이 이렇게 말했다고 한다. "제3차 세계 대전에서 인류가 어떤 무기를 사용하게 될지는 모르겠으나 제4차 세계 대전에서는 돌멩이와 나무 막대기를 들고 싸우게 될 것이다." 이대로 가다가는 인류가 멸망할 것이라는 우려가 담겼다. 어찌 아인슈타인만의 염려였겠는가. 세계의 평화와 질서를 세우려면 인류 공동의 노력이 필요하다는 깨달음이 국제 사회에 번져 나가면서 1948년 국제 연합(UN)은 〈세계 인권 선언〉을 채택한다. 3세대 인권, **연대권**의 시작이다.

국제 연합 총회는 모든 개인과 사회 각 기관이 이 선언을 항상 유념하면서 학습 및 교육을 통해 이러한 권리와 자유에 대한 존중을 증진하기 위해 노력하며, 국내적 그리고 국제적인 점진적 조치를 통해 회원국 국민들 자신과 그 관할 영토의 국민들 사이에서 이러한 권리와 자유가 보편적이고 효과적으로 인식되고 준

수되도록 노력하도록 하기 위해, 모든 사람과 국가가 성취해야
할 공통의 기준으로서 이 세계 인권 선언을 선포한다.

- 〈세계 인권 선언〉 전문 일부

이 무렵 인류 앞에는 한 국가의 힘으로는 도저히 해결할
수 없는 여러 가지 문제가 놓여 있었다. 그리고 세계화, 환
경 위기, 국제적 갈등 등 인류가 힘을 모아 해결해야 할 문
제들은 점점 심각해지고 있다. 그에 따라 연대권의 필요성
또한 점점 커지고 있다. 연대권이란 '한 개인이나 한 국가만
의 문제가 아니라, 인류 공동체 전체가 함께 해결해야 하는
권리'를 의미하는데, 평화롭게 살 권리, 깨끗한 환경을 누릴
권리, 개발권(가난한 나라가 발전할 권리) 등이 여기에 속한다.
〈세계 인권 선언〉 이후에도 국제 사회는 다양한 협약과 조
약, 선언 등을 통해 노력하고 있지만, 말로 끝나는 일도 적
지 않다. 인류 모두의 인권을 보장하고 신장하기 위한 **세계
시민**으로서의 관심과 참여가 필요한 이유다.

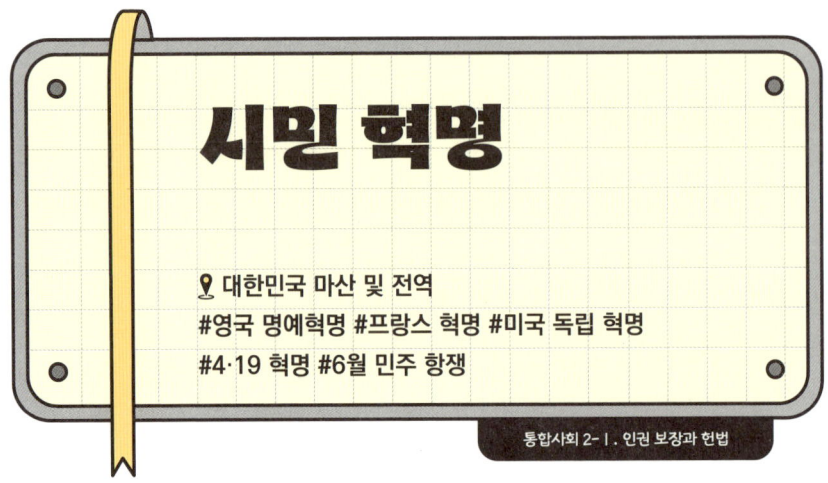

〈대한민국헌법〉은 "유구한 역사와 전통에 빛나는 우리 대한 국민은 3·1운동으로 건립된 대한민국임시정부의 법통과 불의에 항거한 4·19민주이념을 계승하고…"로 시작된다. 대한민국의 민주주의적 전통이 4·19 혁명에서 비롯됐다는 점을 분명히 내세운 것이다. 궁금해진다. 4·19 혁명은 어떤 사건일까?

1960년 대한민국은 1948년 대한민국 정부 수립과 함께 초대 대통령으로 취임한 이승만의 독재와 장기 집권이 계속되는 상황이었다. 1960년 3월 15일 이루어진 선거에서 이승만 정권은 대대적인 부정 선거를 감행했고 일단 재집권에 성공했다. 더는 참을 수 없었던 시민들이 거리로 뛰쳐나와 부정 선거를 규탄하는 시위에 돌입했다. 전국적으로 부정 선거 규탄 여론이 들끓고 있던 4월 초, 항구 도시 마산 앞바다에서 처참한 모습의 시신이 발견된다. 최루탄을 눈에 맞

1960년 3월, 마산의 학생들이 고문 경찰 처벌과 연행자 석방을 요구하는 시위를 하고 있다.

아 만신창이가 된 채로 버려진 마산상고 학생 김주열(16세)의 시신이었다. 4월 18일에는 고려대학교 학생 시위대가 경찰의 비호를 받은 반공청년단 폭력배들로부터 무차별 폭행을 당했다. 이에 분노한 수많은 시민이 들고 일어났다.

4월 19일을 기해 전국적으로 확산된 시위를 진압하고자 경찰은 시민을 향해 발포했고, 그 과정에서 많은 이가 목숨을 잃었지만, 민주주의를 향한 발걸음을 멈출 수는 없었다. 결국 이승만은 대통령 자리에서 물러났다. 역사는 이 사건을 **4·19 혁명**이라고 부른다. 〈대한민국헌법〉 전문에 명시된 "불의에 항거한 4·19민주이념"이란 당시 거리에서 민주주의를 외쳤던 시민들의 정신을 가리킨다. 4·19 혁명은 대한민국을 지금과 같은 민주 사회로 만드는 데 중요한 역할을 한 **시민 혁명**이다.

근대 이전 대다수 사람들은 권리를 누리지 못한 채 의무만을 지고 살아가야 했다. 왕과 소수의 귀족에 의한 부당한 억압과 차별이 만연한 세상이었다. 왕의 권한은 신이 내려 준 것이고(왕권신수설) 백성들은 왕에게 복종하는 것이 하늘의 뜻이라고 믿으며 살아온 세월이 길었지만, 세상은 변하는 법이다. 근대에 접어들면서 천부 인권 사상이 널리 퍼졌다. 천부 인권 사상이란 '모든 사람'에게는 태어날 때부터 부여된 권리가 있다는 생각을 말한다. 이 사상을 처음 접한 당시 사람들의 충격을 상상해 보라. 왕이나 귀족만 사람인 줄 알았는데, 나도 너도 사람이라니! 그 결과 시민의 자유와 권리를 요구하는 시민 혁명이 일어났다. **영국 명예혁명, 미국 독립 혁명, 프랑스 혁명**은 대표적인 근대 시민 혁명이다.

영국의 명예혁명은 1688년에 일어났다. 왕은 더는 절대 권력이 아니었고, 의회가 중심이 되는 정치 체계가 자리를 잡게 된다. '왕은 군림하나 통치하지 않는다'라는 입헌 군주제가 시작된 것이다. 지금도 영국에는 왕이 있지만 일종의 명예직(이지만 엄청나게 돈이 많다!)일 뿐, 현실 정치에 개입하지 않는다. 그런데 왜 이름이 '명예'혁명일까? 혁명 과정에서 피를 흘리지 않고 평화롭게 왕이 권좌에서 물러났기 때문이다. 그러면 영국 사람들은 원래 이렇게 혁명을 점잖게 할까? 그럴 리가. 혁명은 단번에 끝나는 것이 아니다. 그 이

전에 일어난 혁명인 청교도 혁명에서 무수히 많은 피를 흘렸다. 왕의 목도 잘랐다.

1775년 미국의 독립 혁명은 당시 식민지였던 미국이 영국으로부터 독립하는 과정에서 벌어진 일이다. 영국이 식민지 미국에서 다양한 방법으로 세금을 걷어 가고 자원을 약탈해 가면서 미국의 권리는 전혀 인정해 주지 않는 데에 분노한 미국 시민들은 영국으로부터의 독립을 선언한다. 영국이 순순히 미국을 해방시킬 리가 없으니 남은 것은 전쟁뿐. 세계 최강국이었던 영국을 상대로 신생국 미국이 승리를 거둘 수 있었던 이유는 자유롭고 평등한 국가를 만들겠다는 미국 시민들의 열망이 들끓었기 때문일 것이다. 미국은 영국과의 전쟁을 선포하며 〈독립 선언문〉을 발표하는데 그 내용에서 천부 인권 사상을 찾아볼 수 있다.

모든 사람은 평등하게 창조됐고, 창조주는 몇 개의 양도할 수 없는 권리를 부여했으며, 그 권리 중에는 생명과 자유와 행복의 추구가 있다. 이 권리를 보장하기 위해 인류는 정부를 조직했으며, 이 정부의 정당한 권력은 인민의 동의로부터 나온다.

한편 절대 왕정이 지배하던 프랑스에서는 절대 다수의 국민이 인간다운 삶을 전혀 보장 받지 못한 채 살아가고 있었다. 프랑스 왕실은 영국이 싫다는 이유로 왕정에 반대해 독립 전쟁을 일으킨 미국을 지원했는데 이것이 혁명의 불씨가 됐다. 미국을 지원하느라 왕실 재정이 거덜 나서 세금

삼부회
프랑스 혁명 이전에 성
직자, 귀족, 평민의 대표
로 구성된 신분제 의회

제3신분 대표
혁명 이전 프랑스 사
회에서 성직자, 귀족
을 제외한 나머지를 제
3신분이라고 불렀다.
1789년 6월 20일, 프
랑스 왕국의 제3신분
(평민) 의원들은 삼부
회 의사당이 폐쇄되자
베르사유 궁전 근처의
테니스 코트에 모여,
헌법이 제정될 때까지
절대로 해산하지 않고
새로운 헌법을 제정할
것을 맹세한다.

을 더 걷고자 삼부회✔를 소집했는데 이를 위해 모인 제3신분 대표✔들이 새로운 헌법이 제정될 때까지 의회를 해산하지 않고 버티겠다고 선언해 버린 것이다. 게다가 미국 독립전쟁에 참여했던 프랑스군은 고향으로 돌아와 '왕이 다스리지 않고 시민들이 법으로 통치하는 세상'에 대한 소식을 널리 전파했다. 폭정에 대한 불만과 새로운 세상에 대한 희망이 사람들을 혁명의 길로 이끌었다. 결국 루이 16세와 왕비 마리 앙투아네트는 시민들의 손에 의해 단두대에서 처형당했다.

17~18세기에 영국, 미국, 프랑스에서 시작된 시민 혁명은 유럽의 다른 국가로 퍼져 나가고 20세기까지도 계속 이어졌다. 프랑스 혁명 또한 1789년에 시작돼 단번에 끝나지 않았다. 빅토르 위고의 《레 미제라블》은 프랑스 혁명 시기를 그린 작품으로 유명하지만, 정확히 따져 보면 1832년 6월 봉기가 그 배경이다. 이것이 의미하는 바는? 1789년에 촉발된 프랑스 혁명이 1832년까지도 계속 이어지고 있었다는 뜻이다. 그사이 프랑스는 프랑스 혁명에 반대하는 유럽 연합군을 상대로 전쟁도 했고, 왕정복고 세력에 의해 혁명이 뒤집히는 일도 겪었다.

1960년 총탄에도 결연히 맞서며 거리로 나가 민주주의를 외쳤던 대한민국의 시민들을 떠올려 보자. 그들이 꿈꾸었던 세상은 완성됐을까? 1960년 이승만의 하야로 일단락됐던 4·19 혁명은 1961년 박정희가 이끄는 쿠데타 세력에 의해 좌절됐다. 길고 긴 독재 끝에(이 시기에도 민주주의를 위한 시민들의 저항은 멈춘 적이 없다) 1979년 박정희가 살해되고 **5·18 광주민주화 운동**이 일어났다. 1979년 전두환의 쿠데타로 정권의 이름만 바뀐 채 계속되다가 1987년 **6월 민주 항쟁**이 일어났다. 헌법이 개정되고(이것이 지금의 대한민국 헌법이다) 민주적인 개혁이 계속되고 있지만, 2016년에도, 2024년과 2025년에도 민주주의를 수호하기 위한 시민들의 저항이 불의한 정권을 물러나게 했다.

'세상이 바뀌는 게 이렇게 어려워?', '민주주의가 이렇게 힘든 거야?' 이런 생각이 들지만, 18세기 후반부터 19세기를 살았던 프랑스 사람들도 비슷한 생각을 하지 않았을까? 얼마간의 세월이 흐르면 역사 교과서는 지금 우리가 살고 있는 이 시대를 '대한민국의 시민 혁명기'로 기록할지도 모른다. 시민 혁명은 세상을 조직하는 원리 자체를 바꾸는 어마어마한 사회 개혁이다. 이런 일이 단번에, 단 며칠 만에 끝날 리는 없다.

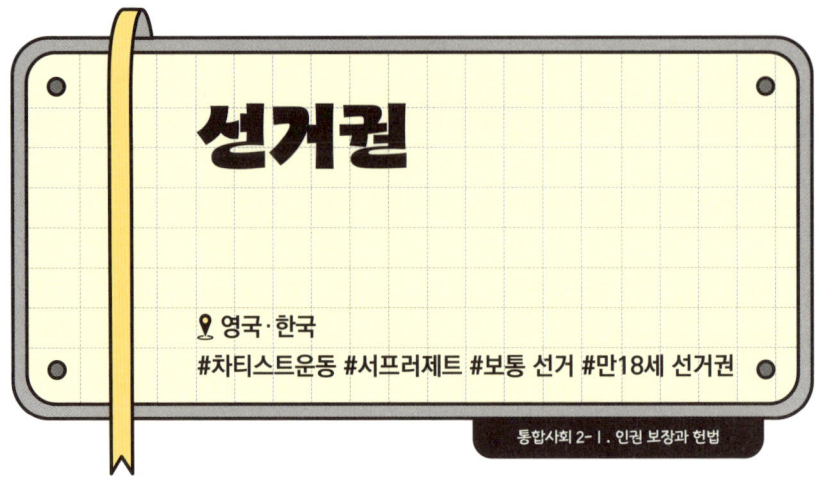

호모 사피엔스에 대해 알아보기 위해 지구에 파견된 외계인이 자신의 고향에 '대한민국 국민은 18세 이상이면 누구나 선거권을 부여받는다'라는 문장을 전송했다고 가정해 보자. 아니, 멀고 먼 지구까지 와서 달랑 한 문장? 그러나 이 한 문장 속에는 여러 가지 이야기가 담겨 있다.

첫 번째, 대한민국에는 **선거**가 이루어지고 있다. 선거란 '일정한 조직이나 집단이 대표자나 임원을 뽑는 일'을 말하는데, 다시 말하면 선거 결과에 따라 대표자가 달라질 수 있다는 뜻이다. 이 당연한 소리를 왜 하고 있나 의문이 생길 수도 있지만, 이게 당연하지 않은 시대도 있었다. 실은 인류 역사의 거의 대부분의 시대와 지역에서 국가의 대표를 선거로 뽑지 않았다. 보통은 '나의 아버지가 왕이었으니 나도 왕, 내 아들도 왕', 이렇게 세습되는 것이 자연스러웠는데 시민 혁명으로 왕의 통치라는 제도가 사라지고 시민의 통치라는 새로운 제도가 등장했다. 국민이 국가의 주인이고 국가의 권력은 국민으로부터 나온다는 것이 상식이 됐다. 그렇게 국민이 다스리는 정치 제도를 수립하는 과정에서 '선거'라는 제도가 생겨났다.

두 번째, 대한민국에서는 '나이'를 기준으로 선거권을 부여한다. 선거권 부여의 조건이 오직 '연령'뿐이다. 재산, 성별, 피부색과 같은 제한 조건이 없다. 이렇게 일정한 연령에 이르면 누구에게나 선거권이 부여되는 것을 **보통 선거의 원칙**이라고 한다. 이것도 당연한 일 같지만 선거권에 얽힌 역사를 살펴보면 전혀 당연하지 않다.

영국의 경우를 보자. 시민 혁명 이후 선거권을 갖게 된 사람들은 '재산이 있는 백인 성인 남성'이었다. 재산도 있어야 하고 백인이며 남자로 태어나야만 선거권을 가질 수 있었던 것이다. 여기에 가장 먼저 반기를 든 것은 노동자들이었다. 그들은 계속해서 선거권 확대를 요구하며 투쟁했는데 이것을 **차티스트 운동**이라고 한다. 그 결과 1867년에는 도시 노동자들에게, 1884년에는 농민들에게 선거권이 부여됐다.

이제 다 됐을까? 그럴 리가. 남성들이 차근차근 선거권을 쟁취해 가는 동안 여성들도 참정권을 요구했지만 번번이 무산됐다. 이 과정에서 여성들은 감옥에 갇히거나 처형당했다. 1913년에는 경마장에서 국왕의 말 앞으로 뛰어들며 여성 참정권 구호를 외친 여성이 목숨을 잃었다. 그의 장례식을 계기로 여성 참정권 운동이 본격화되는데 이를 **서프러제트 운동**이라고 부른다.

영국에서 여성 참정권이 보장된 것은 1918년이었지만 30세 이상에게만 부여돼, 21세 이상이 권리를 보장받는 남성과는 차이가 있었다. 남성과 여성이 동등한 참정권을 보장받게 된 것은 1928년에 이르러서다. 그렇다고 끝난 것도 아니다. 미국에서는 피부색과 관계없이 동등한 권리를 요구하는 **흑인 민권 운동**이 일어났다. 보통 선거로 가는 길은 멀고도 험했다.

세 번째, 대한민국에서는 18세가 되면 선거권을 부여받는다. 18세라는 연령 기준은 원래부터 그랬을까? 1948년 대한민국 정부가 수립될 당시 선거권 부여 연령은 21세였다가 1950년 20세로 정해진 뒤 55년 동안 바뀌지 않았다.

1997년 대통령 선거를 앞둔 시기부터 선거 연령 18세 하향 조정을 요구하는 사회 운동이 본격화됐고, 그 결과 2005년에 선거 연령이 19세로 조정됐다. 55년 동안 꿈쩍도 하지 않았던 선거 연령 조정이 이루어진 것은 환영할 만한 일이지만 '왜 18세가 아니라 19세인가'라는 의문이 생겨날 법하다. 대한민국에서 18세는 결혼도 할 수 있고, 군대도 갈 수 있고, 9급 공무원 시험에 응시해 공무원이 될 수도 있으며 운전면허를 취득해 운전도 할 수 있다. 다만 선거를 할 수 없을 뿐이다.

"청소년은 정치적·사회적 시각을 형성하는 과정에 있으며 현실적으로 부모나 교사 등 보호자에게 의존할 수밖에 없다."

청소년 참정권 보장을 요구하는 시민들의 시위

지금 보면 꽤 황당해 보이는 이 주장은, 2013년 헌법재판소가 선거 연령을 19세로 규정한 〈공직선거법〉 규정에 대해 6 대 3으로 합헌 결정을 내린 결정문의 논리다. '선거권을 부여하기에는 독자적인 판단력이 의심스럽다'라는 논리는 여성에게 선거권을 줄 수 없는 이유를 설명할 때도, 흑인의 선거권을 제한할 때도 자연스럽게 적용됐다. 하지만 오늘날의 세상을 보라. 성별이나 피부색 때문에 선거권을 제한하는 나라가 있다면 야만스럽다고 비판하지 않을까?

결국 2019년 선거 연령이 18세로 하향됐고, 고등학생들도 유권자가 되는 세상이 열렸다. 18세 선거권을 반대하던 사람들은 "학교가 정치판이 되면 어쩌냐" 하고 걱정했지만,

그것은 기우에 불과했다는 사실도 자연스럽게 증명됐다.

지구에 파견된 외계인에게 특급 정보를 제공하자면, 지금 대한민국에서는 16세 선거권을 요구하는 움직임이 일고 있다. 교육 주체인 학생들이 직접 교육감을 선출할 수 있도록 16세부터 교육감 선거권을 줘야 한다는 것이다.

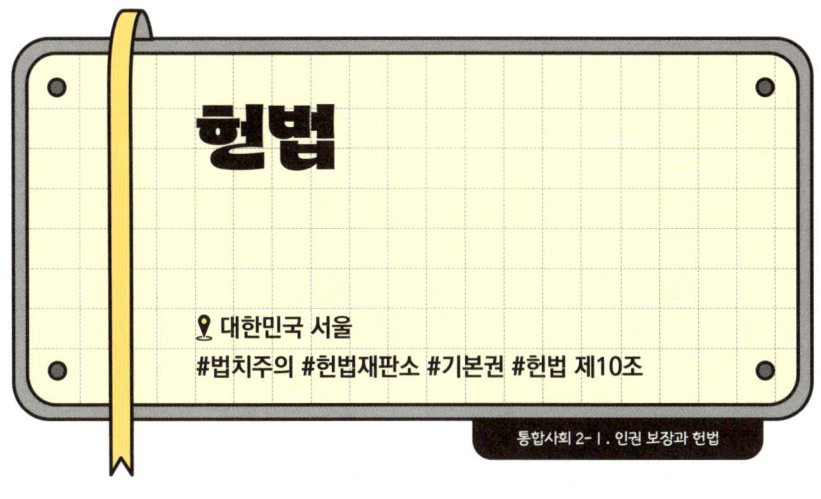

헌법

📍 대한민국 서울

#법치주의 #헌법재판소 #기본권 #헌법 제10조

2025년 4월 4일, 대한민국은 물론 전 세계의 관심이 헌법재판소에 쏠렸다. 이날 헌법재판소는 헌법 재판관 전원 일치의 의견으로 "피청구인 대통령 윤석열을 파면한다"라는 결정문을 발표한다. 1987년 개정된 현행 헌법에 의해 헌법재판소가 구성된 이래 두 번째로 이뤄진 대통령 탄핵안 인용 결정이다. 2024년 12월 3일의 계엄 선포로부터 대통령 파면과 새로운 정부의 구성까지의 모든 과정은 헌법과 긴밀한 관련이 있다.

〈대한민국헌법〉 제77조 ①항은 "대통령은 전시·사변 또는 이에 준하는 국가비상사태에 있어서 병력으로써 군사상의 필요에 응하거나 공공의 안녕질서를 유지할 필요가 있을 때에는 법률이 정하는 바에 의하여 계엄을 선포할 수 있다"라고 함으로써 '계엄 선포권'을 대통령의 권한으로 규정하고 있다. 그러나 계엄은 광범위하게 국민의 기본권을 침해

탄핵 심판
보통의 징계 절차로는 처벌하기 곤란한 고위 공무원이나 특수한 직위에 있는 공무원(대통령, 국무총리 등)이 직무상 헌법이나 법률에 어긋나는 행위를 한 경우에 이뤄지는 심판 절차. 국회의 의결로 소추가 이뤄지고 헌법재판소가 담당한다.

2025년 헌법재판소의 탄핵 심판 장면. 원래 헌법 재판관은 9인이지만, 당시 탄핵 심판은 8인의 재판관이 진행했다.

할 수 있는 강력한 조치이기 때문에 계엄 선포를 위해서는 단서가 따라붙는다. 헌법을 살펴보면 "전시·사변 또는 이에 준하는 국가비상사태"가 있을 때 계엄을 선포할 수 있다고 하는데, 시민 다수는 2024년 12월 3일 당시의 상황이 국가 비상사태에 해당하는가에 의문을 제기하며 거리로 몰려나와 계엄령 선포의 부당함에 항의했다.

다음은 국회의 '계엄 해제 의결'이다. 계엄이 선포된 직후 곧바로 국회의원들이 국회로 모였고, 〈헌법〉 제77조 ⑤항 "국회가 재적의원 과반수의 찬성으로 계엄의 해제를 요구한 때에는 대통령은 이를 해제하여야 한다"라는 규정에 따라 계엄 해제를 의결했다. 계엄 해제를 요구할 수 있는 의결 정족수를 채울 만큼의 국회의원들이 모이기까지 두 시간 정도가 필요했다. 국회의 출입문이 계엄군에 의해 봉쇄됐기 때문에 많은 국회의원이 국회의 담장을 넘는 초유의 사태가 벌어지기도 했다.

계엄이 필요한 상황이 아님에도 계엄을 선포한 대통령을 탄핵해야 한다는 시민들의 목소리가 연일 높아지는 가운데 국회는 대통령의 탄핵 소추를 의결한다. 대통령의 탄핵 소추를 의결하려면 "국회재적의원 과반수의 발의와 국회재적의원 3분의 2 이상의 찬성"(〈헌법〉 제65조 ②항)이라는 요건을 갖추어야 하는데, 국회의 첫 번째 탄핵 소추 의결은 찬성자 수가 부족해 실패하고, 두 번째에 성공한다.

탄핵 소추가 의결되면 이 사안에 대한 판단은 **헌법재판소**의 몫이 된다. 헌법재판소는 〈대한민국헌법〉 제111조에 따라 설립된 헌법 재판 기관으로, 법률의 위헌 여부 심판, 탄핵의 심판, 정당의 해산 심판, 권한 쟁의에 관한 심판, 헌법 소원에 관한 심판 등의 기능을 수행한다. 헌법재판소는 9인의 재판관으로 구성되며 탄핵 심판을 인용 결정하려면 헌법 재판관 6인 이상의 찬성이 있어야 한다.(〈헌법〉 제113조)

피고인 윤석열의 탄핵 여부를 결정하는 과정에서 헌법재판소가 살펴보는 것은 "직무집행에 있어서 헌법이나 법률을 위배"(〈헌법〉 제65조 ①)했는지의 여부다. 관련해서 거론되는 내란죄 등은 형사 재판을 통해 다룰 문제이기 때문이다. 그리고 길고 긴 숙의 과정 끝에 재판관 전원 일치로 대통령의 파면이라는 결정을 내렸다.

이 모든 과정에서 상황을 판단하고 문제를 해결하는 기준에 〈헌법〉이 있다는 사실이 좀 신기하지 않은가? 그것은 대한민국이 **법치주의**를 표방하고 있기 때문이다. 법치주의란 '국가 권력에 의한 자의적이고 독단적인 지배를 막고 법률에 근거한 공권력 행사만을 허용함으로써 국민의 자유와 권리를 보장하고자 하는 통치 원리'를 말한다. 법치주의는 근대 시민 혁명(→114쪽) 과정에서 등장한 중요한 통치 원리다. 전근대 사회에서는 법보다는 뜻대로 통치가 이루어지는 일이 많았다. 이때의 뜻은 다수 국민의 뜻이 아니라 왕의 뜻이다.

만약 학교의 규칙이 교장 선생님의 마음대로 아무렇게나 변경될 수 있다면 어떤 일이 벌어질까? 등교 기준 시간이 어제는 8시였는데, 오늘은 7시로 바뀐다면? 심지어 예고도 되지 않은 상태라 7시 30분에 여유롭게 등교했다고 믿고 있던 내가 지각이라면? 이로 인해 징계까지 받게 되었다면? 학교생활은 불안해지고 학생과 교사는 교장 선생님의 눈치만 살피게 될 것이다. 이런 상황이 국가 차원으로 확대된다면 어떨까? 국민의 자유와 권리가 보장될 리가 없다.

법치주의란 사람(권력자)이 아니라 법이 다스리는 사회를 만드는 원리다. 법치주의의 실현을 위해서는 다음과 같은 조건이 충족돼야 한다. 첫째, 모든 권력과 권한 행사는 법에 근거해야 한다. 계엄 선포라는 권한을 행사할 때에도 법에 따른 요건과 절차를 갖춰야 하는데 2024년 12월 3일의 계엄 선포는 그렇지 못했다. 둘째, 법은 국민의 권리를 보호해야 한다. 법은 규제나 단속을 위해 존재하는 것이 아니라 국민이 자유롭고 안전하게 살 수 있도록 지켜 주는 역할을 하는 것이다. 계엄 선포 직후 발표된 포고령은 국회를 무력화하고 언론·출판·집회·결사의 자유 등을 광범위하게 제한하고 있기 때문에 법치주의에 위배된다.

한 걸음 더 나아가 보자. '법대로 하자'라는 것이 법치주의라면 그 법이 지킬 만한 것이라는 전제가 있어야 한다. 〈대한민국헌법〉은 국민의 **기본권**✓을 명시하고 있으며, 불가피하게 기본권을 제한하는 경우에 대해서도 분명한 조건을 걸어 두고 있다. 한 국가의 최고법인 헌법을 통해 기본권을 보장하는 것은, 그 헌법을 채택한 공동체가 국민의 기본권을 지키고 보장하는 일에 진심을 다하겠다는 뜻을 선명하게 보여 주는 것이다.

기본권
헌법이 보장하는 기본적인 인권. 평등권, 자유권, 참정권 등이 있다.

계엄이나 탄핵과 같은 비상시국에만 헌법이 작용하는 것은 아니다. 학교에서 학생에 대한 두발·복장 규제가 이루어지던 때가 있었다. 이런 잘못을 바로잡을 때 '표현의 자유'와 '사생활의 자유'를 보장해야 한다는 헌법 조항이 두발 규제 금지 정책에 정당성을 부여했다. 세월호 참사나 10·29 이태원 참사에 대한 국가의 책임을 물을 때도 국민의 '안전할 권리'를 명시한 헌법을 근거로 삼을 수 있다. 헌법, 알수록 쓸모 있다.

그중에서도 다음 헌법 조항은 무조건 외워 두기를 권한다. 헌법의 모든 기본권 조항의 근거가 되는 〈헌법〉 제10조는 '열려라 참깨'보다도 강력하게 꽉 닫힌 문을 열어 주는 주문이 될 것이다. 외우고 또 외워서 필요한 순간에 입에서 저절로 튀어나올 수 있도록 연습해 보기를 바란다.

모든 국민은 인간으로서의 존엄과 가치를 가지며, 행복을 추구할 권리를 가진다. 국가는 개인이 가지는 불가침의 기본적 인권을 확인하고 이를 보장할 의무를 진다.

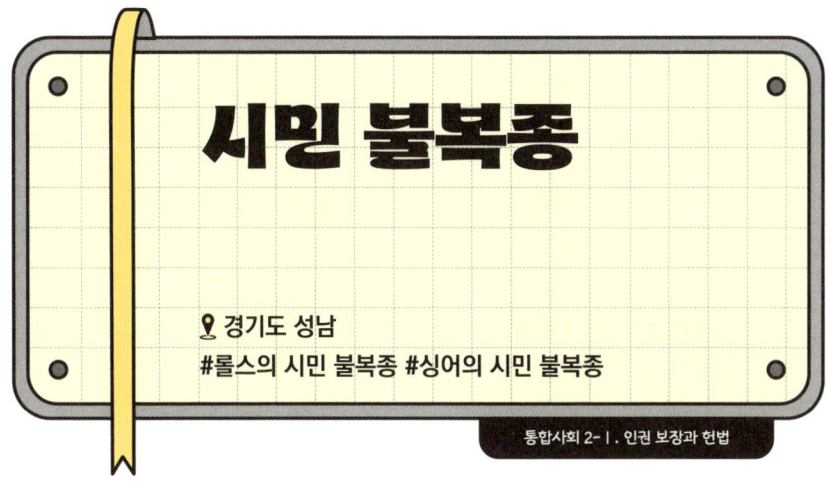

시민 불복종

📍 경기도 성남
#롤스의 시민 불복종 #싱어의 시민 불복종

2021년 2월 두 청년이 두산중공업(현 두산에너빌리티)의 본사 앞 'DOOSAN' 조형물에 녹색 수성 스프레이를 분사하고 닦아 내는 퍼포먼스를 벌였다. 이후 두 사람은 〈집회 및 시위에 관한 법률〉(이하 집시법) 위반과 재물 손괴 혐의로 기소됐으며 최종 판결이 내려지기까지 4년 동안 길고 긴 재판 과정을 견뎌야 했다. 이런 일을 벌인 이유는 무엇일까? 이들은 기후 활동가로서 2050년 탄소 중립(→281쪽)을 선언하면서도 베트남 석탄발전소 건설에 참여하는 기업에 항의하고자 했다.

우리가 사는 사회에는 법과 규칙이 있다. 이 법은 모두가 지켜야 하는 약속과 같다. 그런데 때로는 어떤 법이나 정책이 옳지 않다고 느껴질 때가 있다. 그럴 때 사람들은 **시민 불복종**(civil disobedience)이라는 방법으로 자신들의 의견을 표현하기도 한다. 시민 불복종이란 정부의 법이나 명령을

2021년, 청년기후긴급행동 활동가들이 석탄 발전 사업의 철회를 요구하며 기습 시위를 벌였다.

비폭력적이고 공개적으로 어기는 행동을 말한다. 이 행동은 단순한 반항이나 무질서가 아니라 사회 정의를 위해 의도적으로 하는 저항이다.

우리가 사는 세상은 수많은 사람의 시민 불복종을 통해 발전해 왔다고 해도 과언이 아니다. 몇 가지 대표적 사례들을 살펴보자.

영국의 식민 통치에 저항한 '사티아그라하'라는 비폭력 시민 불복종 운동은 마하트마 간디의 주도로 이루어진 인도 독립 운동(1920~1940년대)이다. 특히 1930년 3월 12일부터 4월 6일까지 진행된 소금 행진이 유명하다. 영국이 인도에서 소금 생산을 독점하고 높은 소금세를 부과하자 이에 대한 항의로 사바르마티 아쉬람에서 구자라트주 단디까지 약 390km를 행진했다. 행진의 마지막 지점인 단디에서는 공공연하게 소금을 생산하면서 영국법을 위반하는 모습을 보여주었다. 이 운동은 인도 독립 운동의 기폭제가 됐으며, 비폭력 저항의 대표적 사례로 전 세계에 영향을 미쳤다.

세계사에 기록될 만한 시민 불복종 사례를 이야기하면서 대한민국의 '촛불 집회'를 빼먹을 수는 없을 것이다. 대한민국 시민들은 헌법을 위반한 권력에 대한 시민 불복종을 통해 두 차례나 민주주의의 위기를 극복한 경험이 있다.

그렇다면 시민 불복종이라는 개념은 어떻게 생겨난 것일까? 시민 불복종이라는 말이 공식적으로 세상에 나타난 것은 헨리 데이비드 소로가 쓴 《시민 불복종》을 통해서다. 이 책은 소로의 수감 경험을 계기로 집필됐다. 1840년대 당시 미국 정부는 멕시코 전쟁 중이었다. 소로를 비롯한 많은 양심적 지식인이 멕시코 전쟁을 벌이는 미국 정부에 항의했다. 이 전쟁이 노예제를 확장하려는 부당한 침략 전쟁이라고 규정했기 때문이다. 소로는 '내 세금이 이런 부당한 전쟁과 노예제 유지에 쓰이는 건 양심상 도저히 받아들일 수 없다'라고 생각해 인두세✔ 납부를 거부했고, 그 결과 감옥에 갇힌다. 소로의 감옥 생활은 단 하룻밤으로 끝나기는 했다. 그의 친척이 대신 세금을 납부해 주어서 다음날 곧바로 풀려났기 때문이다.

감옥에서 풀려난 소로는 이 경험을 바탕으로 〈시민 불복

인두세(人頭稅)
사람의 머릿수에 맞추어, 즉 각 개인에게 일률적으로 부과하는 세금을 말한다.

종)이라는 글을 발표한다. "법이 부당하다면, 그 법을 어기는 것이 오히려 도덕적으로 옳을 수 있다"라는 결론에 도달한 그는 "나는 정부가 있는 나라보다 양심이 있는 나라를 원한다"라고 주장한다. 부당한 법은 지키지 말아야 하며, 단순히 투표로만 세상을 바꾸려 하지 말고 당장 그 법의 불의에 협조하지 말아야 한다. 정의로운 세상을 위해서는 소극적 저항이 아닌 적극적 불복종, 그리고 법의 불이익을 감수하는 용기가 필요하다는 소로의 주장은 널리 공감을 얻어 오늘날까지도 그 의의를 인정받고 있다.

20세기 영향력 있는 정치 철학자 중 한 사람인 **존 롤스**는 대표작 《정의론》에서 시민 불복종을 이야기한다. 시민 불복종은 단순한 법 위반이 아니라 '정의로운 사회'를 만들기 위해 마음에서 우러나오는 도덕적 의무를 실천하는 행위라는 것이다.

롤스에 따르면 시민 불복종은 다음의 조건을 갖추어야 한다. 첫째, 비폭력적이어야 한다. 시민 불복종은 폭력이나 파괴를 동반해서는 안 되며, 평화로운 방식으로 자신의 입장을 표출해야 한다. 둘째, 공개적으로 행해져야 한다. 몰래 법을 어기는 것이 아니라 누구나 알 수 있게 공개적으로 저항하는 것이 중요하다. 이는 불복종 행위의 정당성을 갖기 위한 조건이다. 셋째, 법을 바꾸려는 목적이 분명해야 한다. 단순한 반항이 아니라 불합리하거나 부당한 법률이나 정책을 개선하기 위한 행동이어야 한다. 넷째, 처벌을 받아들여야 한다. 법을 어기는 데 따른 책임, 즉 법적 처벌을 감수하는 태도를 보여야 한다.

롤스에 따르면 시민 불복종은 민주주의 사회에서 중요한 역할을 한다. 법이 잘못됐을 때, 시민들이 이를 지적하고 변화를 요구하는 과정은 건강한 사회 발전에 필수적이라는 것이다. 예를 들어, 미국의 1960년대 흑인 인권 운동에서 마틴 루서 킹 주니어가 행한 비폭력 시민 불복종은 롤스가 말하는 조건에 맞는 이상적인 모습이다. 그는 인종 차별적 법률에 공개적으로 저항했고, 평화적인 시위를 벌였으며, 처벌도 감내했다.

한편 **피터 싱어**의 시민 불복종 개념은 롤스와 비슷하지만, 좀 더 넓은 의미로 확장된다. 싱어는 현대 윤리학에서 유명한 철학자로 '실천 윤리'를 강조했는데, 그는 개인의 도덕적 책임을 매우 무겁게 여겼다. 싱어는 시민 불복종을 '사회적 불의를 바로잡기 위한 개인의 적극적인 행동'으로 보면서 특히 국경을 넘는 도덕적 책임을 강조했다. 예를 들어, 어떤 국가가 인권을 침해하거나 환경 파괴를 할 때, 다른 국가의 시민들도 시민 불복종을 통해 그 문제에 저항할 의무가 있다는 것이다.

싱어가 말하는 시민 불복종의 특징은 첫째, 도덕적 이유에 따른 행동이어야 한다. 시민 불복종은 개인이 자신의 양심과 도덕적 판단에 따라 옳지 않은 법이나 정책에 맞서는 행동이다. 둘째, 국제적 연대와 책임이 필요하다. 단지 자기 나라의 법에만 국한되지 않고, 전 지구적 차원에서 인권, 환경, 평화 같은 문제에 저항하는 것을 포함한다. 셋째, 비폭력에 더불어 적극성이 필요하다. 폭력을 사용하지 않는 것은 롤스와 같지만, 더욱 적극적으로 불의를 알리고 행동할 것을 요구한다. 넷째, 불복종에는 개인의 위험과 희생을 감수할 용기가 필요하다. 이는 자신의 안락함보다 '옳은 일'을 택하는 용기다.

탈핵 운동✔과 기후 변화 대응 운동과 같은 시민 행동은 싱어의 시민 불복종으로 설명하기 좋은 예다. 실제로 그는 기후 위기와 관련해 정부와 기업의 무책임에 맞서 시민들이 적극적으로 행동해야 한다고 주장한다. 단순히 불평만 하는 게 아니라, 법을 어기더라도 환경 파괴를 멈추게 하는 실질적인 변화를 촉구하는 활동도 시민 불복종에 포함된다.

이 글의 첫 부분에 등장했던 두 명의 기후 활동가에 대한 재판은 어떻게 됐을까? 2025년 4월, 수원 지방 법원은 최종 판결을 통해 재물 손괴에 대해서는 무죄를 인정했으며, 〈집시법〉위반에 대해서는 유죄 판결을 했지만 집행 유예✔를 선고했다. 법원이 시민 불복종의 편을 들어준 것이다. 기후 위기가 전 지구적인 주요 의제로 떠오르고 있는 오늘날, 기후 위기에 맞서는 시민 저항 운동을 **기후 불복종**이라고 부르기도 한다.

탈핵 운동
핵의 위험성을 인식하며 시작된 반핵 운동으로부터 출발해 핵 에너지의 사용에 반대하는 사회 운동이 탈핵 운동으로 발전했다. 핵 확산 반대, 핵무기 폐기 운동과 더불어, 핵 발전소의 가동 중지 및 폐기 등을 주장한다.

집행 유예
3년 이하의 징역 또는 금고의 형이 선고된 범죄자에게 일정 기간 형의 집행을 미루는 것을 말한다. 판사가 피고에게 징역 3년에 집행 유예 4년을 선고한 경우, 4년의 기간을 사고 없이 넘기면 형의 선고 효력이 사라진다. 유죄이지만 정상을 참작하는 것이다.

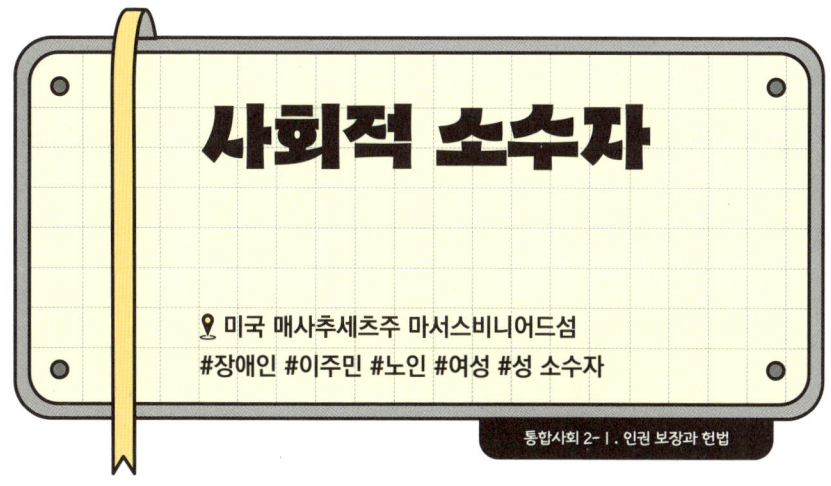

사회적 소수자

📍 미국 매사추세츠주 마서스비니어드섬
#장애인 #이주민 #노인 #여성 #성 소수자

미국 매사추세츠주 앞바다에는 마서스비니어드라는 섬이 있다. 제주도 면적의 12% 정도 되는 이 작은 섬은 식인 상어가 등장하는 영화 〈죠스〉의 촬영지이며 버락 오바마가 미국 대통령 재직 시절 휴가를 보낸 곳이기도 하다. 오바마가 퇴임 후 이 섬에 별장을 구입한 사실이 알려지면서 다시금 사람들의 관심을 모았다. 하지만 식인 상어 영화나 대통령의 별장보다도 마서스비니어드를 특별하게 만든 것은 이 섬의 수어✔다.

인류학자 노라 엘렌 그로스의 저서 《마서즈 비니어드 섬 사람들은 수화로 말한다》에 따르면, 17세기부터 20세기 초까지 마서스비니어드에는 청각 장애인이 많았다. 19세기 미국 전체 인구 대비 청각 장애인 비율과 비교할 때 100배나 높았는데 유전적 요인 때문이라고 한다. 이 사실을 처음 접한 사람이라면 '저주 받은 섬인가' 하고 생각할 수도 있지

수어
음성 대신 손의 움직임을 포함한 신체적 신호를 이용해 의사를 전달하는 시각 언어이며 고유한 문법 체계를 갖춘 독립적인 언어. 나라나 지역마다 다양한 수어가 존재하는데, 2016년 2월, 〈한국수화언어법〉이 제정되면서 한국수어는 한국어와 함께 우리나라의 공용어가 되었다. 수어를 제1언어로 사용하는 사람을 농인이라 부른다.

마서스비니어드 사람들이 마서스비니어드 수어(MVSL)를 시연하고 있다.

만, 마서스비니어드 사람들의 관점에서 보면 말도 안 되는 소리다.

수어를 사용하는 사람이 많다 보니 이 섬에서는 영어와 함께 수어가 공용어로 사용됐다. 청각 장애가 없는 비장애인들도 수어를 사용하는 문화가 널리 퍼져 있으며 청각에 문제가 있다고 해서 그것을 '장애'라고 생각하지도 않는 분위기였다. 이 사람은 이런 목소리를 가졌고, 저 사람은 저런 목소리를 가졌다는 정도의 개성으로 받아들였다고 한다. 이 동화 같은 이야기를 들으니 장애가 개인적인 것이 아니라 사회적으로 규정되는 것이 아닌가 싶다.

눈이 나쁜 사람의 경우를 떠올려 보자. 시력이 매우 나빠

안경을 벗으면 아무것도 보이지 않아 항상 안경을 끼고 다녀야 하고, 행여나 안경을 잃어버리거나 망가뜨리면 생활이 곤란한 사람이 있을 테다. 하지만 우리 사회에서는 이걸 장애라고 생각하지 않는다. 안경이 패션 아이템처럼 사용되기 때문에 눈이 나쁘지 않아도 안경을 끼기도 하고, 자외선으로부터 눈을 보호하기 위해서도 안경을 끼는 세상이니까 말이다.

이 문제에 잘 접근하려면 **사회적 소수자**라는 개념이 매우 유용하다. 사회적 소수자란 '한 사회에서 신체적 또는 문화적 특징 때문에 다른 구성원에게 차별을 받으며 스스로 차별받는 집단에 속해 있다는 의식을 가진 사람'이다. '장애'라는 신체적 특징 때문에 비장애인들로부터 차별을 받으며 스스로도 장애인이라는 차별받는 집단에 속해 있다고 생각한다면, 그는 사회적 소수자다. 그러나 마서스비니어드섬의 청각 장애인들은 사회적 소수자가 아니다. 청각 장애가 그들의 삶에 차별로 작용하지 않기 때문이다.

사회적 소수자를 만들어 내는 요인으로는 성별, 연령, 인종, 종교, 장애 등이 있다. 이 기준에 따르면 여성, 성 소수자, 아동, 노인, 유색인, 이주민, 무슬림, 장애인은 소수자다. 이 말에 '정말?' 하는 의심이 고개를 드는가? 인구의 절반이 여성인데, 여성이 어떻게 소수자가 될 수 있단 말인가. 많은 경우 사회적 소수자는 주류 집단에 비해 수적으로 열세에 있지만 항상 그런 것은 아니다.

남아프리카 공화국은 흑인이 절대 다수(약 80%)인 사회이지만 오랫동안 백인이 권력을 누렸고, 흑인은 권리에서 소외된 존재였다. 넬슨 만델라는 남아프리카 공화국의 흑인 인권을 위해 투쟁하다 수감되어 27년을 감옥에서 보냈다. 그가 그토록 오랜 시간을 감옥에서 보내야 했던 이유는 인종 분리 정책으로 악명 높은 **아파르트헤이트** 정책에 반대했기 때문이다. 이 경우 남아프리카 공화국에서 흑인은 소수자다. 소수자는 주류 집단보다 권력의 열세에 있다는 뜻을 품고 있다. 훗날 민주적 선거로 남아프리카 공화국의 대통령이 된 넬슨 만델라가 가장 먼저 한 일은 아파르트헤이트를 폐지하는 것이었다.

어떤 사람을 사회적 소수자로 규정하고 인식하는가는 사회적으로 결정된다. 예를 들어, 무슬림이라고 해서 어느 사회에서나 사회적 소수자인 것은 아니다. 그가 이슬람교를 믿는다는 이유로 차별의 대상이 되는 사회에서는 소수자이지만 이슬람교가 국교의 지위를 가지고 있는 사우디아라비아에서는 사회적 소수자라고 볼 수 없다.

의문은 이어진다. 정말 아동이 소수자라고? 저출생 시대에서 아이들을 얼마나 귀하게 여기는데? 그렇다면 '노 키즈 존'이라는 말을 들어 보았느냐고 묻고 싶다. 노 키즈 존은 유해 업종에 대해 19세 미만의 출입을 금지하는 것과는 맥락이 다르다. 유해 업종의 19금은 '이곳은 해로운 곳이니 금지한다'라는 의미라면 노 키즈 존은 '어린이 때문에 어른들이 불편하니 금지한다'라는 뜻이니까. 이건 과거 흑백 분리라는 인종 차별 정책을 시행했던 미국의 상점에 붙어 있던

'흑인 출입 금지'와 같은 맥락으로 이해해야 한다. 아무 일도 저지르지 않았는데 그저 나이가 어리다는 이유로 배척된다면 그것이 차별이 아니고 무엇이겠는가?

다시 이어지는 의문. 부당한 차별을 당하는 존재의 대표격인 노예는 사회적 소수자라고 할 수 있을까? 노예는 역사적으로 분명히 사회적 약자였지만, 이를 사회적 소수자로 보기는 어렵다. 사회적 소수자는 그 사회 안에서 일정한 권리와 지위를 인정받되, 주류와의 관계 속에서 차별을 겪는 사람들을 일컫는 개념이다. 그런데 노예는 제도적으로 자유와 권리를 전혀 보장받지 못했다. 법적으로 인간으로 인정되지 않았고, 재산으로 취급됐기 때문에 사회적 주체로서 지위를 갖지 못했다. 즉 사회적 소수자가 주류 사회와의 '차별적 관계' 속에서 존재한다면, 노예는 애초에 사회적 주체로서 인정받지 못했기에 소수자 범주에 포함되기 어렵다. 정리하자면, 노예는 사회적 소수자라기보다는 철저히 권리를 박탈당한 사회적 약자였다.

이런 경우는 어떻게 생각해야 할까? 영화 〈매트릭스〉 감독인 워쇼스키 자매는 원래는 워쇼스키 형제였다. 그들은 성전환 수술로 성별을 변경했다. 그렇다고 세계적인 영화감독을 사회적 소수자라고 할 수 있을까? 워쇼스키 자매는 부와 명예를 가지고 있다는 점에서는 주류 세계에 속하지만 트랜스젠더, 즉 성 소수자라는 점에서는 사회적 소수자에 속한다고 볼 수 있다. 인간은 1차원적인 존재가 아니다. 여러 요소가 상호 작용하며 한 사람의 존재를 완성해 간다.

소수자성을 하나도 지니지 않고 완벽하게 주류적 특성으로만 구성된 존재도 있을까? 그렇지는 않을 것 같다. 누구에게나 소수자성은 존재한다. 현재는 아니라 할지라도 그가 젊어서 죽지 않는 한 나이를 먹을 것이고 그렇다면 노인이라는 측면에서 소수자성을 갖게 될 것이다. 게다가 우리를 둘러싼 상황도 계속 변화한다. 다른 나라로 유학을 갔을 때, 한 학급에서 혼자 다른 사투리를 쓰는 학생일 때 혹은 특정 관심사를 가진 소모임에서 내가 유일한 초보자일 때. 소수자가 된다는 것은 불편함과 외로움을 경험하는 일이다. 그렇기 때문에 사회적 소수자의 문제는 '남의 문제'가 아니라 '우리 모두의 문제'다.

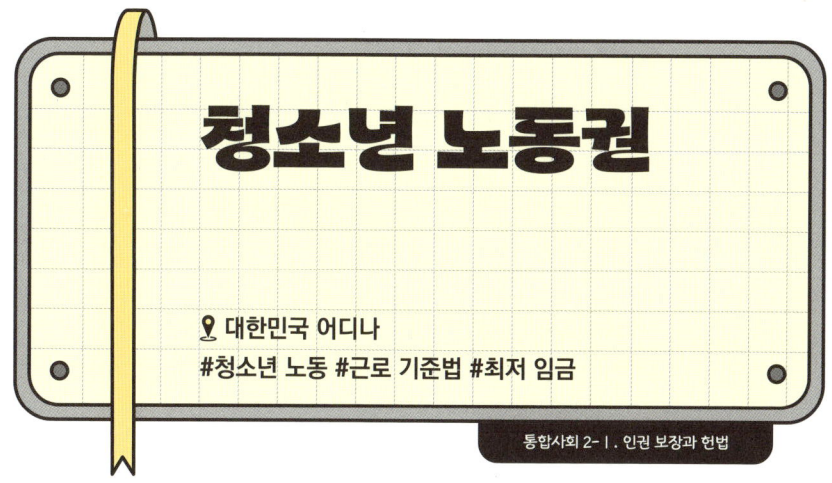

청소년 노동권

📍 대한민국 어디나
#청소년 노동 #근로 기준법 #최저 임금

통합사회 2-Ⅰ. 인권 보장과 헌법

대형 마트에 가면 보통 커다란 쇼핑 카트를 사용한다. 주차장에서 쇼핑한 물건을 차에 실은 손님이 떠난 뒤 그 쇼핑 카트는 어떻게 될까? 카트는 로봇 청소기처럼 자동으로 제자리로 되돌아갈 수 없으니 주차장에서 매장 입구까지 카트를 본래의 자리로 옮기는 일을 하는 사람이 필요하다. 수십 개의 카트를 한꺼번에 옮기는 장면은 언제 보아도 경이롭다. 여간한 힘으로 해낼 수 있는 일이 아닌 듯하다. 이런 일에 청소년 알바들이 투입되기도 한다. 주말 결혼식장의 뷔페식당도 마찬가지다. 무겁고 커다란 접시를 옮기고 테이블을 정리해야 한다. 손님들은 쉴 새 없이 밀려온다. 노동 강도가 아주 높기 때문에 통상 최저 임금보다 높은 급여를 준다. 청소년들은 여기서도 일한다.

마트에서, 햄버거 가게에서, 고깃집에서, 배달의 현장에서 활약하는 청소년 노동자들. 마음 한편에서 그렇게 힘들

게 일하느니 차라리 공부를 하지, 하는 생각이 올라오는 것을 막을 길은 없지만, 사람들마다 사정이 있다는 사실을 기억하는 것은 중요한 미덕이다. 그리고 이왕 하는 노동이라면, 제대로 대접받고 일해야 한다.

청소년 노동자는 나이가 어리고, 경험이 부족하고, 아직 학생 신분이라는 이유로 부당한 대우를 받을 위험에 항상 노출되어 있다. 그러므로 청소년 노동권에 대한 지식을 갖추는 것은 괜찮은 알바 자리를 구하는 것만큼이나 중요하다. '아는 것이 힘'이라는 말은, 이 경우 정말 진리다.

청소년 노동자 역시 노동자에게 보장되는 모든 권리를 보장받는다. 노동 시간, 노동 환경, 노동 조건 등 〈헌법〉과 〈근로기준법〉이 정한 모든 권리에서 청소년이라고 해서 예외가 될 수는 없다. 예를 들어, "너는 어리니까 최저 임금의 80%만 주겠다"라고 하면 이것은 불법이다. **최저 임금**✔은 노동자의 나이가 어리다고 해서 예외를 허용하지 않기 때문이다. 청소년 노동자는 미성년자이므로 친권자(또는 후견인)의 동의서와 가족 관계 증명서를 제출하게 돼 있지만 "너는 미성년자이니 임금은 너의 부모님 통장에 넣어 주겠다"라는 것도 불법이다. 근로 계약을 체결할 때는 친권자의 동의가 필요하지만 노동자의 임금을 노동자 본인에게 직접 지급하도록 돼 있기 때문이다. 이 원칙은 청소년이라고 예외가 되지 않는다. 사용자의 폭언, 성희롱, 모욕 등도 어리다는 이유로 참고 견딜 필요가 없다. 인간의 존엄은 나이를 불문하고 지켜져야 한다.

최저 임금
최저 임금제란 임금의 최저 수준을 정하고, 사용자에게 이 수준 이상의 임금을 지급하도록 법으로 강제함으로써 노동자를 보호하는 제도다. 대한민국은 최저 임금을 노동자, 사용자, 정부(노·사·정) 대표로 구성되는 최저 임금위원회에서 결정한다.

청소년 노동자는 노동자인 동시에 청소년이기 때문에 특별한 보호를 받는다. 예를 들면, 성인 노동자의 하루 노동 시간은 8시간이지만 청소년 노동자의 경우는 7시간이다. 그러면 더 일을 하고 싶어도 못 하니 그건 청소년에게 불리한 규정 아닌가? 이것은 과도한 노동이 청소년의 성장을 가로막을 것을 우려해서 생긴 규정이다. 불가피한 사정으로 1시간 연장해 하루 8시간을 일했다면 마지막 1시간은 초과 노동이므로 초과 노동에 해당하는 임금을 지급하도록 하고 있다. 만약 시급이 1만 원(2025년 기준 최저 시급은 10,030원으로 1만 원을 초과하지만 여기서는 계산의 편의를 위해 1만 원이라고 가정한다)이라면 초과 노동에 대해서는 1.5배를 지급하도록 규정하고 있으니 성인 노동자는 8시간 노동에 대해 8만 원을 지급받지만(8시간×1만 원), 청소년 노동자는 8만 5,000원을 지급받는다[(7시간×1만 원)+(1시간×1만 5,000원)].

청소년 노동자를 포함한 모든 노동자에게는 휴게 시간을 주어야 한다. 4시간 이상 근무하는 경우는 30분, 8시간 이상인 경우에는 1시간의 휴게 시간이 보장된다. 휴게 시간에 대해서는 임금을 지급하지 않는다. 그런데 내가 일하는 햄버거 가게에 손님이 없다며 매니저가 나가서 다시 호출할 때까지 쉬고 오라고 한다면 어떨까? 원래 노동 시간으로 정해져 있는데 일이 없다는 이유로 약속된 임금을 받을 수 없게 되기도 하거니와, 매니저가 부르면 즉각 호출에 응해야 하니 이 시간은 내 마음대로 쓸 수 있는 게 아니라는 점에서 휴게 시간이라 할 수 없다. 임금을 줄이기 위해 일이 적은 시간이라는 이유를 들어 이런 편법을 사용하기도 하지만 이것은 불법이다. 정해진 근무 시간을 임의로 바꾸면 안 된다.

청소년의 야간 노동은 금지 사항이다. 여기서 야간 노동이라 함은 밤 10시부터 다음 날 오전 6시까지를 말한다. 또한 위험한 일이나 유해 업종(유흥 주점, 비디오방, 노래방, 숙박업, 만화 대여점, 호프집, 피시방 등)에 청소년 노동자를 고용하는 것도 금지돼 있다. ✔

청소년 사용 금지 직종
〈근로기준법〉 제65조는 18세 미만인 자의 사용 금지 직종을 명시하고 있다. 고압·잠수 직업, 교도소 또는 정신병원, 소각 또는 도살 업무, 유류(기름)를 취급하는 업무(주유소 제외) 등이다.

그렇다면 청소년이 법적으로 일할 수 있는 나이는 몇 살일까? 15세부터 18세 미만이다. 18세부터는 성인과 동일한 규정을 받는다. 그렇다면 15세 미만인 경우에도 노동을 할 수 있을까? 고용노동부 장관이 발급하는 취직 인허증을 받은 경우 13~14세 청소년을 고용하는 것이 가능하다. 그 밖에도 노동 과정에서 겪는 온갖 애매하고 억울한 일에 대한 상담과 지원은 청소년·청년근로권익센터를 이용해 보기를 권한다. 무료로 이용할 수 있다(1644-3119).

청소년 노동에 대해 이야기하다 보면 영화 〈해리 포터와 마법사의 돌〉이 떠오른다. 〈해리 포터와 마법사의 돌〉에는 주인공 3인방부터 시작해서 그의 친구들까지 합치면 수백 명의 아동들이 출연했는데, 영국의 아동 노동에 대한 규정을 다 지키면서 영화를 만들다 보니 제작 기간이 오래 걸릴 수밖에 없었다고 한다. 당시 영국의 법률은 오후 3시 30분 이후 아동 노동자에게 일을 시키는 것을 금지하고 있었기 때문이다. ✔ 관련 기사를 읽으며 영화 촬영이 지체돼 '해리 포터' 시리즈의 다음 편 개봉을 더 오래 기다려야 하는 불편

영국 아동 연기자 관련 규정
이 법은 '해리포터' 제작진의 청원으로 재검토되면서 아동 배우들의 하루 노동 시간은 늘리되, 전체 노동 일수를 줄이는 방향으로 개정됐다.

아역 배우들이 많이 출연하는 영화 〈해리 포터와 마법사의 돌〉(2001)은 아동 노동권에 대한 영국의 법률을 준수하느라 제작 기간이 오래 걸렸다.

은 감수할 만한 가치가 있다고 생각했다. 속도를 높이고 효율을 올리는 것보다 더 중요하게 지켜야 하는 가치도 있는 법이니까.

가끔 상상한다. 청소년 노동자들이 모두 일손을 놓는다면 우리 경제가 제대로 돌아갈 수 있을까? 오늘 내가 먹은 햄버거를 만든 것도, 오토바이를 타고 우리 집 현관까지 음식을 배달해 준 것도 청소년 노동자들이다. 청소년 노동자를 부정적으로 바라보는 시선도 분명 있지만, 정당한 노동으로 돈을 버는 것이 어디 손가락질 당할 일인가. 법과 제도를 통해 청소년 노동자를 보호하는 것도, 청소년 노동자를 동료 노동자이며 동료 시민으로 바라보는 우리 모두의 시선도 필요하다.

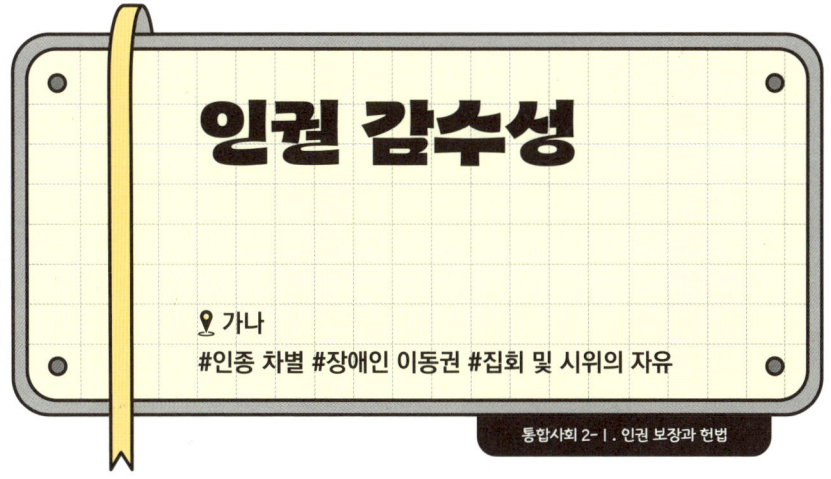

인권 감수성

📍 가나

#인종 차별 #장애인 이동권 #집회 및 시위의 자유

통합사회 2-Ⅰ. 인권 보장과 헌법

졸업 앨범 사진을 촬영하는 때가 되면 고3 교실 전체가 들뜬다. 모둠별로 콘셉트를 정하고 그에 맞춰 의상이나 소품을 준비한다. 우리 모둠이, 우리 학급이 가장 기발하고 멋지기를 바라는 마음이 절로 읽힌다. 전국의 고3들이 다 그렇지 않을까? 그 가운데서도 졸업 앨범 사진으로 유명한 경기도의 한 학교가 있다. 졸업 앨범에 이렇게까지 공을 들일 일인가 싶을 정도로 놀라운 발상과 실행력이 돋보인다. 그러다가 문제가 발생했다.

이들이 콘셉트로 정한 것은 SNS로 유명해진 가나의 장례식 장면이었다. 일명 '관짝 댄스'라고 하는 것인데, 검은 정장 차림을 한 상여꾼들이 관을 어깨에 매고 춤을 추며 행진을 하는 모습에 세계인의 이목이 집중된 것이다. 가나에서는 상여꾼들이 신나는 음악에 맞춰 춤을 추면서 슬픔을 극복하고 고인을 좋은 곳에 보내 주는 독특한 장례 문화가 있

서아프리카 가나에는 관을 맨 상여꾼들이 흥겨운 댄스를 선보이는 장례 문화가 있다.(사진은 나이지리아의 장례식 장면, QR코드에 접속하면 가나의 장례식 장면을 볼 수 있다.)

다고 한다. 이걸 흉내 내는 것이 무슨 문제가 있겠는가 싶지만, 문제가 된 것은 장례식을 따라 해서가 아니라 '블랙 페이스'였다.

흑인의 모습을 따라 하는 것이니 얼굴을 검게 칠하는 것은 당연하지 않나, 라는 반문이 있을 수 있다. 하지만 우리는 사회 현상을 볼 때 사회적·역사적 맥락을 함께 살펴야 한다. 손흥민 선수를 향해 눈꼬리가 찢어진 모양의 손동작을 보내는 것에 대해 한국 사람들이 '인종 차별'이라며 분노할 때, 원래 한국 사람들의 눈꼬리를 생긴 모양대로 표현한 것일 뿐이라고 변명하면 더 화가 나지 않겠는가. 그 손동작이 서양인이 아시아인을 비하하기 위한 것이라는 것을 우리는 잘 알고 있으니까. 마찬가지다. 검은 얼굴로 흑인을 우스꽝스럽게 표현하는 블랙 페이스는 흑인에 대한 차별이 만연하던 미국 사회에서 흑인들을 비하하기 위해 사용했던 방식이라는 설명을 듣고 나면 고개가 끄덕여진다. 가나의 독특한 장례 문화를 흉내내는 것과 얼굴을 검게 칠하는 것은 다른 차원의 문제다.

한때 우리나라의 개그 프로그램에 블랙 페이스가 아무렇지도 않게 등장하던 시절도 있었지만, 이제 그런 장면은 공중파 방송에서 완전히 사라졌다. 미국이나 유럽에서는 훨씬 오래 전부터 블랙 페이스가 금기시돼 왔다. 인간의 존엄을 해치는 행동, 제도, 관행, 발언 등에 대해 사람들은 점점 더 민감하게 반응하는 방향으로 세상이 변화하고 있다. 공영방송에서 블랙 페인팅을 하고 흑인을 웃음거리로 만드는 개그 프로그램이 방영되는 일이 2018년에도 있었던 것을 생각하면 졸업 앨범 촬영을 둘러싼 흑인 비하 논란은 우리 사회의 '인권 감수성'이 조금씩이나마 성장하고 있다는 증거로 볼 수도 있겠다.

인권 감수성이란 '누군가의 권리가 침해되거나 존엄이 무시되는 상황을 발견했을 때, 그것을 문제로 인식하고 공감하며, 더 나아가 이를 개선하기 위해 움직일 수 있는 민감함'을 말한다. 사회 현상을 인권을 기준으로 평가하고 성찰하는 능력이라고 생각해도 좋겠다. 인권 감수성의 눈으로 바라본 세상은 그 이전과는 좀 다르다.

장애인 이동권 보장을 요구하며 혼잡한 출근길 지하철에서 시행된 '전국장애인차별철폐연대(이하 전장연) 지하철 탑승 시위'에 대해 생각해 보자. 시위로 인해 지하철 운행이 차질을 빚고 출근길에 어려움을 겪은 사람들이 다수 있었다. 전장연 지하철 시위를 비판하는 사람들의 논리는 첫째, "다른 사람에게 큰 불편을 끼치면서까지 시위를 하는 것은 옳지 않다"는 것이었다. 인권 감수성의 눈으로 여기에 답해 보자.

  자유로운 이동을 보장하는 '이동권'은 사람이라면 누구나 누릴 수 있어야 하는 인권이다. 지하철이나 버스는 저렴한 비용으로, 혹은 무료로 '누구나' 접근할 수 있는 교통 수단이다. 그런데 그 '누구나'에 장애인은 포함될 수 없단 말인가. 출근 시간에 휠체어를 타고 지하철에 탑승해 일터로 향할 수 없다면 장애인은 어떻게 생계를 유지할 수 있을까? 휠체어 이용자의 출근 시간 지하철 탑승은 그 사람의 노동권과도 연결되어 있다. 시민이라면 누려야 할 권리를 '평생' 보장받지 못했던 시민, 장애인들이 당연한 권리를 되찾고자 하는 것이다.

  전장연 시위를 비판하는 두 번째 논리는 이동권이 중요하다면 그냥 이동권을 요구하면 되는 것이지 그런 식으로 물의를 일으키면서 시위를 해야 하느냐는 것이다. 장애인들은 이용할 수 있는 법적·제도적 절차를 이용해 꾸준히 이동권 보장을 요구해 왔다. 그러나 그 요구에 세상이 응답하지 않는다. 성명서도 발표하고 서명 운동도 해 보았다. 그런데도 요구가 받아들여지지 않으니 더 강력한 방법을 찾아 실행에 옮긴 것뿐이다. 본래 집회, 시위는 사람들의 이목을 끌어 여론을 형성하는 것이 목적이다.

누구나 점잖고 우아하게 자신의 요구를 관철하고 싶을 것이다. 문제는 그게 통하지 않는 세상이지 시위를 하는 사람들이 아니다. 불법적인 계엄으로 민주주의를 위기에 빠뜨린 대통령을 당장 파면하고 처벌하라고 시민들이 요구했지만 그게 통하지 않으니 광장과 거리에서 시위를 하는 것과 똑같은 이치다. 우리 헌법이 집회 및 시위의 자유를 국민의 기본권으로 명시하고 있다는 것을 명심하자.

인권 감수성이 부족하면 어떤 일이 벌어질까? 사회는 차별과 불평등을 무심히 지나치게 되고, 소수자의 목소리는 계속 억눌린다. 누군가의 고통이 가려지고, 결국 다수에게도 불행이 된다. 오늘 전장연의 지하철 시위 때문에 불편하다며 불만을 토로하던 나도 내일은 임금 인상을 위한 파업의 대열에 설 수 있다. 이때 파업 때문에 경제가 위태롭다며 파업을 하는 노동자와 노동조합을 비난하는 사람들이 다수를 차지하는 사회에 살고 있다면, 살 만한 사회라고 할 수 있겠는가.

비장애인이 장애인 이동권을 옹호하는 인권 감수성을 갖추고 그에 걸맞은 발언과 행동을 하는 것은 결코 장애인을 위한 '배려'가 아니다. 가장 취약한 사람의 인권이 보장되면 나의 인권도 든든하게 지켜지기 때문이다. 지하철 역에 엘리베이터가 설치된 것은 장애인들의 목숨을 건 투쟁 덕분이지만, 그 혜택은 모든 사람이 누리고 있다. 일시적으로 몸이 불편한 사람도, 크고 무거운 짐을 운반하는 사람도, 기운이 달리는 노인도 엘리베이터를 이용한다. 장애인을 위해 경사로를 설치했지만, 유아차를 미는 사람도, 여행용 캐리어를 끄는 사람도 모두 모두 경사로의 편의를 누린다.

오늘도 인권을 지키기 위해 목소리를 높이고, 거리에 드러눕고, 삼보일배 행진을 하고, 고공 크레인에 올라 농성을 하는 사람들이 있다. 우리 모두는 인권을 위해 헌신한 사람들에게 빚을 지고 있는 셈이다.

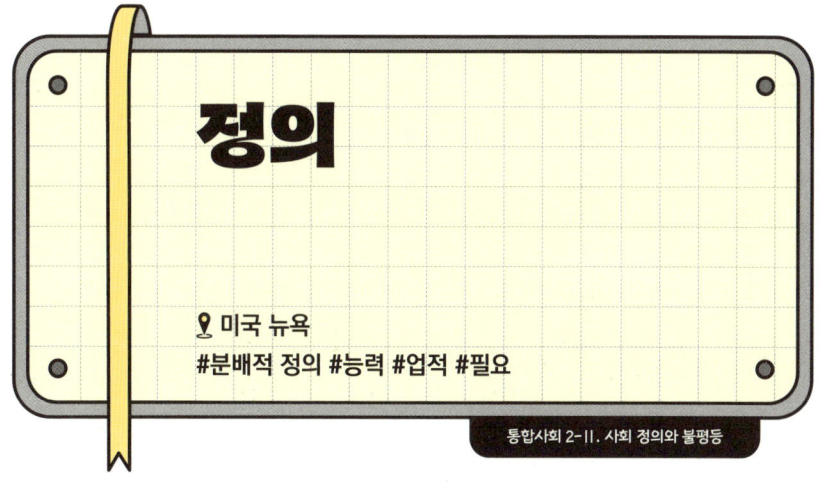

정의

📍 미국 뉴욕

#분배적 정의 #능력 #업적 #필요

케이팝(K-pop)이 오늘날과 같은 명성을 가지게 된 데에는 BTS의 기여가 매우 크다. BTS 멤버들이 군 입대를 앞둔 시점에서 그의 팬들은 'BTS의 공로를 인정해 병역 특례를 적용해야 한다'는 주장을 들고나왔다. 현행 〈병역법〉상 올림픽 3위 이상 입상자, 아시안 게임 1위 입상자, 국제 예술 경연 대회 2위 이상 입상자 등은 예술·체육 요원(보충역)으로 편입되어 4주간의 기초 군사 훈련을 받은 뒤 자신의 특기 분야에서 계속 활동을 하기 때문에 사실상 병역 면제 혜택을 누리게 되는데, 국위를 선양한 대중 예술인도 이 대상에 포함해야 한다는 의견이 대두된 것이다. 이 문제에 대한 여론의 동향은 어땠을까?

2022년 한국 갤럽의 조사 결과에 따르면 '국위를 선양한 대중 예술인의 병역을 면제하거나 대체해야 한다'라는 의견에 대해 '포함해야 한다'는 응답이 59%, '포함해선 안 된다'

BTS가 빌보드 차트 1위, 유엔 연설 등 다양한 분야에서 국가적 위상을 높이는 성과를 거두자, 한때 BTS 멤버들에게 병역 특례를 주어야 한다는 주장에 대한 찬반 논란이 뜨거웠다. 현재 BTS의 모든 멤버는 병역의 의무를 마쳤다.

는 응답이 33%로 나타났다.

이러한 의견 차이는 정의에 대한 생각이 서로 다르기 때문에 나타나는 것이다. **정의**란 사회적 대우나 보상, 처벌 등과 관련해 마땅히 받을 몫을 공정하게 받는 것을 의미한다. 그러니까 어떤 사람이 기여한 만큼의 보상을 받을 때, 잘못한 만큼의 처벌을 받을 때 정의가 실현되는 것이다. 어떤 사람이 기여한 것보다 큰 몫을 받거나 저지른 잘못에 비해 경미한 처벌을 받으면(혹은 아예 처벌을 받지 않으면) 사람들은 정의의 원칙이 훼손됐다고 생각한다.

정의의 원칙이 실현되는 것은 한 사회가 건강하게 유지되기 위한 필수 조건이라고 할 수 있다. 정의는 사회 생활 과정에서 일어나는 갈등을 해결하는 중요한 원칙이자 사회 구성원이 인간다운 삶을 누리는 사회를 만들어 가는 강력한 규칙이다. 마땅한 보상과 처벌이 이루어질 때 사회 구성원의 기본적 권리가 보장되기 때문이다. 또한 사회를 규율하는 법과 제도가 정의롭지 않다고 느낄 때 사회 구성원들은 자신이 속한 공동체에 대한 신뢰를 잃어버린다. 구성원의 신뢰를 잃어버린 공동체가 원만하게 유지되거나 성장하기를 기대하기는 어렵다.

교정적 정의
개인이나 집단에 입힌 손해에 관한 처벌과 배상의 공정함을 말한다.

아리스토텔레스에 따르면 정의는 **분배적 정의**와 **교정적 정의** 두 가지 차원이 있지만, 여기서는 분배적 정의를 중심으로 살펴보자. 분배적 정의는 가치와 업적에 비례해 명예나 보수 등을 분배하는 일을 뜻한다.

분배적 정의에서 무엇이 분배의 기준이 될 것인가를 두고 생각을 펼쳐 보면, 능력에 따른 분배, 업적에 따른 분배, 필요에 따른 분배로 나뉜다. **능력에 따른 분배**는 능력이 뛰어난 사람에게 더 많은 몫이 돌아가게 하는 일이 정의롭다고 본다. 이때 능력이란 어떠한 목적을 달성하는 데 필요한 전문적 지식과 자질을 말한다. 이 기준에 따르면 고등학교 시절의 학업 성적이 뛰어나고 대학 수학 능력 시험에서 높은 점수를 얻은 사람이 의대에 진학하는 것은 정의로운 일이다. 능력에 따른 분배의 원칙이 적용되는 사회에서는 사람들이 자신의 능력을 최대로 펼치고자 노력하기 때문에 사회 전체에도 이익이 된다.

반론의 여지 없이 합당한 논리인 것 같지만 허점이 있다. 의사의 직무를 수행하는 것과 고등학교 학업 성적 사이에는 정말로 높은 상관관계가 있을까? 환자의 사정에 귀 기울이는 능력, 헌신하는 마음, 상처를 잘 치료하는 손 기술 같은 것도 중요하지 않을까? 이런 것들은 수학 능력 시험 점수로는 판별할 수 없다.

두 번째 문제는 능력에는 우연이 미치는 영향이 매우 크다는 것이다. 손흥민의 축구 실력에 그 누가 토를 달겠냐마는, 만약 그가 '축구'라는 운동이 사회적으로 전혀 중요하지 않은 시대에 태어나 성장했다면 지금과 같은 영광을 누리기는 어려웠을 것이다. 수학 문제를 잘 푸는 능력이 중요한 시대에 마침 그 능력을 가지고 태어난 것 자체가 우연이라는 뜻이다.

그럼에도 불구하고 '능력에 따른 보상'에만 중요한 가치를 부여하면 현재의 불평등을 합당한 것으로 받아들이게 된다. 내가 제대로 된 대접을 못 받는 것도 내가 학교 다닐 때 공부를 열심히 하지 않았기 때문이라는 생각이 사람들의 머리를 지배하는 만큼 정의로운 사회는 멀어질 수 있다.

업적에 따른 분배는 어떤 이가 특정한 목적 달성에 이바지한 성과나 실적 정도에 따라 소득이나 사회적 지위 등을 차별적으로 분배하자는 것이다. 예를 들어, 영화의 흥행 실적에 따라 보상을 해 준다든지, 책이 팔린 만큼 인세 수입을 보장한다든지, 새로운 계약을 따낸 데에 대해 보너스를 지급하는 것이다. 앞에서 이야기한 BTS의 병역 문제를 둘러싼 논쟁은 BTS가 기여한 바가 병역 특례라는 보상을 받을 정도인가에 관한 것이니 분배적 정의, 그 가운데에서도 업적에 따른 분배의 문제라고 볼 수 있다.

업적에 따른 분배가 정의로운 것이 되려면 기회의 평등이 실현된 상태에서 자유롭게 경쟁할 수 있는 환경이 보장돼야 한다. 그런데 질병이나 장애, 가난 등으로 업적을 쌓기 어려운 상황이라면? 이때 고려해야 할 것이 **필요에 따른 분배**다. 필요를 기준으로 하면 인간의 기본적인 욕구를 충족하는 것을 우선 순위로 해서 다양한 재화나 가치가 분배된다. 여러 사정으로 학업에 어려움을 겪고 있는 학생에게 대학 입학에 대한 혜택을 제공하거나, 경제적으로 어려운 처지에 있는 환자에게 의료 혜택을 제공하는 것은 필요에 따른 분배에 해당한다. 훈훈한 이야기이지만 사회가 가지고 있는 자원에는 한계가 있기 때문에 어떤 필요를 어느 정도까지 충족시켜 주어야 하는가에 대해서는 의견 차이가 발생한다.

결국 분배적 정의를 실현하려면 능력, 업적, 필요에 따른 분배가 조화를 이뤄야 하는데, 마이클 왈저는 매우 지혜로운 해법을 내놓았다. 왈저는 사회를 11개의 영역으로 나누고, 영역에 따라 다른 분배 기준이 적용돼야 한다고 주장했다. 정치 권력은 시민의 참여와 투표권을 기준으로 나눠야 하고, 의료 서비스는 필요에 따라 제공해야 하며, 경제적 보상은 노력과 기여에 따라 주어질 수 있다. 이때 중요한 것은

한 영역에서의 우위가 다른 영역에서의 우위로 작용해서는
안 된다.

정치 권력을 이용해 부당한 경제적 이득을 취하거나 경제
적 우위를 이용해 대학 입학에서 특별한 혜택을 누리는 것
은 정의롭지 못하다. 왈저에 따르면 돈만으로 권력과 명예
와 교육을 얻을 수 있는 사회에서는 돈이 지배적 가치가 된
다. 학력이 좋다는 이유로 돈을 많이 벌고 권력도 얻고 명예
도 따라 온다면 그런 사회에서는 학력이 지배적 가치가 된
다. 하나의 사회적 가치가 다른 모든 영역을 지배한다면 그
것이 바로 폭정이다.

혹시 이런 생각이 정의로운 것이라고 생각하고 있을까?

- A는 공부를 잘하니까 학급 회장으로 적임자야.
- B는 지각, 결석이 잦으니까 장학금 혜택을 받을 수 없어.

왈저의 논리에 따르자면, 이것은 한 영역에서의 우위/열
위를 다른 영역의 우위/열위와 연결짓는 것이므로 정의롭
지 않다.

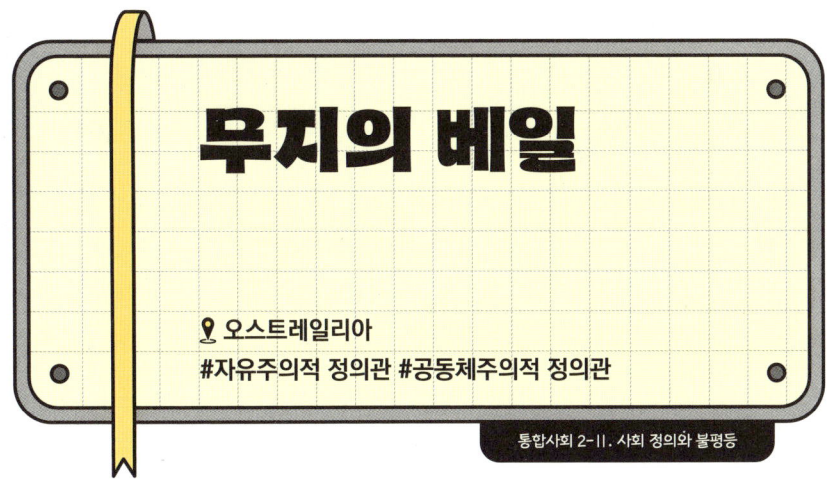

무지의 베일

친구들과 함께 먹으려고 피자를 한 판 주문했다. 한 사람이 피자를 자르고 각자 원하는 조각을 골라서 먹도록 하려고 한다. 지금은 다들 배가 많이 고프기 때문에 모두 한 입이라도 더 먹고 싶은 상태다. 좋은 방법이 없을까?

제일 간단한 방법은 피자를 자르는 사람이 가장 마지막으로 자기가 먹을 피자 조각을 가져가도록 하는 것이다. 왜일까? 어떤 조각은 크게, 어떤 조각은 작게 잘려 있다고 가정해 보자. 한 입이라도 더 먹고 싶은 상태에서는 누구든 가장 큰 조각을 선택할 것이다. 그러다 보면 마지막에는 가장 작은 조각이 남을 것이다. 가장 마지막에 남은 조각이 피자를 자른 사람의 몫이라면? 그는 최선을 다해 모든 피자 조각이 같은 크기가 되도록 피자를 자를 것이다. 그것이 자기 몫의 피자를 지키는 가장 좋은 방법이 될 테니까.

이 원리를 사회 규칙을 만들 때도 적용할 수는 없을까?

오스트레일리아에서는 투표권을 행사하지 않으면 벌금을 내는 의무 투표제를 시행하고 있어서 통상 투표율이 95% 안팎으로 매우 높다. 하지만 정치에 무관심한 유권자들이 벌금을 피하기 위해 후보에 대한 정보나 판단 없이 아무렇게나 투표하는 경우가 있어 비판받기도 한다.

그런 생각을 한 사람이 이미 있다. 철학자 존 롤스다. 롤스는 **무지의 베일(veil of ignorance)**이라는 개념을 제안하는데, 사람들이 자기 상황을 모른 채(어떤 피자 조각이 자기 몫이 될지 알 수 없는 채) 사회 규칙을 만든다면(피자를 자른다면), 훨씬 더 공정한 사회 계약이 나올 거라고 생각한 것이다.

상상해 보자. 내가 사회의 규칙을 새로 만드는 회의에 초대됐다면? 특별하게 양심적이고 정의로운 사람이 아니라면 나도 모르게 나에게 유리한 규칙을 만들고 싶은 욕망이 생기지 않을까?

이건 현실에서 많이 일어나는 일이다. 국회 의원들은 자기 지역구에 혜택이 많이 돌아가도록 예산을 배정하고 싶어 한다. 출신 지역이나 학교로 연결된 지연과 학연이 보이지 않는 힘을 발휘한다는 의혹도 계속해서 제기된다.

만약 사회 규칙을 만드는 회의장에 들어가기 전에 '무지의 베일'이라는 특별한 커튼을 통과해야 한다는 규칙이 있다면? 그 커튼을 통과하고 나면 나는 내가 어떤 사람인지 전혀 알 수 없는 상태가 된다. 성별, 나이, 가족 배경, 소득, 건강 상태, 재능, 성적 지향, 인종 등 그 무엇도 알 수 없다. 이 가상의 상황을 롤스는 **원초적 입장**(original position)이라고 불렀다. 무지의 베일은 그 원초적 입장을 만들어 주는 장치다.

이런 상황에서 사회의 법과 제도를 정해야 한다면, 나는 어떤 규칙을 만들까? 내가 가난하게 태어날 수도 있으니 복지 제도를 만들고, 소수자가 될 수도 있으니 차별 금지 규칙을 만들지 않을까? 내가 사회의 가장 불리한 위치에 태어날 수도 있으니, 누구나 최소한의 안전과 기회를 보장받는 제도를 만들어 놓아야 안심이 되지 않겠는가. 우리가 사회의 규칙을 새로 만들 때, 모든 사람이 자신이 어떤 사람인지 모르는 상태에서 합의해야 한다면, 더 공정한 제도가 나올 것이라는 것이 롤스의 생각이다.

그렇다면 정의란 무엇일까? 정의에 대해서는 한마디로 정리하기 어렵지만, 큰 틀로 정리해 보면 **자유주의적 정의관**과 **공동체주의적 정의관**으로 나눌 수 있다.

먼저 자유주의적 정의관을 살펴보자. 무지의 베일을 제안한 롤스는 자유주의적 정의관의 대표 주자다. 여기서 '자유주의'는 정치에서 말하는 진보·보수의 의미가 아니라, 개인의 자유와 권리를 최우선으로 보는 사고방식을 말한다. 경제 영역에서 '자유방임주의', '신자유주의'와도 구별되는 개념이다. 롤스에 따르면, 무지의 베일 뒤에서 사회 제도를 고르면 사람들은 다음 두 가지 원칙을 선택할 가능성이 높다.

평등한 자유의 원칙. 모든 사람은 정치적 자유(선거권·피선거권), 표현의 자유, 종교의 자유, 집회·결사의 자유 등을 동등하게 가져야 한다. 이 자유들은 절대 돈이나 권력에 따라 차등을 둘 수 없다.

차등의 원칙. 사회·경제적 불평등이 완전히 나쁜 건 아니지만, 그것이 사회에서 가장 불리한 사람들에게도 이익이 되는 경우에만 정당화된다. 예를 들어, 의사가 일반 직업보다 더 많은 보수를 받는 건 불평등이지만, 의사가 되기 위해 노력한 보상이고 사회 전체 건강을 향상시키니 허용할 수 있다는 것이다. 자유주의적 정의관은 공정한 규칙을 만드는데 집중한다. 사람마다 재능과 상황이 다르지만, 최소한 모두가 안전망 안에 있고, 기회는 평등해야 한다는 것이 핵심이다.

공동체주의자들은 자유주의의 가정을 비판한다. 자유주의는 마치 우리가 '백지 상태'로 태어나서 사회 규칙을 선택하는 것처럼 상상하지만, 실제로는 그렇지 않으니까.《정의란 무엇인가》를 쓴 마이클 샌델이 보기에 롤스의 '무지의 베일' 속 인간은 지나치게 개인적이며 사회, 가족, 문화와 전혀 관계없는 '추상적 존재'처럼 설정되어 있다. 이에 대해 샌델은 '부담을 진 자아'라는 개념을 제시한다. 여기서 부담은 부정적인 짐이 아니라, 우리가 태어날 때부터 짊어지고 있는 관계와 책임을 말한다.

　우리는 태어나자마자 이미 가족, 문화, 언어, 역사, 전통 속에 들어가 있다. 내가 한국 사람인지, 일본 사람인지, 혹은 다른 문화권에서 자란 사람인지에 따라 가치관과 선택이 달라질 수밖에 없다. 정의를 세울 때도 이런 공동체의 맥락을 존중해야 한다. 그렇게 때문에 샌델은 정치가 단순히 절차의 문제를 넘어 어떤 삶이 좋은 삶인지 논의하고 실현하는 과정이 돼야 한다고 주장한다.

　정의를 세우는 방법에는 여러 길이 있다. 자유주의적 정의관은 "공정한 규칙을 만들면 정의롭다"라고 주장하고, 공동체주의적 정의관은 "공동체의 가치와 유대를 존중해야 정의롭다"라고 말한다. 가령, 시민들의 투표 참가가 저조한 현상을 해결하는 방법으로 "의무 투표제를 도입하고, 투표를 하지 않은 사람에게는 벌금과 같은 불이익을 부과하자"라는 의견이 제시됐다면? 자유주의적 정의관에 따르면 투표 참가 여부는 개인의 선택에 따른 문제이므로 투표 참가를 독려할 수는 있으나 강제할 수 없다고 판단할 것이다. 공동체주의 관점이라면 투표는 민주주의 제도가 제대로 운영되기 위한 핵심이므로 공동체 구성원이라면 마땅히 행해야 할 의무라고 주장할 것이다. 우리는 이 두 관점 사이에서 더 좋은 정의를 위한 길을 찾아가는 중인지도 모른다.

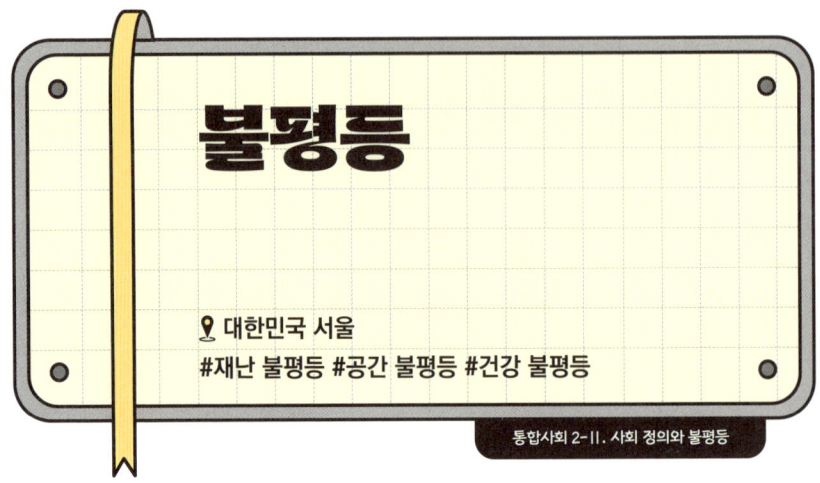

우리에게 닥쳤던 크고 작은 재난 가운데 선명한 자취를 남긴 것은 2020년 코로나19 팬데믹이 아닐까? 재택 근무, 격리, 방역 등의 단어와 함께했던 그 시간을 기억할 것이다. 그런데 많은 이가 '우울/좀 더 우울/많이 우울' 사이를 오가며 힘든 시간을 보내고 있던 시절, 방역 수준이 높아져 외출마저 어려웠던 그때, '서울이 너무 불편하고 위험해서 강원도의 별장으로 피신해 왔다'라며 아름다운 정원에서 찍은 사진을 SNS에 올린 사람도 있었다. 부유함이 안전과 평화로 이어지는 구조가 한 장의 사진으로 확인되는 순간이었다. 보통 사람들에게 별장 같은 것이 있을 리가 없잖은가.

가족 중에 확진자가 생겼는데 화장실이 한 개여서 두 개 있는 집에 사는 사람들을 부러워하는 경우도 생겼다. 화장실 하나로는 확진자와의 완전한 격리가 불가능했기 때문이다. 그런데 한 발짝만 더 나아가 생각해 보자. 화장실 개수

2020년 콜센터 코로나 집단 감염 사건 발생 후 인근 구로역에서 집중 방역 작업이 실시됐다.

가 문제가 아니다. 여러 명이 단칸방에서 생활하는 가족은? 가족 내 폭력이 있는 가정에서 학대당하는 사람은? 노숙자들은? 재택근무를 할 수 없는 일을 하고 있다면? 바이러스는 사람을 가리지 않고 감염시키는 것 같지만, 삶의 조건이 취약한 사람들에게 더 가혹하고 맹렬하게 침투했다. 재난이 결코 평등하게 우리에게 내리꽂히고 있지 않음을 알려 주는 사건들이 매일매일 일어나고 있었다.

그런 사건 가운데 하나가 '구로 콜센터 집단 감염'이다. 이 사건을 통해 우리 사회는 콜센터의 민낯을 보게 되었다. 많은 노동자가 밀집된 공간, 전화로 상담하는 과정에서 말이 정확하게 전달되도록 하려면 마스크를 쓰고 일할 수 없는 상황, 장비 및 개인 정보 등의 문제로 재택근무가 어려운 여건이 복합적으로 작용하면서 근무지 한 곳에서 감염자 수가 순식간에 세 자릿수로 늘어났다.

재난은 평등하게 닥치지 않는다. 콜센터뿐이겠는가. 코로나19 팬데믹 상황은 사회 전체를 위험으로 몰아 갔는데, 특히 독거노인, 비정규직 노동자, 저소득층 등은 더욱 큰 위기에 내몰렸다. 안전과 예방을 위한 최소한의 조건조차 갖추기 어려운 곳일수록 재난은 더 빠르고 치명적으로 다가온다. 이것이 바로 **재난 불평등**이다.

감염병뿐이랴. 기후 위기 시대에는 해마다 여름이면 극심한 폭염이 찾아온다. 하늘의 태양은 누구에게나 공평할 것이니 폭염 또한 모두에게 똑같이 닥칠 것 같지만 실상은 그렇지 않다.

2018년 여름, 전국적으로 40℃에 육박하는 폭염이 지속되면서 열사병으로 인한 사망자가 발생했다. 어떤 사람들이 폭염으로 생명을 잃었을까? 사망자 다수는 야외 노동자, 열악한 곳에서 생활하는 저소득 독거노인, 냉방 시설이 부족하고 단열이 잘 되지 않아 더위에 취약한 쪽방·옥탑방 거주민이었다. 다른 나라의 사정도 이와 다르지 않다. 1995년의 기록적인 시카고 폭염은 700명 이상의 목숨을 앗아 갔는데,

냉방 시설을 갖추지 못한 흑인 저소득층 노인들이 집중적으로 피해를 입었다고 한다.

태풍이나 홍수, 화재 같은 자연재해가 발생할 때도 아파트 단지와 쪽방촌의 피해 규모와 복구 속도는 전혀 다르다. 재난 이후에도 정규직보다는 비정규직이 일자리를 잃을 가능성이 더 크다. 재난은 결코 평등하지 않다. 사회적 약자에게 '더 큰 고통'을 부과하는 구조임을 우리가 기억한다면 재난 예방이나 대응 과정에서도 사회적 취약 계층에 대한 특별한 고려를 할 수 있을 것이다.

불평등은 공간을 통해서도 나타난다. **공간 불평등**이란 '어떤 지역, 어떤 공간에 사느냐에 따라 누릴 수 있는 혜택과 기회, 삶의 질 자체가 달라지는 현상'을 뜻한다. 한밤중에 갑자기 아파서 병원에 가야 한다면? 대도시에 살고 있는 사람은 언제든 전문적인 의료 서비스를 제공하는 병원을 쉽게 찾을 수 있지만 농촌 지역에 살고 있다면 문제는 심각해진다. 어느 지역에 살고 있는가에 따라 생사가 엇갈릴 수 있다. 이런 문제는 의료뿐만 아니라 교육, 일자리, 문화, 교통 등 거의 모든 삶의 요소에도 똑같이 적용된다.

대학을 예로 들어 보자. 상위권 대학들은 대체로 서울에 있다. 서울에 살고 있는 학생이라면 부모님의 집에 살면서 통학을 할 수 있지만 수도권으로부터 먼 곳에 살고 있다면 서울 소재 대학에 합격했다고 무조건 기뻐할 수만은 없는 상황이 벌어진다. 집값 비싼 서울에서 살 곳을 구하는 일부터 추가 비용이 발생하기 때문이다.

기업, 행정 기관, 대학 등 '기회와 자원'이 서울과 수도권에 집중되면서 지방은 상대적으로 소외된다. 농촌에서는 젊은 층이 도시로 빠져나가고, 남은 주민들은 의료·복지·교육의 기회에서 계속 뒤처진다. 결과적으로 사는 곳이 곧 삶의 질을 결정하는 사회적 구조가 굳어진다. 서울이라고 해서 균질한 공간이 아니다. '달동네', '쪽방촌', '고시원', '비닐하우스 촌' 등 소외된 주거지는 오늘날에도 남아, 사회적 안전망에서 벗어나 있다.

사람의 건강 역시 결코 평등하게 보장되지 않는다. '건강을 잃으면 모든 것을 잃는다'라며 건강 관리의 중요성을 소리 높여 이야기하는 세상이지만 건강을 보살피는 일은 한 개인의 부지런함이나 마음 먹기 이상의 문제다.

얼마나 아픈지 병 이름 자체가 '아프다 아프다'인 병이 있다. 일본 도야마현 진즈강 유역 주민들이 통증과 뼈 손상, 신장 기능 저하 등의 증상을 호소하며 "이타이(痛い, 아프다)"라는 말을 반복했다. 정체를 알 수 없었던 이 병에는 '이타이이타이병'이라는 이름이 붙여졌다. 조사 결과 1910년대부터 지속적으로 방류된 광산 폐수 속 카드뮴에 중독되어 생겨난 병임이 밝혀졌다. 강물을 사용한 주민 수백 명이 고통을 받았으며 이로 인한 사망자는 128명에 달했다고 한다. 내가 살고 있는 곳이 이렇게 오염된 지역이라면? 개인의 노력으로 해결될 수 있는 문제가 아니다. 우리가 어디에서 태어났는지, 가정의 소득 수준은 어떠한지, 지역 사회에는 얼마나 의료·복지 시설이 갖춰졌는지 등이 평생의 건강 상태를 결정짓는 경우가 많다.

어린 시절부터 좋은 음식을 접하지 못하거나, 의료 정보를 얻기 어려운 환경에서 자랐다면 건강이 나빠질 확률이 높다. 소득이 낮을수록 건강 검진과 치료도 제때 받지 못하고, 어른이 돼서도 만성 질환이나 스트레스로 고통받는다. 건강을 위해 규칙적인 식사와 운동을 하고 싶지만 출퇴근에 많은 시간이 걸리고 긴 시간 노동을 해야 하거나 근무 시간 자체가 불규칙하다면 건강 관리를 실천에 옮기기는 어려울 것이다.

재난 불평등, 공간 불평등, 건강 불평등은 별개로 작동하는 것이 아니라, 서로 '악순환'의 고리를 형성한다. 지방의 소외된 공간에서 건강 취약 계층이 더 많아지고, 그들이 재난에 직면하면 보호받지 못한 채 피해가 커진다. 부모의 소득이나 학력, 거주 지역이 자식 세대의 꿈과 진로, 건강까지 좌우한다. 약자는 '노력하지 않아서'가 아니라, 자원이 구조적으로 불공평하게 분배돼서 더 약자가 된 것임을 이해할 때, 우리 사회는 불평등의 악순환을 끊을 수 있을 것이다.

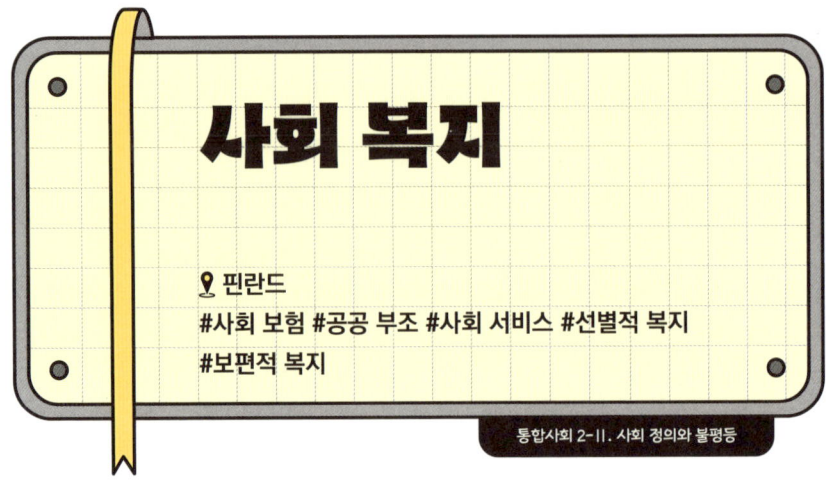

사회 복지

📍 핀란드
#사회 보험 #공공 부조 #사회 서비스 #선별적 복지
#보편적 복지

통합사회 2-Ⅱ. 사회 정의와 불평등

핀란드에서는 임신부 누구나 커다란 출산 패키지를 선물받는다. 출산 4개월 전에 전달되는 이 상자 안에는 배냇저고리와 다양한 크기의 아기 옷, 아기 이불, 체온계, 손톱깎이, 수유 패드, 유두 크림, 생리대, 콘돔 등 아기와 엄마를 위한 물건이 한가득 들어 있다. 상자를 받는 대신 출산 지원금(170유로, 한화 약 28만원)을 신청할 수도 있는데, 현금보다 출산 패키지를 선호하는 편이라고 한다. 시민들의 의견을 반영해 계속 선물을 업그레이드하기 때문에 선물을 받는 이들의 만족도가 높은 편인데, 재미있는 것은 선물을 담아 보내는 상자도 예사 상자가 아니라는 점이다. 상자 바닥에는 스펀지 패드가 깔려 있어 신생아의 요람으로 사용하기에 좋도록 제작되어 있다.

출산 패키지라는 재미있는 아이디어가 실행된 사정을 알아보려면 1938년으로 거슬러 올라가야 한다. 당시 핀란드

핀란드에서는 출산을 앞둔 모든 가정에 신생아와 산모를 위한 다양한 물품이 가득 든 '출산 패키지'를 보내 준다. 이 패키지 상자는 신생아를 위한 침대로 사용할 수 있다.

에서는 아이 1,000명 당 65명이 사망할 정도로 영유아 사망률이 높았다고 한다. 임신부가 조기에 의료진의 검진을 받도록 유도해 아이의 죽음을 막고자 출산 패키지를 지급하기 시작했다. 처음에는 저소득 가정에만 지급했지만 얼마 후 소득과 배경에 관계없이 모든 가정에 지급되는 것으로 바뀌어 현재까지 지속되고 있다. 아이를 입양한 가정에도, 핀란드 국적이 아닌 외국인에게도 똑같은 출산 패키지가 제공된다. "모든 아이는 자신의 배경과 관계없이 똑같은 출발을 보장받을 권리가 있다"라는 것이 이 제도의 밑바탕에 깔린 생각이다.

구성원 간의 격차가 커지고 사회 계층이 양극화되는 사회는 정의(→155쪽)의 원칙에서도 멀어질뿐더러 사회의 존립 자체를 위태롭게 만들 수도 있다. 자유방임주의로 인해 빈부 격차가 커지자 **대공황**이 발생해 사회 전체가 위험에 빠졌던 일을 떠올려 보라.(→186쪽) 대공황의 비극에서 교훈을 얻은 인류는 **사회 복지 제도**를 도입해 빈부 격차를 줄이고 모두가 살기 좋은 사회를 만들자는 아이디어를 현실에 구현하기 시작한다.

사회 복지 제도는 사회 구성원이 기본적 욕구를 충족하고 정상적인 생활을 할 수 있도록 사회적으로 지원하는 제도다. 〈대한민국헌법〉 제34조는 "모든 국민은 인간다운 생활을 할 권리를 가진다"라고 규정하고 있다. 이에 따라 다양한 사회 복지 제도가 운영되고 있다. 우리나라에서 시행하는 사회 복지 제도를 크게 사회 보험, 공공 부조, 사회 서비스로 나누어 알아보자.

사회 보험부터 살펴보자. 사회 보험은 '보험'이다. 보험이란 예상되는 위험이나 사고에 대비해 미리 돈을 모아 두었다가(보험료) 그 위험이나 사고가 현실에서 발생하면 약속된 금액(보험금)을 지급해 손해를 보상하는 제도다. 화재 보험에 가입하고 보험료를 납부하면 나중에 화재가 발생했을 때 지급되는 보험금으로 사고로 인한 손해를 메꾸도록 하는 구조를 생각해 보자. 화재가 발생하지 않으면 좋은 일이고, 화재가 발생하더라도 보험금을 받을 수 있으니 어느 정도 안

사회 보험
일정 수준의 소득이 있는 개인, 기업, 정부가 보험료를 분담해 사회 구성원에게 발생하는 질병이나 실업, 사고 등 사회적 위험에 대비하는 제도

심이 된다.

사회 보험 역시 예상되는 위험에 대비하기 위한 보험 제도다. 다만 '사회' 보험이라서 사보험과는 차이가 있다. 화재 보험 같은 사보험에 가입하는 것은 개인의 선택에 따른 문제이지만 사회 보험은 의무적으로 가입해야 하며 보험료는 소득과 재산에 따라 결정된다.

대표적인 사회 보험인 국민 건강 보험을 생각해 보자. 갑은 연봉 1억 원이며 건강 상태가 양호해서 병원에 갈 일이 거의 없다. 을의 연봉은 5,000만 원인데 거의 매주 병원에 간다. 둘 중 누가 더 많은 보험료를 내야 할까? 사회 보험은 둘의 건강 상태, 병원 이용 횟수를 고려하지 않고 오직 소득과 재산만으로 보험료를 산정한다. 얼마나 혜택을 받는가가 아니라 얼마나 부담할 수 있는 능력이 있는가를 기준으로 삼기 때문이다. 혜택도 없이 돈만 많이 내는 갑이 억울하지 않겠냐고? 그렇다면 되묻고 싶다. 보험료를 더 많이 내더라도 갑으로 사는 쪽이 더 좋지 않을까, 하고 말이다.

부유한 사람이 더 많은 돈을 내어 제도가 운영되기 때문에 사회 보험에는 소득 재분배 효과도 기대할 수 있다. 또한 보험료를 개인, 기업, 정부가 나누어 부담하기 때문에 개인의 부담은 줄어든다. 현재 우리나라에서 운영되는 사회 보험 제도에는 국민 건강 보험, 국민연금, 고용 보험, 산업 재해 보상 보험이 있다. 국민 건강 보험은 질병, 국민연금은 노령, 고용 보험은 실업, 산업 재해 보상 보험은 산업 재해라는 위험에 대비하기 위한 것이다.

보험료를 납부할 수 없을 정도로 빈곤한 사람들은 보험료를 내지 못했으니 혜택을 받지 못하는 걸까? 이런 사람들을 위한 사회 복지 제도로 **공공 부조**가 있다. '부조'라는 말은 들어 본 적이 있을 것이다. 결혼식이나 장례식에 참석하는 사람들은 '부조금'을 낸다. 결혼이나 장례는 돈이 많이 드는 일이니 서로 조금씩 돈을 내어 부담을 덜어 주자는 취지에서 생긴 관습이다. 결혼이나 장례에 대한 부조는 개인적으로 이루어지지만 '공공 부조'는 공적으로 이루어진다. 정부가 직접 어려운 사람들을 지원하는 제도다. 우리나라에서 시행되는 공공 부조에는 국민 기초 생활 보장 제도, 의료 급여, 기초 연금이 있다. 세금을 재원으로 하고 대상자로 선정된 사람은 무상으로 혜택을 제공받는다.

사회 보험과 공공 부조는 모두 금전의 형태로 지급하는 사회 복지 제도인데, **사회 서비스**는 상담, 재활, 돌봄, 정보 제공, 관련 시설 이용, 사회 참여 지원 등 '비금전적 혜택'을 제공하는 제도다. 핀란드의 출산 패키지는 사회 복지 제도 중 사회 서비스에 해당한다.

다시 핀란드 출산 패키지로 돌아가 보자. 이 제도는 처음에는 저소득 가정에만 제공되는 서비스로 출발했다가 현재는 태어나는 모든 아이를 위한 서비스로 바뀌었다. 즉 선별적 복지에서 보편적 복지로 변화한 것이다.

소득이나 재산 등을 기준으로 혜택을 받는 대상을 한정하는 것을 **선별적 복지**, 모든 이를 대상으로 하는 것을 **보편적 복지**라고 한다. 선별적 복지는 대상을 명확히 해 꼭 필요한 사람에게 혜택을 줌으로써 예산을 절감하는 효과가 있지만 대상자 선별 과정에서 추가 비용이 발생한다는 점, 복지 대상자에게 '가난한 사람'이라는 낙인을 찍을 수 있다는 점이 문제가 된다.

반면 보편적 복지는 대상자 선별 과정이 없다는 점에서 선별적 복지의 문제점을 보완할 수 있지만 여유 있는 사람들에게까지 혜택을 제공해 불필요한 곳에 예산이 쓰일 수 있다는 비판을 받기도 한다. 현재 모든 초·중·고등학교 학생들에게 무상 급식✓을 제공하는 정책은 대표적인 보편적 복지라고 할 수 있다.

무상 급식
산업 혁명 시기 영국에서 저소득층 아동들의 영양 개선을 위해 처음 도입됐다. 우리나라에서는 2014년부터 전국 초·중·고등학교에서 모든 학생을 대상으로 무상 급식을 실시하고 있다.

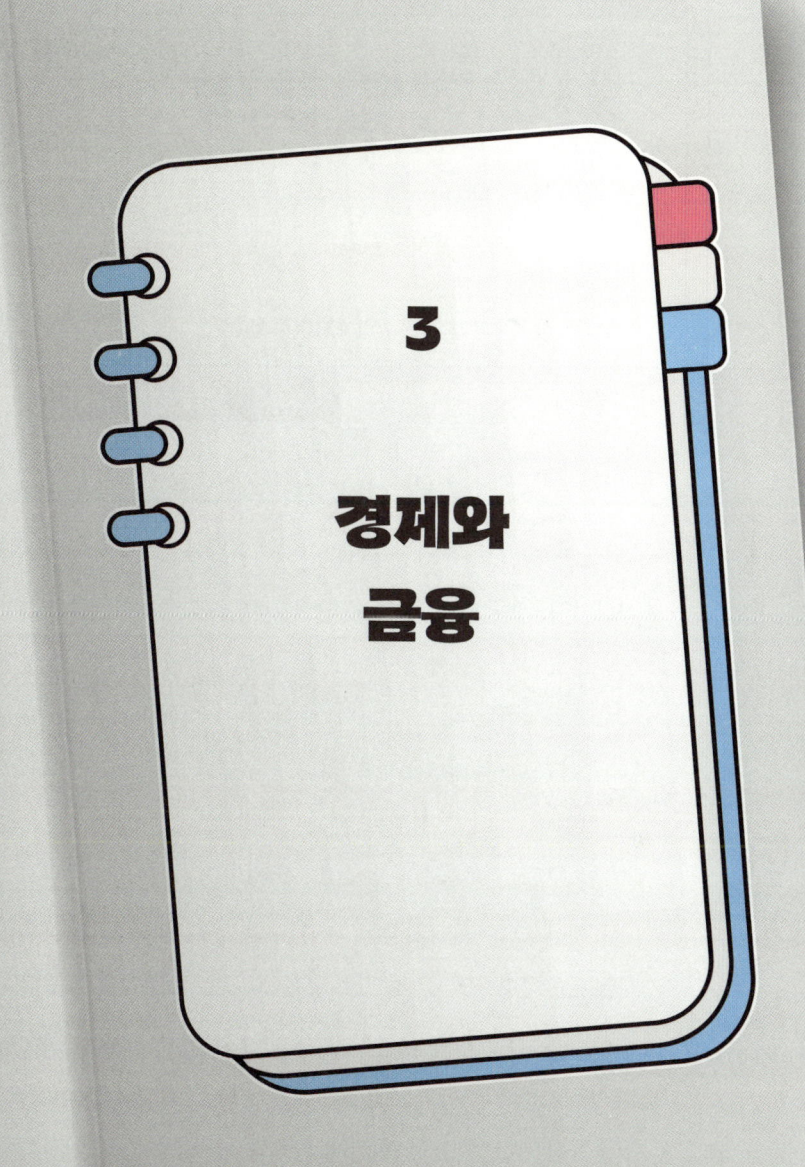

3

경제와
금융

인상파 화가로 유명한 클로드 모네의 〈아르장퇴유의 다리〉를 보자. 파란 하늘과 더 파란 강물이 조화를 이룬 아름다운 그림에 감탄이 절로 나온다. 그런데 그림을 자세히 들여다보고 있노라면 의문이 든다. 강물이 이 정도까지 파랄 일인가? 이건 좀 부자연스럽지 않나?

그런데 기이할 정도로 새파랗게 표현된 강물은 당시 센강의 모습을 사실적으로 그린 것이라고 한다. 알고 보니 당시 센강 주변에는 염색 공장이 많았는데, 염색 과정에서 발생하는 폐수를 곧장 강으로 방류해서 물 색깔이 새파랬다는 것이다. 곧이어 또 다른 의문이 든다. 그렇게 기업이 폐수를 강물에 흘려보내는 동안 정부는 뭘 하고 있었을까? 결론부터 말하자면 당시 정부는 아무 일도 하지 않았다. 환경 오염을 방지하기 위해 기업의 활동을 규제하는 일은 정부의 역할이라고 생각하지 않았기 때문이다.

클로드 모네, 〈아르장퇴유의 다리(Le Pont d'Argenteuil)〉, 1874

　이 같은 일이 벌어질 수 있었던 이유는 그 당시 세상을 지배하는 중심적 가치가 **자유방임주의**였기 때문이다. 방임이란 '내버려두다'라는 뜻이니 온 세상이 자유롭게 내버려둔다는 뜻일까? 사람들은 모든 면에서 자유로웠을까? 누가 누구를 내버려둔다는 뜻일까?

　자유방임주의란 정부가 시장을 내버려둔다는 뜻이다. 정확히 말하자면 '시장에 대한 국가의 개입을 최소한으로 제한하고 개인의 경제적 자유를 최대한으로 보장하려는 경제 사상 및 정책'을 자유방임주의라고 한다. 21세기를 살아가는 우리의 눈으로 보면 강물의 색깔이 바뀔 정도로 폐수를 무단 방류하고 있는데도 개인의 경제적 자유를 최대한 보장한다고 정부가 아무런 규제나 조치를 취하지 않는 것이 납득되지 않지만, 자유방임주의 시대에는 상식적인 일이었다.

시민 혁명(→114쪽)과 산업 혁명 이후 등장한 새로운 사회는 산업 자본가(부르주아)의 요구를 적극 반영한 법과 제도와 정책을 갖추어 나갔다. 산업 자본가들은 왕이나 귀족에게 부여되는 각종 특권이 공정한 경쟁을 가로막아 산업 발전에 방해가 된다고 주장했다. 예를 들어, 영국의 〈곡물법〉은 영국의 밀 생산업자를 보호하기 위해 해외의 값싼 밀을 수입하는 것을 금지했다. 도시에서 공장을 경영하는 산업 자본가들의 입장에서 보면 밀 값이 오르면 임금이 오르고 (아무리 임금을 깎아도 굶어 죽지 않을 만큼을 주어야 하니까), 그러면 제품의 단가가 올라가 경쟁에서 불리해진다. 그런데도 정부는 지주들(밀 생산을 하려면 땅을 가지고 있어야 하고, 대지주들은 대체로 귀족이다)의 이익을 보호하기 위해 국내 소비자들에게 비싼 값을 주고서라도 밀을 사 먹으라고 강요하는 상황이었다. 산업 자본가들은 〈곡물법〉 폐지를 주장하고 나섰고, 오랜 격돌 끝에 1846년 〈곡물법〉이 폐지된다.

시민 혁명과 산업 혁명 과정에서 부르주아들이 일관되게 요구했던 것은 누구의 간섭도 없이 이윤을 추구할 '경제 활동의 자유'였으니 시민 혁명과 산업 혁명의 결과 탄생한 근대의 정부가 개인의 경제적 자유를 최대한 보장하는 자유방임주의를 표방한 것은 자연스러운 귀결이라 할 수 있다. 애덤 스미스가 저서《국부론》에서 '**보이지 않는 손**'이 있어 시장을 조화롭게 움직이게 해 줄 것이라고 주장한 것이 자유방임주의자들의 주장에 확고한 이론적 근거가 돼 주었다. '보이지 않는 손'이란 시장 가격을 말한다. 즉 모든 수요와 공급의 문제가 시장에서 형성된 시장 가격에 따라 조화롭게 해결될 것이니 정부의 개입은 불필요하다는 것이다. 이런 정부를 '작은 정부'라고 한다(그렇다면 '큰 정부'도 있을까? 있다. 이 책의 188쪽을 보면 되겠다).

자유방임주의 시대의 작은 정부는 치안과 국방을 유지하는 일만을 담당하고 다른 모든 것은 시장에 맡긴 셈이었는데, 도둑 잡는 것 말고는 할 일이 없는 정부라는 뜻에서 '야경국가(夜警國家)'라고 부르기도 한다. 그런데 이는 비웃음이 담겨 있어 중립적인 용어라고는 볼 수 없다.

정부가 불필요한 간섭을 멈추자 시장은 번성하고 경제는 성장했다. 이런 식으로 성장을 계속한다면 모두가 물질적 풍요를 누리는 날이 멀지 않을 것이라는 기대감도 생겨났다. 하지만 경제는 그렇게 단순하게 작동하지 않는다. 작은 정부와 자유방임주의는 여러 문제를 낳기 시작했다.

대표적인 문제가 갈수록 악화되는 노동자들의 처지였다. 그 시대에는 최저 임금제가 없었다. 자유방임주의에 따르면, 노동자가 노동을 제공하면 자본가는 그 대가로 임금을 지급하는 계약이 노동자와 자본가 사이에 아무런 강압도 없이 자유로운 의사의 합치로 체결됐다면 그 내용이 어떻든 정부가 개입할 이유는 없다. 농촌에서는 원래 살던 농민들을 몰아내는 토지 개혁이 단행되고 있었고, 땅을 빼앗긴 농민들은 먹고살기 위해 도시로 몰려들었다. 당장 굶어 죽을 위기 상황에서는 아무리 가혹한 노동 조건이라 하더라도 받아들일 수밖에 없었을 것이다.

정부의 간섭 없이 '자유로운' 계약을 맺은 결과 어떤 일이 벌어졌을까? 영국에서 1833년 아동 노동 실태 조사에 따르면 당시 산업 시설에서 일하는 10세 이하 어린이의 비율이 면직 공장은 35%, 견직 공장은 46%에 이르렀다. 심지어 6세 아동이 방적 공장 등에서 일하는 경우도 있었고, 하루에 12~16시간 노동이 일반적이었다고 한다. 19세기 중반 멘체스터 노동자의 평균 수명은 약 17~20세에 불과했는데, 같은 시기 상류층의 수명이 평균 35~45세 수준이었던 것과 비교해 보면 당시 도시 노동자의 삶이 얼마나 가혹했는지 짐작할 수 있다. 게다가 당시 도시 빈민가의 유아 사망률은 50%가 넘었다고 한다. 자유방임주의에는 커다란 문제가 도사리고 있는 것이 분명해 보인다.

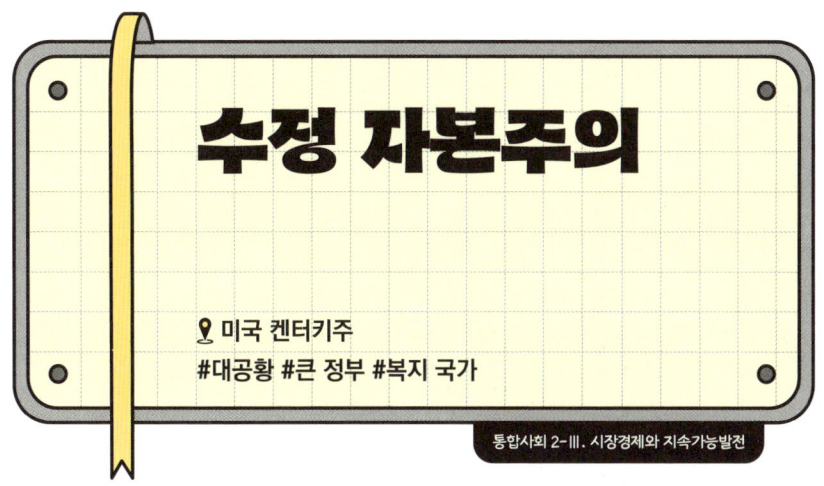

수정 자본주의

미국 켄터키주

#대공황 #큰 정부 #복지 국가

통합사회 2-Ⅲ. 시장경제와 지속가능발전

'켄터키' 하면 치킨과 흰 수염 할아버지가 떠오를 수 있지만, 여기선 조금 다른 이야기를 해 보자. 켄터키의 산간 지역에는 말을 타고 책을 배달하던 '말 탄 사서들'이 있었다. 1913년 지역 유지의 후원으로 시작됐다가 지속되지 못했던 이 일은, 1935년부터는 정부가 예산과 인력을 지원하면서 본격적으로 진행됐다. 대부분 여성이 맡았기 때문에 이들은 '북 우먼(book women)'이라고 불렸다.

험한 길을 말을 타고 다니는 일이 쉽지 않았지만, 당시엔 일자리가 귀했고 특히 여성이 월급 받으며 당당하게 일할 기회가 드물어서 북 우먼들은 자부심을 가졌다. 책을 접하기 어려운 산골 마을 사람들에게 이들의 방문은 반가운 일이었고, 책을 읽기 위해 글을 배우고, 책을 통해 새로운 꿈을 꾸는 사람들도 생겼다. 마치 한 편의 동화 같지만, 실제로 있었던 일이다. 그런데 이런 일이 어떻게 가능했을까?

말을 타고 애팔래치아산맥의 외딴 지역에 책을 배달한 사서들. 북 우먼(book women), 길마 사서(packsaddle librarians) 등 다양한 별명으로 불렸다. 이들은 뉴딜 정책의 일환으로 설립된 공공사업진흥국(WPA)으로부터 급여를 받았다.

1929년, 미국 뉴욕 월 스트리트의 증권 시장에서 주가가 폭락하면서 전 세계가 깊은 불황에 빠졌다. 바로 **대공황**(Great Depression)이다. 이때 '공황'이라는 말은 단순한 경제 용어가 아니라 실직, 굶주림, 불안과 같은 삶의 절망을 그대로 담고 있었다. 미국에서는 1933년 실업률이 25%까지 올라갔고, 수많은 사람이 일자리를 잃고 길거리로 내몰렸다. 사람들은 이구동성으로 이렇게 물었다. "이게 자유방임 자본주의가 약속했던 번영이 맞아?"

그도 그럴 것이 당시 서구 국가 대부분은 시장의 자율 조절을 믿는 **자유방임주의**를 따르고 있었기 때문이다. 정부가 경제에 개입하지 않고 시장에 맡기는 방식이었다.

이런 체제는 부자와 가난한 사람의 격차를 키웠고, 생산량은 늘어났지만 노동자의 임금은 그대로였다. 사람들은 돈이 없어 물건을 사지 못했고, 기업들은 재고가 쌓이면서 무너졌다. 주식 시장도 과도한 투기와 부채로 부풀었다가 결국 붕괴했다.

이런 상황에서 등장한 인물이 바로 경제학자 존 메이너드 케인스다. 그는 "시장이 알아서 회복할 거라는 믿음은 틀렸다"라고 주장했다. 정부가 직접 나서서 일자리를 만들고, 소비를 늘리도록 도와야 한다는 것이었다. 그의 논리는 이렇다.

경제가 침체되면 사람들은 소비를 줄인다.
→ 소비가 줄면 기업은 물건을 팔지 못해 생산을 줄이고 해고를 한다.
→ 해고된 사람들은 소비하지 못하게 되고, 경기는 더 나빠진다.

이 악순환을 끊으려면 정부가 돈을 써야 한다. 예를 들어 도로, 댐, 공원 등을 짓는 공공사업을 벌여 일자리를 만들고, 사람들이 다시 소비할 수 있도록 해야 한다는 것이다.

정부가 일자리를 만들어 사람들에게 돈을 준다.
→ 소득이 생긴 사람들이 돈을 쓴다.
→ 소비가 늘어나자 기업이 살아나고 일자리가 늘어난다.

→ 소비가 더 늘어나고, 경기가 더 좋아지고, 일자리가 더 늘어
    나고….

이렇게 정부가 시장에 직접 개입하는 방식은 자유방임 자
본주의와는 다르기 때문에 자본주의의 기본 원리를 수정했
다는 의미에서 **수정 자본주의(Mixed Economy)**라고 불린다.
그리고 치안과 국방만 담당하던 자유방임주의 시절에 비해
정부가 할 일이 많아졌기 때문에 '큰 정부'라고 부르기도 한
다(그렇다면 자유방임주의 시절의 정부는 뭐라고 부를까? 작은 정부다).

케인스의 아이디어는 미국 대통령 프랭클린 D. 루스벨트
의 '뉴딜(New Deal)' 정책으로 이어졌다. 그는 대규모 공공사
업을 추진해 실업자들에게 일자리를 제공했다. 뉴딜은 단
순히 건설 사업만이 아니라 문화, 예술, 교육을 포함한 삶의
질을 높이는 정책도 함께 이뤄졌다. 앞서 소개한 북 우먼의
책 배달 사업도 뉴딜의 일환이었다.

뉴딜은 단기적인 경기 회복과 더불어 사회 전체의 구조를
바꾸는 계기가 됐다. "경제는 더 이상 개인만의 문제가 아니
다"라는 인식이 퍼졌고, 공동체가 함께 살아야 한다는 연대
감이 강화됐다. 이후 제2차 세계 대전을 겪으면서 사람들은
더 절실히 느꼈다. 단지 경쟁만으로는 공정한 사회가 만들
어지지 않는다는 것을. 전쟁이 끝난 뒤, 많은 나라가 '복지
국가(Welfare State)'에 대해 고민하게 된 배경이다.

복지 국가는 단지 가난한 사람을 도와주는 제도가 아니
다. 모든 국민이 최소한 인간답게 살 수 있도록 교육, 의료,

주거, 실업, 노후 같은 영역에서 기본적 권리를 보장하는 시스템이다. "열심히만 하면 성공할 수 있다"라는 말은 멋있지만, 현실은 그렇지 않다. 기회 자체가 불평등하기 때문이다.

오늘날 한국 사회도 마찬가지다. 청년 실업, 노인 빈곤, 교육 기회의 격차 같은 문제는 개인의 노력 부족 때문이 아니라 사회 시스템의 문제에서 비롯된 경우가 많다. 뉴딜과 복지 국가, 이 모든 제도는 위기의 순간에 사람들이 고민하고 싸우며 조금씩 만들어 낸 결과다. 지금 우리가 사는 사회 역시 완성된 게 아니라 더 나은 방향으로 나아가는 과정 중에 있다는 사실을 잊지 말아야 한다.

혹시 지금도 켄터키에 가면 말을 탄 사서들을 만날 수 있을까? 책 배달 프로젝트는 1943년에 중단됐다. 제2차 세계 대전을 치르느라 정부의 예산이 부족했기 때문이다. 1950년이 돼서야 프로젝트가 재개됐다. 하지만 이번에는 말이 아니라 자동차로 책을 배달하는 '이동 도서관'으로 바뀌었다.

2000년 볼리비아의 코차밤바 시민들이 거리로 쏟아져 나왔다. 시민들의 요구는 물을 쓰게 해 달라는 것이었다. 시위대에 맞서 경찰은 고무탄과 최루탄을 쏘며 강제 진압에 나섰고, 정부는 계엄령을 선포했다. 시위는 더욱 거세졌다. 시민과 정부 사이에 물을 둘러싼 격렬한 대립이 1년 넘게 이어지면서 17세 소년을 포함해 여섯 명이 숨지고 175명이 다쳤다. 이른바 '코차밤바 물 전쟁'이다.

왜 이런 일이 벌어졌을까? 1982년, 110년 넘게 이어진 군부 통치를 끝낸 볼리비아에 민간 정부가 들어섰지만, 심각한 경제적 어려움에 직면했다. 세계은행으로부터 돈을 빌렸는데, 차관이 만기되는 1995년에도 돈을 갚을 방법이 없자 볼리비아 정부는 세계은행에 차관을 추가로 요청한다. 세계은행은 차관을 제공하는 대가로 코차밤바의 상수도에 대한 민영화를 강력하게 요구했다.

2000년 4월, 식수 공급 민영화에 반대하는 코차밤바 시민들이 시위를 벌였다.

볼리비아 정부는 수도 민영화 절차를 추진했다. 볼리비아 제3의 도시인 코차밤바의 물도 기업에 넘기기 위한 수순을 밟았다. 영국, 이탈리아, 미국 등지의 기업들로 구성된 '아구아스델투나리(Aguas del Tunari)' 컨소시엄이 코차밤바의 상하수도를 40여 년 동안 운영할 권리를 따냈다.

아구아스델투나리는 코차밤바의 모든 물에 대한 소유권을 주장하며 시냇물과 강물, 마을 공동 우물을 개인이 쓰지 못하게 하고, 빗물을 모으는 것도 금지했다. 그 결과 물값이 300%나 치솟았고, 수도 요금을 내지 못하는 이들이 늘었다.

아구아스델투나리는 수도 요금을 내지 않은 가정과 농지에 물 공급을 끊었다. 코차밤바 시민들이 거리로 나와 시위를 벌인 사정이다.

코차밤바 물 전쟁을 제대로 이해하려면 세계 경제의 흐름을 알아야 한다. 제2차 세계 대전이 끝난 후, 세계 경제는 엄청난 성장을 거두며 대량 생산, 대량 소비의 시대가 열렸다. 이렇게 계속 번영의 길로 가는 줄로만 믿고 있던 때에 전 세계를 깜짝 놀라게 한 사건이 발생한다. 1973년 이스라엘과 미국의 관계✔에 불만을 품은 중동의 석유 생산국들이 뜻을 모아 석유 수출을 줄이고 가격을 올리기로 결정한 것이다. 바로 제1차 석유 파동(Oil Shock)이다. 갑자기 석유 공급이 줄어드니 석유 값이 폭등했고, 그 여파로 모든 분야의 물가가 치솟았다.

엎친 데 덮친 격으로 당시 세계적으로 경기 침체 국면이었기 때문에 경제학의 중요한 공식이 무너지게 되었다. 이른바 "경기가 나쁘면 물가는 내려가고, 경기가 좋으면 물가는 오른다"는 것이다. 이 논리에 따라 정부는 경기가 나쁠 땐 돈을 풀고(재정 지출), 금리를 낮춰(통화량 증가) 소비와 투자를 촉진해 경기 활성화를 꾀하지만 석유 파동 이후 이 공식이 통하지 않는다. 경기 침체(stagnation)와 물가 상승(inflation)이 동시에 나타나는 현상을 **스태그플레이션(stagflation)**이 발생했기 때문이다.

수정 자본주의의 등장 이후 정부의 시장 개입을 신뢰하던 사람들은 혼란에 빠졌다. 정부의 개입이 시장의 문제를 해결하지 못하는 사태가 발생했기 때문이다. 경기를 활성화하려고 돈을 푸니 물가만 더 오르고, 물가를 잡으려고 돈줄을 묶으니 경기가 나빠졌다.

대공황을 겪으며 시장이 제 역할을 못 하니 정부가 적극 개입해야 한다고 생각했는데, 이제는 정부 개입이 오히려 비효율과 낭비를 불러왔다는 비판이 커졌다. 공기업의 비효율, 지나치게 비대한 관료 조직, 과도한 세금 등이 문제로 지적됐다. 이 과정에서 사람들은 질문하기 시작했다. "정말 정부가 모든 것을 해결해 줄 수 있을까?" "오히려 시장에 더 맡겨야 하는 것이 아닐까?" 이런 흐름 속에서 자유방임주의가 다시 소환됐고, 우여곡절 끝에 다시 등장한 자유방임주의를 **신자유주의**(Neoliberalism)라 한다. 신자유주의는 이름에서 알 수 있듯이, 시장과 경제 활동의 자유를 강조하는 새로운 형태의 자유주의다.

신자유주의는 첫째, 정부는 개입을 최소화해야 한다, 둘째, 공기업은 민영화하고, 규제는 철폐해야 한다, 셋째, 국경을 넘어 자본과 상품이 자유롭게 이동해야 한다고 주장하며 현실에서 힘을 확대하기 시작한다. 신자유주의의 대표적인 인물은 로널드 레이건 미국 대통령과 마거릿 대처 영국 수상으로, 이들은 1980년대부터 본격적으로 신자유주의 정책을 펼쳤다. 이들의 이름을 따서 미국의 신자유주의 정책을 레이거노믹스, 영국의 신자유주의 정책을 대처리즘이라고 부르기도 한다.

신자유주의는 처음에 효과가 있는 듯 보였다. 인플레이션이 잡히고, 기업의 효율성이 높아졌으며, 일부 국가들은 성장세를 회복했다. 하지만 시간이 지날수록 부작용이 나타났다. 복지가 축소되면서 서민들의 삶은 더 어려워졌고, 소득 격차는 심해졌으며, 실업과 비정규직♥ 문제가 커졌다. 그리고 코차밤바의 물 전쟁처럼 선진국의 다국적 기업들이 민영화를 빌미로 제3세계 국가의 삶을 도탄에 빠뜨리는 일도 생겨났다. 그리고 2008년, 세계 금융 위기가 터지면서 신자유주의의 한계가 다시 주목받게 된다. '완전한 시장'이란 없다는 것, 그리고 정부의 역할도 여전히 필요하다는 점이 다시 부각된 것이다.

코차밤바 물 전쟁은 어떻게 끝났을까? 볼리비아 정부가 아구아스텔투나리가 가지고 있던 상하수도 운영권을 박탈하자 기업은 국제 투자 분쟁 해결 센터(ICSID)에 볼리비아 정부를 상대로 일방적 계약 파기의 손해 배상을 명목으로 2,600만 달러(한화 약 360억 원)의 소송을 걸었다. 그러나 민영화로 이득을 보려는 기업에 대한 세계적인 반발의 영향으로 2006년 1월 볼리비아 정부가 컨소시엄에 2볼(한화 약 400원!)을 물어 주기로 합의하며 종결됐다고 한다.

비정규직
정규직과 대비되는 개념으로, 고용 형태는 고용 계약 기간이 정해져 있거나, 근로 시간이 짧거나, 파견 형태로 근무하는 등 다양하다.

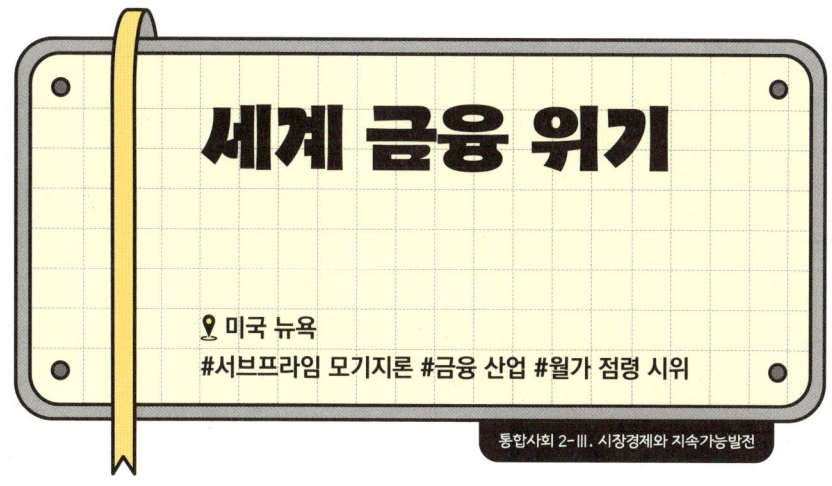

세계 금융 위기

📍 미국 뉴욕

#서브프라임 모기지론 #금융 산업 #월가 점령 시위

2008년, 미국에서 시작된 금융 위기는 전 세계를 충격에 빠뜨렸다. 세계 여러 나라의 주식 시장이 폭락했고, 수많은 기업이 문을 닫았으며, 많은 사람이 일자리를 잃고 집을 잃었다. 문제는 왜 이런 일이 일어났는지 이해하기가 정말 어려운 사건이었다는 것. 뉴스에서는 연일 '서브프라임 모기지론'이라는 생소한 단어가 들려왔는데, 지금까지의 경제 상식으로는 도무지 이해할 수가 없는 말이었다. 그로부터 3년 뒤, 미국 뉴욕에서는 '월가를 점령하라(Occupy Wall Street)'라는 시위가 일어난다. 2008년 금융 위기와 2011년 월가 점령 시위는 어떤 관계가 있는 걸까?

2000년대 초반, 미국에서는 "집을 사면 무조건 돈을 번다"라는 믿음이 퍼져 있었다. 집값은 해마다 올랐고, 사람들은 대출을 받아 집을 샀다. 은행은 원래 '모기지'라는 주택 담보 대출을 해 주는데, 당시엔 신용이 나쁜 사람(서브프라임✔️)

서브프라임(subprime)
접두사 서브(sub-)는 '기준보다 아래'라는 뜻이고, 프라임(prime)은 최고 등급 대출자를 가리킨다. 즉 서브프라임이란 수입이 일정하지 않거나 자산이 적은 저신용자를 뜻한다.

2011년 월가 점령 시위. 1%가 세상의 부를 지배하는 세상에 분노한 시민들이 월 스트리트를 점령하고 시위를 벌였다.

들에게도 대출을 해 주었다. 이런 대출을 **서브프라임 모기지 (subprime mortgage)**라고 부른다. 은행 입장에서는 원칙대로라면 신용 등급이 낮은 사람에게는 대출해 줄 수 없었지만, 정부의 대출 규제는 느슨해진 상태였고, 집값은 매일매일 오르는 중이니 영업 이익을 늘리기 위해 무리하게 대출을 해 주어도 위험할 일은 없을 것이라 생각했을 테다. 서브프라임들이 대출 이자를 못 내면 담보로 잡아 둔 집을 팔아서 해결하면 될 테니까 말이다.

은행과 금융 회사 들은 매달 꼬박꼬박 들어오는 대출 이자만으로는 성에 차지 않았다. 더 빨리, 더 많은 돈을 벌 방법은 없을까? 누군가가 새로운 금융 상품(→218쪽)을 고안했다. 이 대출을 묶어서 'MBS(주택 저당 증권)'라는 금융 상품으로 만들고, 그것을 투자자들에게 팔았다. 이 금융 상품을 묶어 다시 새로운 금융 상품을 만들고, 그것들을 엮어서 또 새로운 상품을 만들어 냈다. 보통 사람들이 보면 이름도 어렵고 원리도 이해되지 않지만, '왠지 돈이 될 것 같은' 금융 상품들이 쏟아져 나왔다. 예전 같으면 이런 상품들은 금융 산업을 감시하는 정부의 규제에 저촉되지만, 이제는 규제가 느슨해졌으니 문제가 아니었다.

투자자들은 집값이 계속 오르니까 안전한 투자라고 믿고 공격적인 투자를 감행했다. 여기엔 세계적인 투자 은행들도 참여했고, 신용 평가사들도 이 상품에 높은 점수를 줬다. 이 과정에서 수많은 금융 기관이 복잡하게 얽혀 누가 돈을 빌려줬는지, 누가 투자했는지, 책임이 누구인지조차 명확하지 않은 상황이 되었다.

그런데 어느 순간 거짓말처럼 미국의 집값이 하락하고 경기가 나빠졌다. 서브프라임 대출을 받은 사람들이 대출금을 갚지 못하게 되었고, 은행은 집을 압류해서 팔려고 했지만, 그사이 집값이 크게 떨어졌기 때문에 팔아도 빌려준 돈을 회수할 수 없는 상황이 되었다. 쉽게 말하자면 10억짜리 집에 8억을 대출해 주었는데, 그사이 집값이 떨어져 5억이 돼 버렸다는 뜻이다.

이때부터 은행도, 투자자도, 기업도 도미노처럼 순식간에 무너져 내렸다. 대형 투자 은행 '리먼 브라더스(Lehman

Brothers)'의 파산을 시작으로 미국과 유럽의 여러 금융 기관이 줄줄이 위기에 빠졌으며 우리나라도 미국 발 금융 위기의 여파로 큰 어려움을 겪었다. 기업은 투자를 줄였고, 일자리는 급격히 줄어들었다. 대공황이 무색할 정도로 무시무시한 경제 위기가 닥쳤다.

왜 이런 일이 벌어졌을까? 당시 미국은 '규제를 최소화하고 시장에 맡기자'라는 신자유주의(→190쪽) 정책을 오랫동안 유지해 왔다. 금융 회사들은 높은 수익을 올리는 대신, 투명성과 안정성을 포기했다. 정부는 위험한 금융 상품에도 눈을 감았다. 정부의 규제가 무너지면서 수익은 소수에게 집중되고, 위험은 전 세계로 확산됐다.

사람들은 분노했다. 특히 젊은이들과 서민들은 납득할 수가 없었다. "왜 우리만 고통을 겪어야 하는가?" 미국 정부는 금융 기관을 살리고자 수천억 달러의 세금을 투입했다. 대형 은행은 구제 금융을 받고 살아났지만, 서민과 실직자 들은 어떤 도움도 받지 못한 채 고통 속에 방치됐다. 서브프라임 대출을 받은 개인들도 책임이 없다고는 할 수 없지만, 문제의 본질은 탐욕에 눈먼 금융 회사와 이를 제대로 감시하지 못한 정부와 규제 기관에 있는 것 아닌가? 돈을 더 많이 벌려고 위험한 상품을 계속 만들고 팔았던 금융 회사들, 그리고 이를 제재하지 않은 정책 입안자들은 왜 책임지지 않는가? 이때부터 '99% 대 1%'라는 말이 퍼지기 시작했다. 이 말은 1%의 부유한 사람들과 99%의 평범한 사람들이 얼마나 다른 삶을 사는지를 잘 보여 준다.

월 스트리트
미국 뉴욕시 맨해튼에
있는 거리로, 뉴욕 증
권 거래소를 비롯한 여
러 금융 기관이 모여
있다. '월가(Wall街)'
라고도 불린다.

2011년 가을, 뉴욕의 월 스트리트✔ 근처에서 시민들이 모여 시위를 시작했다. 이들은 "우리는 99%다(We are the 99%)"를 외치며 부의 불평등과 금융 자본의 탐욕에 맞설 것을 선언했다. 시위는 뉴욕을 넘어 전 세계로 번졌다. 런던, 파리, 서울에서도 비슷한 목소리가 울려 퍼졌다. **월가 점령 시위**는 오늘날 자본주의가 제대로 작동하고 있는가를 질문한다. 청년 실업, 비싼 등록금, 치솟는 집값, 사라진 일자리, 부동산 가격, 불안한 미래…. 이 모든 문제는 '돈'을 전부로 여기는 세상 때문이 아닐까? 월가 점령 시위는 시간이 지나며 점점 사그라들었지만, 시위대가 세상에 던진 질문은 지금도 유효하다.

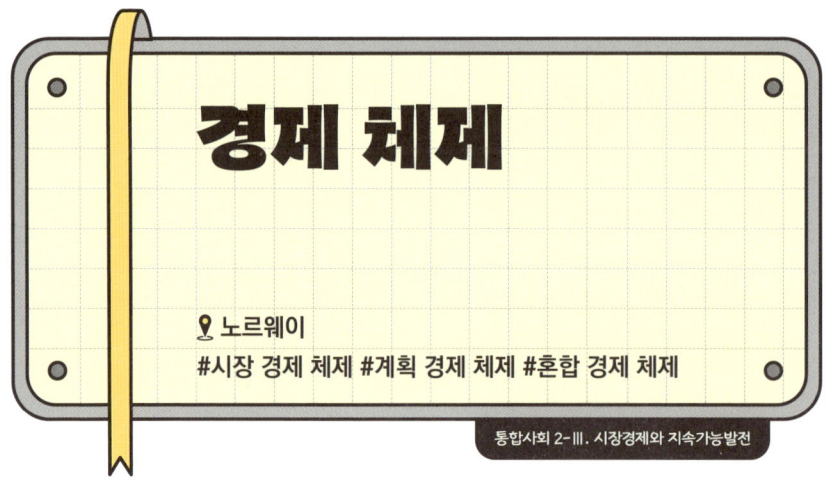

경제 체제

북유럽 복지 국가들의 이야기를 들으면 깜짝 놀랄 때가 있다. 노르웨이에서는 의료비 걱정을 거의 하지 않아도 된다. 국민 모두에게 공공 의료가 제공되기 때문인데, 병원에 가서 진료를 받거나 수술을 하더라도 비용 대부분을 국가가 부담한다. 물론 모든 진료가 완전히 무료는 아니고, 소액의 진료비는 개인이 부담하지만, 일정 금액 이상이 되면 그해 나머지 의료비는 국가가 100% 부담하는 것이다. 이걸 '프리카드(frikort)' 제도라고 부른다.

예를 들어, 한 사람이 감기나 허리 통증 등으로 병원에 여러 번 갔고 진료비가 누적돼 3,000크로네(한화 약 40만 원)를 넘었다고 해 보자. 그 순간부터 해당 연도의 진료비, 약값, 검사비 등은 모두 무료다. 노르웨이 사람들은 아플 때 병원비 때문에 망설이지 않을 것이고, 이는 조기 진단과 치료로 이어져 건강한 삶을 유지하는 데에도 도움이 될 것이다. 노

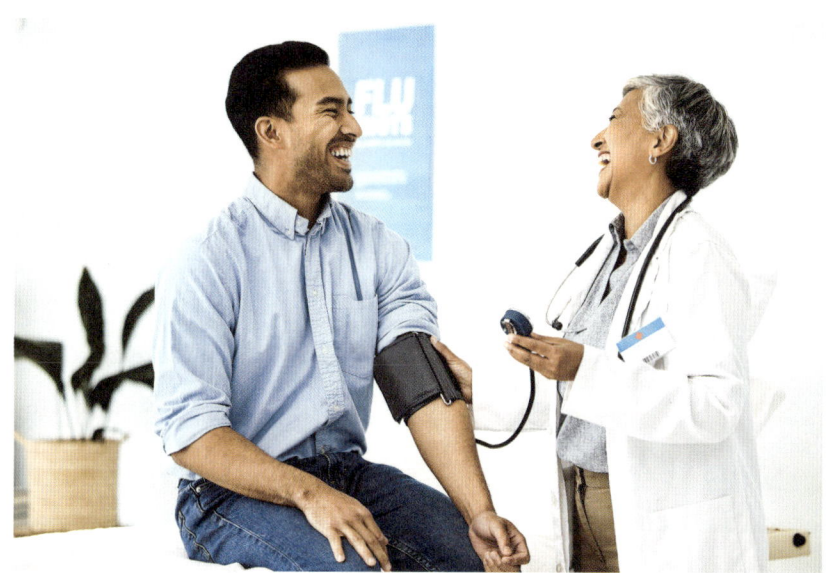

노르웨이에서는 모두가 의료비 지원을 받는다.

르웨이의 복지 제도는 의료 정책에만 머물지 않는다. 대학까지 무상 교육이고, 연금이 보장되고…. 정말 꿈같은 일 아닌가. 이런 생각을 하다 보면 노르웨이 사람들이 엄청 부러워진다.

어떻게 이런 제도가 유지될 수 있을까? 풍부한 천연가스로 상당한 수익을 얻는 덕분이기도 하지만, 노르웨이 복지제도를 가능하게 하는 토대는 시민들이 부담하는 높은 세금이다. 노르웨이 시민들은 기본 32%의 소득세를 부담하며, 연 소득이 약 6,800만 원을 초과하면 세율은 52%로 올라간다. 7,000만 원을 벌면 3,500만 원이 세금이라는 뜻이다. 대한민국의 소득세가 최소 6.6%이고 연 소득이 10억 원을 초과할 때 49.5%라는 것을 감안하고 보면 정말 세금이 어마어마하다. 노르웨이의 복지 정책을 부러워하던 사람들은 이 대목에서 "그 정도면 사회주의 아니야?"라고 말한다. 사회주의가 뭐길래?

우리는 살아가면서 '자본주의 사회'라는 말을 자주 듣는다. 뉴스에서는 사회주의, 공산주의, 심지어 사회 민주주의 같은 단어들도 등장한다. 교과서에는 '시장 경제 체제', '계획 경제 체제', '혼합 경제 체제' 같은 말이 나온다. 이 단어들이 모두 경제와 관련된 것은 알겠는데, 대체 뭐가 같고 뭐가 다른 걸까?

우리의 삶은 생산, 분배, 소비의 경제 활동으로 이루어진다. 그런데 경제 활동은 어떤 방식으로 조직되고 운영되는 것일까? 한 사회가 자원을 배분하고 경제 문제를 해결해 나가는 방식을 **경제 체제**라고 한다. 경제 체제는 사회마다 다 다르다고 할 정도로 다양한데, 크게 시장 경제 체제, 계획 경제 체제, 혼합 경제 체제로 분류한다.

시장 경제 체제는 '개인의 자유로운 선택'이 만나는 시장에서 이 모든 경제 문제를 해결하는 경제 체제를 말한다. 사람들이 자유롭게 자신의 이익을 추구하면 시장 가격이라는 '보이지 않는 손'이 모든 것을 조화롭게 만들어 줄 것이고 사회 전체의 이익 또한 증대한 것이라는 믿음에 기초하고 있다. 시장 경제의 가장 큰 장점은 효율성과 창의성이다. 기업은 소비자의 선택을 얻기 위해 더 좋은 제품을 더 싸게 만들려고 노력한다. 이 과정에서 기술 혁신이 일어나고, 다양하고 풍부한 상품이 시장에 등장한다. 하지만 시장은 불완전하다. 무엇보다 소득 격차와 빈곤 같은 문제는 시장 경제에서 자연스럽게 해결되지 않는다.

계획 경제 체제는 시장의 힘을 신뢰하지 않는다. 시장은 불완전하고, 필연적으로 빈부 격차를 유발하니 생산·분배·소비의 전 과정을 정부의 계획과 명령으로 해결하는 것이 사회 전체의 이익을 높이는 길이라고 믿는다. 계획 경제의 장점은 자원을 국가의 의도에 따라 집중적으로 투입할 수 있다는 것이다. 실제로 전쟁 직후 산업이 낙후된 나라에서는 국가 주도의 계획 경제가 단기간에 경제를 회복하는 데 도움을 주기도 했다. 하지만 계획 경제의 단점은 효율성 부족이다. 정부가 수요를 잘못 예측하면 생산 과잉이나 부족 현상이 일어나고, 소비자는 원하는 물건을 얻기 어려워진다. 경쟁이 없기 때문에 기업이나 노동자의 동기 부여도 약해진다. 소비자의 다양하고 변화무쌍한 욕구에 유연하게 대응하기 어렵다는 점도 있다.

현실 경제에는 100% 시장 경제도, 100% 계획 경제도 존재하지 않는다. 모든 경제 체제는 시장 경제적 요소와 계획 경제적 요소를 가지고 있고, 거기에 더하여 전통 경제 체제적 요소도 있다. 전통 경제 체제란 전통과 관습에 따라 경제 문제를 해결하는 체제를 말한다. 이런저런 요소가 뒤섞인 경제 체제를 **혼합 경제 체제**라고 부른다. 어떤 요소가 어느 정도로 배합됐느냐에 따라 시장 경제에 가까운 혼합 경제가 될 수도 있고, 계획 경제에 가까운 혼합 경제가 될 수도 있다. 의료 서비스라는 자원을 어떻게 생산하고 분배할 것인가를 시장에 맡길(미국) 수도 있지만, 정부의 계획과 정책으로 해결할(노르웨이) 수도 있는 것이다.

한국은 기업이 자유롭게 제품을 생산하고 가격을 결정하지만(시장 경제적 요소), 정부는 최저 임금 제도나 복지 제도, 공공 의료 등을 통해 사회적 불평등을 완화하려고 노력하는(계획 경제적 요소) 혼합 경제 체제다.

그렇다면 자본주의, 사회주의는 뭘까? 경제 체제와는 어떻게 다를까? 경제 체제가 경제 문제를 어떻게 해결하는지에 초점을 두는 구분 방법이라면, 경제 이념은 왜 그렇게 해야 하는가에 대한 가치관과 관련된다. 경제 이념을 기준으로 살펴보면 자본주의, 사회주의, 공산주의, 사회 민주주의 등이 있다.

자본주의는 개인의 자유와 사적 소유를 강조하고 경쟁을 통해 효율성을 추구하며 이윤 동기를 중요시한다. 시장 경제 체제와 짝을 이루는 경우가 많다. **사회주의**는 공공의 이익과 평등한 분배를 더 중시한다. 생산 수단의 공공 소유를 강조하고 정부의 시장 통제가 필요하다고 본다. 계획 경제 체제와 짝을 이루어 등장한다. 그렇다면 **공산주의**는? 모든 생산 수단을 공공이 소유하고, 계급이 없는 사회를 목표로 한다. 사회주의가 한 걸음 더 나아갔다고 생각하면 되겠다. 사회 민주주의도 있다. 자본주의를 기본으로 하되, 복지를 강화하고 불평등을 줄이려는 이념이며, 시장의 자유는 인정하지만, 정부가 복지·노동·환경 등에서 적극 개입한다.

이윤 동기
경제적 이익을 추구하는 것. 시장 경제는 개인이나 기업의 경제 활동 배경에는 이윤 동기가 있음을 전제로 한다.

생산 수단
생산 과정에 투입되는 물질적·비물질적 요소. 전통적인 생산 요소로는 토지, 노동력, 자본이 있다. 공장, 기계는 자본에 포함된다.

앞서 살펴본 노르웨이는 대표적인 사회 민주주의 국가이다. 노르웨이에 대해 "그 정도면 사회주의 아니야?"라고 누군가 질문한다면 대답은 "맞다"일 수도 있고, "틀리다"일 수도 있다. 노르웨이는 사회주의적인 요소를 적극적으로 채택하고 있는 나라니까. 정부가 적극적으로 개입하고 있으니 계획 경제적 요소를 가진 혼합 경제 체제라고 말할 수도 있을 것이다.

다만 문제로 삼을 지점은 "그 정도면 사회주의 아니야?"라는 질문에 담겨 있는 사회주의에 대한 부정적인 판단이다. 자본주의나 사회주의에 대해 이분법적으로 옳다, 그르다라는 판단을 앞세우면 우리 사회의 가능성을 스스로 축소하게 된다. 자본주의가 무조건 좋은 것도, 사회주의가 무조건 나쁜 것도 아니다. 경제 체제는 고정된 것이 아니다. 시대의 변화, 시민의 요구, 기술의 발달에 따라 끊임없이 조정되고 진화하는 개념이다. 우리에게 필요한 것은 질문이다. 우리가 어떤 사회를 원하는지에 대한 질문 말이다.

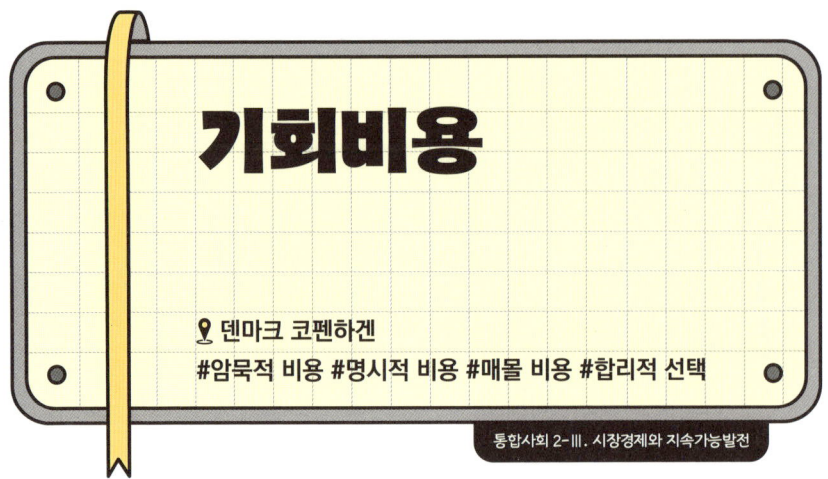

왕실의 선상 파티가 있던 날, 폭풍이 몰아쳤고 배가 침몰했다. 폭풍 속에서 난파한 배에는 왕자가 타고 있었다. 죽을 뻔한 왕자를 구한 것은 인어 공주였다. 왕자를 보고 첫눈에 반한 인어 공주는 원래부터 동경하던 육지로 떠나기로 결심한다. 문제는 반은 사람, 반은 물고기인 인어 공주의 몸이다. 육지로 가려면 100% 사람의 몸이 필요하다. 마법사를 찾아가 고민을 상담하자 마법사가 거래를 제안한다.

"너의 지느러미를 다리로 만들어 줄게. 대신 너의 목소리를 내게 줘."

"좋아, 콜!"

거래가 성사됐다. 인어 공주는 다리를 얻었고 그 대가로 목소리를 잃었다.

인어 공주처럼 극단적인 선택의 기로에 놓이는 경우는 별로 없지만, 우리의 삶은 매 순간의 선택으로 이뤄진다. '쇼

코펜하겐을 찾는 관광객들에게 인기 있는 인어 공주 동상. 인어 공주는 육지로 나오기 위해 필요한 다리를 얻는 대신 목소리를 대가로 지불하는 거래를 한다.

츠를 한 편 더 볼까, 이제 그만 공부를 할까?', '주말에는 드라마를 정주행할까, 친구랑 자전거를 타러 갈까?', '비빔냉면을 먹을까, 물냉면을 먹을까?'

우리는 시간도 돈도 한정된 삶을 살아가고 있으므로 선택은 그림자처럼 우리를 따라다닌다. 선택을 잘해야 좋은 삶을 살 수 있다. 어떤 선택이 좋은 선택일까? 경제학은 **합리적 선택(rational choice)**이라는 기준을 제시한다. 합리적 선택이란 사람이나 기업이 무엇을 선택할 때 사용 가능한 자원(시간, 돈 등)을 고려해 가장 큰 만족이나 이익을 주는 방향을 선택하는 것을 말한다.

경제학이 그럴듯한 수식과 논리를 동원해서 합리적 선택이라는 개념을 세상에 내놓기 전에도 사람들은 중요한 삶의 지혜로써 합리적 선택을 알고, 실천하고 있었다. "같은 값이면 다홍치마", "같은 값이면 검정 소 잡아 먹는다"라는 속담이 괜히 나온 것이 아니다.

문제는 만족(혹은 이익)과 비용이 잘 계산되지 않는다는 것이다. 정말 괜찮아 보이는 티셔츠가 반값에 할인 판매되고 있기에 누가 집어갈세라 얼른 구입했는데, 세탁기에 한번 들어갔다 나오니 형편없는 모양새가 돼 버렸다면, 나의 만족은 잘못 계산된 것이다. 이런 경험은 누구에게나 있을 것이다. 비용의 계산은 더 어렵다. 우리는 눈에 보이는 비용만을 생각하기 쉽지만, 비용이야말로 다양한 층위를 가진 개념이기 때문이다.

먼저 **기회비용**이 있다. 어떤 것을 선택했다는 것은 선택한 것 이외의 다른 것을 '포기'했다는 뜻이다. 기회비용이란 '선택으로 인해 포기한 것의 가치'를 말한다. 인어 공주는 '다리를 가진 삶'을 선택했고, 이때의 기회비용은 지느러미를 가진 삶이다. 한 시간 동안 쇼츠를 볼지 공부를 할지 고민하다 쇼츠를 보기로 선택했다면 내가 포기한 것은 공부다. 이때 공부는 쇼츠를 선택한 것에 따른 기회비용이 된다. 주말에 드라마를 정주행할지 친구랑 자전거를 타러 갈지 고민하다 자전거 타기를 선택했다면 나의 선택에 따른 기회비용은 드라마 정주행이다.

우리가 늘 두 가지 중에서 하나를 선택하는 것은 아니다. 선택지는 얼마든지 늘어날 수 있다. 이럴 때는 기회비용을 어떻게 계산할까? 떡볶이, 라면, 김밥, 라볶이 중에서 무엇을 먹을지 고민이 되는 경우라면? 계산이 너무 복잡해지면 포기하고 싶어지니까 이 네 가지 메뉴의 가격은 모두 4,000원으로 동일하다고 치자. 내가 만약 라면을 선택했다면 내가 포기한 것은 떡볶이, 김밥, 라볶이이니까 라면 선택에 따른 기회비용은 '떡볶이+김밥+라볶이'일까? 이런 식이라면 기회비용은 천문학적으로 계속 증가한다. 내가 만약 라면을 선택하지 않았다 할지라도 4,000원으로 이 모두를 선택할 수는 없으니 떡볶이, 김밥, 라볶이 중에서 하나를 선택하게 될 것이다. 나머지 세 개 중에는 떡볶이가 제일 나은 것 같다고? 그렇다면 라면 선택에 따른 기회비용은 떡볶이다. 즉 내가 선택하고 남은 선택지 가운데 가장 가치 있는 것이 기회비용이 되는 것이다.

비용 중에서 가장 간단한 것은 **명시적 비용**이다. 라면의 가격이 4,000원이라면 라면 선택의 명시적 비용은 4,000원이다. 그런데 실은 나는 라면을 먹으면 배탈이 난다면? 라면을 먹으면서 지불하는 명시적 비용 외에 '건강 문제'라고 하는 대가를 치러야 한다. 이때 내가 감당해야 하는 건강 문제는 **암묵적 비용**에 해당한다. 우리는 종종 암묵적 비용을 계산하는 것을 잊어버려서 일을 그르친다.

다른 상황에 이 개념들을 대입해 보자. '대학에 갈까, 취직을 할까?'라는 선택의 기로에 놓였다면? 대학에 다니려면 등록금을 내야 한다. 한 학기에 등록금이 500만 원이라면 대학에 다닌다는 선택의 명시적 비용은 연간 1,000만 원이다. 하지만 이 기간에 내가 일을 해서 돈을 벌었다면? 2025년 최저 임금을 기준으로 대충 계산하면 2,500만 원 정도 되는데 이것이 암묵적 비용이다.

그렇다면 1년 동안 대학에 다닌다는 선택에 따른 기회비용은 얼마일까? 기회비용은 명시적 비용과 암묵적 비용을 합해서 계산한다. 명시적 비용 1,000만 원+암묵적 비용 2,500만 원=3,500만 원이다. 대학 진학이 합리적 선택이 되려면 만족이 비용보다 커야 하니까, 연간 3,500만 원 이상의 만족(혹은 이익)을 얻을 수 있어야 한다.

마지막으로 **매몰 비용**을 살펴보자. 매몰 비용이란 이미 지출해서 회수할 수 없는 비용을 말한다. 돌이킬 수 없는 일을 두고 '엎질러진 물'이라고 하는 것은 매몰 비용에 대한 정확한 비유다. 엎질러진 물은 다시 주워 담을 수 없다. 티켓을 구매해서 영화관에 입장했다면 그 비용은 회수 불가능한 비용이다. 영화가 만족스럽든 아니든 그 비용은 되돌릴 수 없다. 만약 영화가 재미없는 것을 넘어 나를 불쾌하게 만든다면? 그때는 시간이라도 회수하는 것이 이익이 될 수 있으니 재빨리 영화관을 빠져나오는 것도 고려해야 한다. 티켓 값이 아깝다면서 투덜거리는 것은 인간적이기는 하지만 경제적인 태도는 아니다.

하지만 우리는 경제적이라기보다는 인간적인 존재이니까 매몰 비용 때문에 이미 실패한, 혹은 실패할 것으로 예상되는 일에 시간, 노력, 돈을 투자하는 일을 멈추기가 어렵다. 노벨 경제학상을 수상한 리처드 세일러는 이를 두고 **매몰 비용의 오류**라고 명명했다. 사람은 손실로 인한 고통을 더 크게 느끼기 때문에 잘못된 판단을 한다. 개인뿐만 아니라 회사나 정부 조직까지 매몰 비용의 오류를 범할 수 있다.

착각하면 곤란한 것 하나. 합리적인 선택이 반드시 '도덕적으로 옳다'거나 '이타적이다'라는 뜻은 아니다. 만족이나 이익은 저마다 다르게 계산된다. 많은 사람이 최저가를 찾는 동안 어떤 사람은 환경을 생각해 더 비싼 친환경 상품을 구입하기도 한다. 그에게 만족(혹은 이익)은 당장의 즐거움, 가성비를 넘어서 지구적 차원으로 확장된 것이기 때문이다.

그나저나 인어 공주의 선택은 합리적 선택이었을까? 여러분의 생각이 궁금해진다.

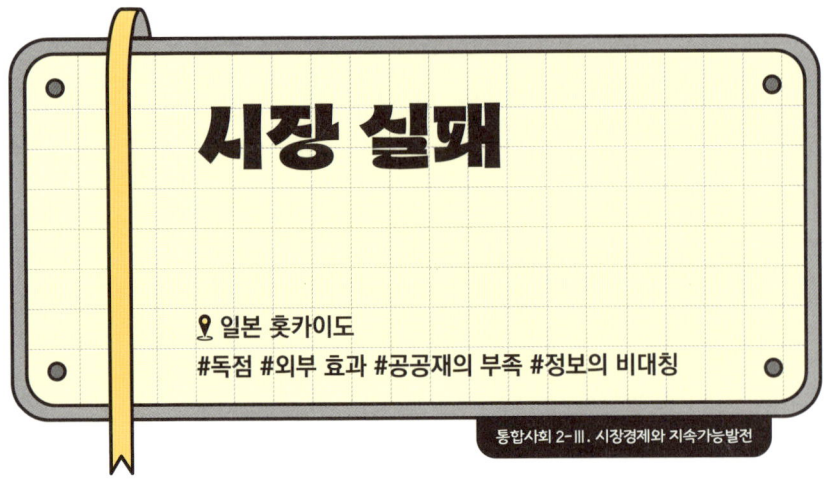

시장 실패

📍 일본 홋카이도

#독점 #외부 효과 #공공재의 부족 #정보의 비대칭

일본 철도회사 JR홋카이도는 계속되는 적자로 구조 조정을 단행한다. 많은 철도 회사와 마찬가지로 이용자가 적은 노선은 없애거나 역을 폐쇄하기로 결정했다. 카미시라타키 역도 폐쇄 결정이 내려졌다. 그런데 폐쇄를 앞두고 보니 매일 이 기차로 통학하는 고등학생이 있는 것 아닌가. 그래서 3년이 흐른 뒤 이 학생이 학교를 졸업하는 2016년 1월경에 역이 폐쇄됐다는 '아름다운' 이야기를 신문에서 읽고 가슴이 뭉클했다.

검색해 보니 단 한 명의 고등학생 때문에 역을 없애는 일을 미룬 것은 아니고, 소수이지만 이 열차를 이용하는 마을 사람들이 더 있었기 때문이라 한다. JR홋카이도에 대한 감동에는 살짝 흠집이 생겼지만, '역시 일본 사람들의 미담 스토리텔링은 대단해!' 하고 새로운 방향에서 감명을 받았다.

그러나 '음, 그런 일이 있었군' 하고 끝낼 일은 아니라고

2016년 폐쇄된 홋카이도의 카미시라타키역

생각한다. 우리가 주목해야 할 사실은 결국 역이 폐쇄됐다는 점이다. 더는 기차가 정차하지 않는 이 마을에는 어떤 일이 벌어질까? 기차역이 없어질 정도라면 인구가 급격히 감소하는 곳일 것이다. 통학할 때 기차를 이용할 수 없게 되면 학생이 있는 가정은 마을을 떠나 이사를 할지도 모른다. 그러면 인구가 더 줄어들 것이다. 직접 운전을 하기 어려운 노인들은 어떻게 해야 할까? 원래도 이용자가 적었다고 하니 불편을 느낄 사람들이 많지는 않겠지만, 분명 큰 불편을 겪는 사람들이 있을 것이다. 이런 일들은 도처에서 벌어진다. 시장 논리에 맞지 않기 때문이다.

시장은 정말 많은 일을 할 수 있다. 시장은 각 개인이 자유롭게 이윤을 추구하는 과정에서 사람들이 필요로 하는 것을 효율적으로 공급할 수 있도록 해 준다. 시장 경제는 '보이지 않는 손'이 모든 것을 조정하는 체제라고 알려져 있다. 수요와 공급, 경쟁과 가격을 통해 자원이 효율적으로 분배된다는 것이 시장 경제의 매력인 셈이다. 그런데 현실에서는 꼭 그런 이상적인 모습만 보이지 않는다. 시장성 때문에 사라지는 기차역은 누군가에게는 심각한 불편을 초래할 있는 것처럼 말이다.

시장이 효율성을 추구하지만 효율성 도달에 실패하는 경우가 생겨나는데, 이것을 **시장 실패**라고 한다. 개인의 합리적 선택이 사회 전체의 비합리적 결과로 이어지는 시장 실패의 원인으로는 독점, 외부 효과, 공공재의 부족, 정보의 비대칭 등이 있다.

먼저 독점에 대해 살펴보자. 시장 경제에서 경쟁은 매우 중요한 요소다. 여러 기업이 비슷한 상품을 생산하고 소비자의 선택을 받기 위해 노력할 때, 품질은 향상되고 가격은 내려간다. 하지만 만약 한 기업이 시장을 독점하게 되면 어떤 일이 벌어질까? **독점**(monopoly)이란 한 기업이 시장에서 유일한 공급자가 돼 경쟁이 사라지는 상황을 말한다. 독점 기업은 가격을 마음대로 올릴 수 있고, 품질을 낮춰도 소비자는 선택의 여지가 없다. 일부 기술 기업들이 데이터나 플랫폼을 독점해 경쟁을 방해하는 일이 있다. 이런 경우 정부는 〈공정거래법〉으로 독과점 규제를 실시해 독점을 막고 시장에서 경쟁이 원활하게 이루어지도록 조치를 취한다.

다음으로 알아볼 것은 외부 효과다. 개인의 경제 행위가 제3자에게 의도하지 않은 피해나 이익을 주는 것을 **외부 효과**라고 한다. 사람들은 무더운 여름이 되면 에어컨을 사용해 쾌적한 온도를 유지하려고 한다. 물론 에어컨 구입에도, 에어컨을 작동시키는 전기 사용에 대해서도 우리는 비용을 지불한다. 하지만 그게 전부는 아니다. 에어컨 실외기는 더운 공기를 뿜어내고 그것이 주변 온도를 높인다. 옆집에서 에어컨을 켜면 우리집 주변의 온도가 높아지지만 그것에 대해 비용을 지불하는 사람은 없다. 이것을 부정적 외부 효과라고 한다.

긍정적 외부 효과도 있다. 한 사람이 독감 예방 주사를 맞으면 자신뿐 아니라 다른 사람들도 감염 위험이 줄어든다. 하지만 그렇다고 나의 예방 접종으로 혜택을 받는 이들이 나에게 비용을 지불하지는 않는다. 그렇다면 결국 부정적 외부 효과는 점점 늘어나고 긍정적 외부 효과는 점점 줄어드는 결과가 나타날 것이다.

이럴 때 정부의 역할이 필요하다. 부정적 외부 효과를 줄이기 위해 정부는 오염 물질을 배출하는 기업에 환경세를 부과하거나 자동차에 환경 개선 부담금을 내도록 한다. 긍정적 외부 효과를 늘리기 위해 예방 접종을 무료 혹은 저렴한 가격에 실시하기도 하고, 태양광 발전을 설치하는 경우

보조금을 지급한다. 모두 외부 효과를 조정해 시장 실패를 바로잡기 위한 활동이다.

공공재의 부족도 시장 실패를 가져오는 중요한 요인이다. **공공재(public goods)**는 모든 사람이 함께 사용할 수 있고, 누구 한 사람이 사용한다고 해서 다른 사람이 쓸 수 없게 되지 않는 재화나 서비스를 말한다. 대표적으로 국방, 치안, 가로등, 도로, 공원 등이 있다. 공공재의 비배제성(누구도 사용에서 제외될 수 없음), 비경합성(한 사람이 사용해도 다른 사람의 사용이 줄지 않음)이라는 특징 때문에 시장에서는 공공재가 잘 공급되지 않는다.

예를 들어, 가로등을 설치해도 그것을 돈 주고 사용할 사람은 거의 없기 때문에 민간 기업은 이익을 얻을 수 없다. 그러니 시장 시스템만으로는 가로등이 생겨날 수가 없다. 이용자가 적어도 사용자의 편의를 위해 기차를 계속 운행하도록 하는 것과 같이 공공재를 적절하게 공급하는 것도 정부의 일이다.

정보의 비대칭도 시장 실패를 유발한다. 시장에서는 소비자와 생산자가 서로 정보를 교환하며 거래를 하는데 양측이 가진 정보의 양이 다를 때 문제가 발생할 수 있다. 이것을 **정보의 비대칭**이라고 한다. 중고차 판매자는 차의 결함을 알고 있지만 소비자는 모를 경우, 소비자는 결함이 있는 차를 턱없이 비싸게 사게 된다. 보험 회사는 복잡한 보험 약관에 대해 잘 알고 있지만 보험 가입자는 그것을 잘 알지 못하기 때문에 정작 필요할 때 혜택을 받지 못하는 경우도 발생한다. 정보의 비대칭은 시장의 신뢰를 무너뜨린다. 이를 해결하고자 정부는 정보 공개 의무, 인증 제도, 품질 보증 제도 등을 도입한다.

시장 경제는 강력한 장점을 가진 시스템이지만 완벽하지 않다. 그렇다고 정부가 언제나 적극적으로 현명한 대책을 세워 시장 실패에 대응하는 것도 아니다. 그렇다면? 결국 '시민의 힘'이 필요하다. 공정한 경쟁이 이루어지도록, 오염을 일으킨 주체가 비용을 지불하도록, 필요한 공공재가 적재적소에 공급되도록, 그리고 신뢰에 기반한 거래가 원활하게 이뤄지도록 정부와 기업에 요구하는 시민의 힘.

그런데 시장 경제의 가장 큰 문제라고 할 수 있는 '빈부 격차의 심화'는 시장 실패라고 하지 않는다. 왜일까? 시장이 약속한 것은 애초부터 효율성이지 형평성이 아니기 때문이다. 빈부 격차는 효율성의 문제가 아니라 형평성의 문제이니 시장의 심각한 결함인 것은 맞지만, 시장 실패는 아니라나?

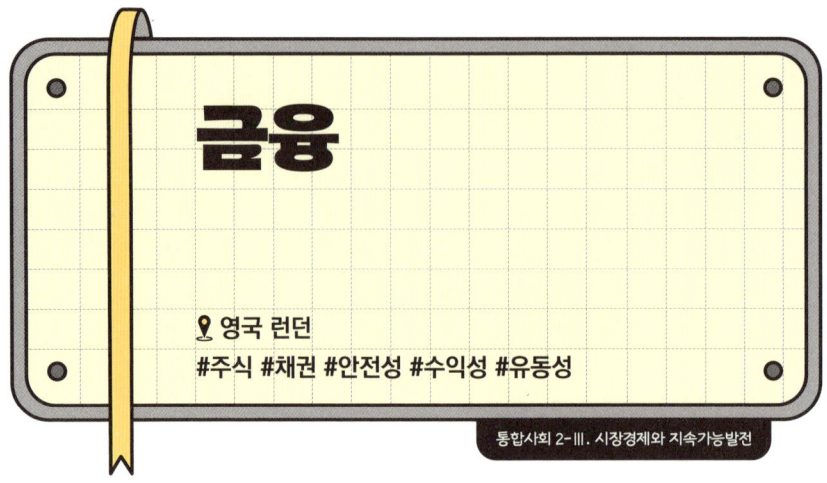

금융

📍 영국 런던
#주식 #채권 #안전성 #수익성 #유동성

통합사회 2-Ⅲ. 시장경제와 지속가능발전

런던에는 뱅크(Bank)라는 이름의 역이 있다. 구태여 우리말로 하자면 '은행역'인 셈인데, 은행 이름은 없고 그냥 은행이라니 좀 이상하다. 뱅크역에서 내려 지상으로 올라오면 도로가 부챗살처럼 뻗어 나가는 방사형으로 펼쳐져 있는데, 그 중심에 정말로 은행이 있다. 잉글랜드은행(Bank of England, BoE)인데, 우리나라로 치면 '한국은행'에 해당하는 중앙은행이다. 영국 사람들은 잉글랜드은행을 그냥 'The Bank'라고 부르곤 해서 역 이름도 뱅크역이 된 것 같다.

또 뱅크역이 있는 이곳이 진짜배기 런던이라는 듯 이 구역을 '시티오브런던'이라고 부른다. 시티오브런던은 뱅크역을 중심으로 1제곱마일(약 2.59km²)에 불과한 좁은 구역이라서 '스퀘어마일'이라는 별명이 붙었다. 시티오브런던은 '세계 금융의 허브'라고도 불린다. 잉글랜드은행, 런던증권거래소, 런던금속거래소 및 세계 5,000여 개의 금융 회사가

> **시티오브런던**
> 한국 금융의 중심지인 여의도 면적(2.9㎢)보다 작다.

런던의 지하철을 타고 뱅크역에서 내리면 세계에서 두 번째로 오래된 중앙은행인 잉글랜드은행을 볼 수 있다.

밀집한 금융 특구이기 때문이다.

시티오브런던이 세계 금융의 허브가 된 배경을 알기 위해서는 대항해 시대로 거슬러 올라가야 한다. 당시 거래를 매개하는 것은 금이나 은과 같은 귀금속이었다. 금을 개인이 보관하면 도난의 위험이 따르기 때문에 사람들은 안전한 곳에 금을 맡기고 싶었다. 어디가 안전할까? 마침 금 세공업을 담당하는 골드스미스들은 금을 보관하는 금고를 가지고 있었기에 골드스미스의 금고에 금을 맡겼다. 골드스미스는 보관료를 받고 금을 보관해 주는 대신 금을 맡았다는 증서를 써 주었다. 이 증서를 골드스미스 노트라고 한다.

영어권의 성씨

이 시대에는 직업이 곧 성(姓)이었다. 양복장이는 테일러, 목수는 카펜터, 대장장이는 스미스, 사냥꾼은 헌터라는 성을 사용하는 식이었다.

금을 맡긴 사람들은 금을 사용할 일이 생기면 구태여 골드스미스를 찾아가 금을 인출하지 않고 골드스미스 노트를 주는 것으로 대신하는 일이 잦아졌다. 골드스미스의 금고에는 잠자고 있는 금이 많았고, 이것을 통해 수익을 창출할 수 있다는 사실을 깨달은 골드스미스는 금이 필요한 사람에게 금을 빌려주고 이자를 챙기기 시작했다. 이 사업의 수익이 금세공보다 훨씬 짭짤했다.

더 많은 금을 빌려주면 더 많은 이자를 받을 수 있을 테고, 더 많은 금을 빌려주려면 사람들이 자신에게 더 많은 금을 맡기도록 해야 했기 때문에 금을 맡기는 사람들에게 보관료를 받는 대신 오히려 이자를 주기 시작했다. 금을 맡긴 이에게 이자를 지불하더라도 금을 빌려준 사람에게 더 많은 이자를 받으면 되기 때문에 남는 장사였다. 이렇게 예금 이자와 대출 이자 사이에서 발생하는 차이를 받으며 금의 융통을 돕는 사업에서 **금융 산업**이 시작됐고, 골드스미스의 금고는 은행으로 발전했다. 당시 런던은 세계적인 무역 중심지였기 때문에 금융 산업도 더불어 발달한 것이다.

금융 상품은 기본적으로 예금, 주식, 채권이 있다. 먼저 **주식**부터 살펴보자. 주식회사 제도가 생겨난 것도 무역과 관련이 있다. 원격 무역은 돈이 되는 사업이었지만 위험 부담도 컸다. 큰돈을 투자해서 배를 띄웠어도 태풍을 만나거나 해적을 만나면 빈털터리가 될 수 있기 때문이다. 위험을 분산할 방법은 없을까? 그렇게 여러 사람이 투자를 하고 투자한 만큼 이익을 나눠 갖는 회사가 생겨났다. 회사에 투자한 돈을 증서로 바꾸어 주었는데, 그 증서가 바로 주식이다.

채권은 돈을 빌린 주체가 발행하는 증서다. 정해진 날짜에 채권을 가져가면 빌려준 돈에 이자를 붙여서 받을 수 있다. 채권을 발행하는 주체에 따라 국채(국가가 발행), 지방채(지방자치단체가 발행), 특수채(한국전력공사, 한국산업은행 등이 특수한 목적으로 발행), 금융채(금융 기관이 발행), 회사채(기업이 발행)로 구분되는데, 발행 주체가 믿을 만할수록 낮은 이자율이 적용된다.

금융 자산은 종류에 따라 특징이 다르기 때문에 자산 관리를 할 때는 자산의 안전성, 수익성, 유동성을 고려해야 한다. **안전성**이란 투자한 자산의 가치가 보전될 수 있는 정도다. 예금은 가장 안전성이 높은 자산이고, 주식은 상대적으로 안전성이 낮다. **수익성**은 자산을 통해 이익을 기대할 수 있는 정도를 말한다. 정도의 차이는 있겠지만, 주식은 수익성이 높은 자산에 속하고 예금은 수익성이 낮은 자산에 속한다. 채권은 안전성과 수익성 모두 주식과 예금의 중간 정도다. **유동성**은 필요할 때 현금으로 바꿀 수 있는 정도를 말한다. 예금은 유동성이 매우 높으며 부동산은 유동성이 매우 낮다. 안전성, 수익성, 유동성이 모두 높은 자산은 무엇일까? 마치 뜨거운 아이스 아메리카노 같은 것이라서 세상에 존재하지 않는다.

그리고 **파생 금융 상품**이 있다. 선물(先物, futures)은 대표적인 파생 금융 상품이다. 주의하자. 선물(gift)이 아니다. 선물이란 특정 상품을 미리 결정된 가격으로 미래의 일정 시점에

인도, 인수할 것을 약정한 거래를 말한다. 쉽게 예를 들어 보자. 배추 농사를 짓는 농부 A는 상인 B에게 배추를 선물 거래하기로 했다. 배추는 아직 없다. 석 달 뒤 배추가 다 자라면 지금 약정한 가격에 배추를 양도하면 된다. 석 달 뒤 배추 값이 올랐다면 상인 B가 이익을 볼 것이고, 배추 값이 내렸다면 A에게 이익이 될 것이다. 주식이 선물 시장에 들어오면 어떻게 될까? 파는 사람은 미래 시점에서 주가가 하락한다는 전망을, 사는 사람은 주가가 상승한다는 전망을 가지고 거래에 참여한다. 문제는 이 시장이 매우 불안정해서 쉽게 전망하기가 어렵다는 것이다. 그야말로 고위험 고수익 금융 상품이다.

안전성, 수익성, 유동성 가운데 어떤 것을 우선 순위로 두고 자산을 배분해야 할까? 모두에게 적용할 수 있는 정답 역시 존재하지 않는다. 위험해도 더 큰 수익을 얻을 수 있는 쪽을 선호하는 사람도 있을 것이고 수익성이 떨어져도 안전한 것을 선호하는 사람도 있을 것이기 때문이다. 결국 인생관과 관련된 문제라고나 할까? 개인의 선호도 차이에도 불구하고 다양한 금융 상품에 분산해서 투자해야 한다는 점은 누구에게든 적용할 수 있는 원칙이 될 수 있다.

또 하나, 기본적인 금융 지식을 갖추는 일도 중요하다. 스마트폰이 대중화되면서 누구나 스마트폰 사용법을 익혀야 살 수 있게 된 것처럼, 금융의 영향력이 점차 커지고 있는 세상에서는 올바른 금융 지식에 기초한 금융 의사 결정이야말로 현명한 자산 관리의 시작이기 때문이다.

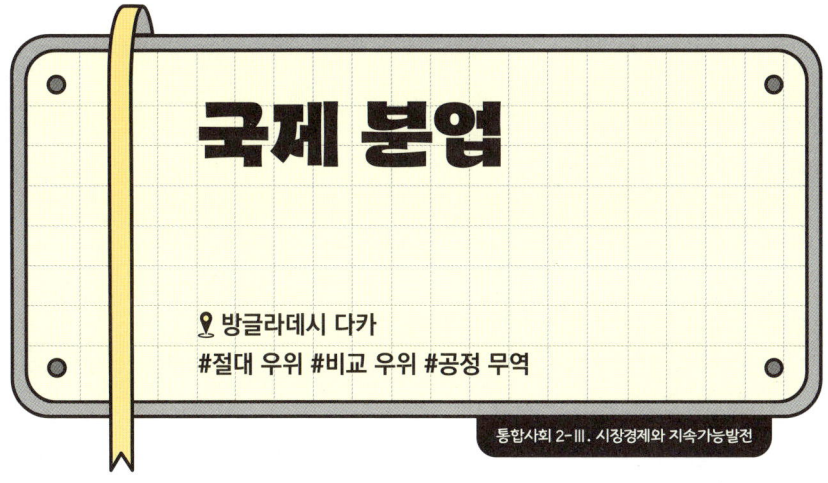

국제 분업

📍 방글라데시 다카
#절대 우위 #비교 우위 #공정 무역

2013년 4월 방글라데시 다카의 의류 공장 건물이 붕괴되면서 1,100명 이상이 사망했다는 소식이 전 세계로 전해졌다. 충격적인 사실은, 건물이 무너지기 전날부터 건물 붕괴의 조짐이 곳곳에서 나타났고, 사람들은 그 사실을 인지하고 있었다는 점이다. 붕괴 전날, 건물 곳곳에 커다란 금이 가고 물이 새기 시작했다. 2층의 은행은 붕괴 위험을 알아채고 철수했고, 경찰도 위험을 경고하며 건물을 비우라고 지시했다.

하지만 의류 공장은 멈추지 않았다. 이 공장에서는 망고, 베네통, 아르마니, 랄프로렌, 마이클 코어스같이 유명 브랜드의 의류 제품을 생산하고 있었다. 촉박한 납품 일자를 맞추기 위해 공장장과 건물주 들은 의류공장 노동자들을 위협했다. 당장 들어가서 일하지 않으면 해고하겠다고. 노동자들은 할 수 없이 다시 재봉틀을 돌리기 시작했다. 한 시간가

2013년 4월 24일 방글라데시 수도 다카 외곽에 위치한 사바르 공단 내의 의류 공장이 붕괴되면서 무려 1,134명이 희생된 라나 플라자 붕괴 참사

량 시간이 흐른 후 전기가 끊겼다. 붕괴의 명백한 전조였지만 무시하고 옥상의 발전기를 돌리며 생산을 계속했다. 정전 5분 후, 8층짜리 건물은 한순간에 폭삭 주저앉았다.

잠시 눈을 돌려 지금 착용 중이거나 사용 중인 옷, 신발, 가방, 전자 제품 등의 생산지를 살펴보자. 이 모든 제품을 대한민국에서 구입해서 사용 중이지만 제품의 생산지는 정말 다양하다. 중국, 베트남, 방글라데시, 미얀마…. 우리는 이미 세계를 온몸에 두르고 있다. 이것은 **국제 분업** 때문에 일어나는 현상이다.

분업이란 '생산의 모든 과정을 여러 전문적인 부문으로 나누어 여러 사람이 분담해 일을 완성하는 노동 형태'를 말한다. 애덤 스미스가《국부론》에서 생산 공장의 공정을 잘게 나누어 분업화했을 때 생산성이 비약적으로 증가한다고 설명하면서 '분업=생산성 향상'이라는 공식은 상식이 됐다.

비용을 절감하려면 비용을 계산해야 한다. 전통적인 방법은 생산비를 계산해서 생산비가 저렴한 쪽으로 특화하는 것이다. 이것을 **절대 우위론**이라고 한다. 설명을 간단히 하기 위해 이 세상에 포도주와 모직물, 딱 두 제품만이 존재하고, 갑국과 을국, 두 나라만 존재한다고 가정해 보자. 두 국가가 포도주 1단위와 모직물 1단위를 생산하는 데 드는 비용이 다음 표와 같다면?

	갑국	을국
포도주	10노동	20노동
모직물	20노동	10노동

한눈에 답이 나온다. 갑국은 포도주를 생산에 집중하고 을국은 모직물 생산에 집중한 뒤 갑국의 포도주와 을국의 모직물을 교환하면 두 나라 모두 전보다 풍요로운 소비 생활을 할 수 있다. 이걸 증명한 사람이 애덤 스미스다. 모든 문제가 깔끔하게 해결된 것 같지만, 절대 우위론에 딴지를 거는 사람이 나타났다. 이런 경우에는 어떻게 할 것인가?

	갑국	을국
포도주	10노동	20노동
모직물	10노동	30노동

  포도주도, 모직물도 갑국이 다 잘한다. 이런 경우에 갑국과 을국 사이에는 무역이 성립할 수 없는가? 그렇지 않다. 갑국은 둘 다 잘하지만 그래도 더 잘하는 것은 있다. 갑국은 을국에 비해 포도주는 두 배의 생산성을, 모직물은 세 배의 생산성을 가지고 있다. 잘하는 것 중에 더 잘하는 것은 모직물 생산이다. 을국은 갑국에 비해 다 못하지만 그래도 덜 못하는 것이 있다. 갑국과 비교할 때 포도주는 2분의 1의 생산성을, 모직물은 3분의 1의 생산성을 가지고 있다. 그나마 포도주가 유리하다. 어차피 갑국에서 동원 가능한 생산 수단에도 한계가 있으니 이왕이면 생산성이 높은, 다시 말해 기회비용(→206쪽)이 적은 모직물을 특화하고 포도주 생산은 을국에 넘긴다. 그러면 갑국과 을국 사이에는 무역이 발생할 수 있고 그것이 두 나라 모두에 이익이 될 수 있다. 이 사실을 입증하는 데 성공한 사람이 바로 데이비드 리카도이며 이 이론을 **비교 우위론**이라 한다.

  교통과 통신이 발달하면서 분업이 세계적 차원에서 이루어지는 것이 가능해졌다. 나라마다 잘하는 것이 있다면 그 특기를 살려 생산 과정에 참여하는 것이다. 목화 생산이 유리한 곳에서는 목화를 재배하고, 디자인이 발달한 나라에서는 디자인을 하고, 인건비가 싼 곳에서는 노동력을 제공해

한 벌의 티셔츠를 완성하는 것이다. 국제 분업이 이루어지면서 소비자는 저렴한 가격에 좋은 제품을 소비하게 되고, 제3세계 국가에는 일자리가 생기니 국제 분업이 가져오는 효과는 상당하다.

한때 우리나라는 의류, 신발의 생산 공장으로 각광을 받는 곳이었다. 기술력은 높고 인건비는 저렴했으니까. 비용 절감을 원하는 해외 기업들이 너도 나도 한국을 찾았다. 한국 경제가 성장하자 인건비가 높아졌다. 선진국은 공장을 중국으로 이전한다. '메이드 인 차이나(MADE IN CHINA)'의 시대가 열린 것이다. 다음은 베트남, 그다음은 방글라데시, 그다음은 미얀마…. 경영자들은 최대로 이윤을 추구하기 위해 세계적인 차원에서 의사 결정을 한다. 원료비를 조금이라도 낮출 수 있거나, 인건비가 저렴해서 생산비를 줄이는 데 도움이 된다면 공장을 옮겨 간다.

문제는 이 숫자들 뒤에 '사람'이 있다는 점이다. 낮은 비용을 추구하는 가운데 제3세계로 넘어간 생산 과정 속에서 환경 오염, 노동 착취, 전통 산업의 파괴와 같은 일들이 번번이 벌어지고 있다. 앞서 말한 방글라데시의 다카에서 죽음을 맞이한 것은 라나 플라자에서 일하던 노동자들만이 아니다. 의류 공장 8,000여 곳이 몰려 있는 그 지역을 흐르는 부리강가강은 한때 맑은 물이 흐르는 강으로 유명했지만 지금은 섬유 쓰레기와 염색 공장의 폐수로 죽은 강이 됐다. 그리고 2013년의 비극은 지역과 재난의 형태를 조금씩 달리하면서 되풀이되고 있다.

국제 분업 속에서 죽어 가는 지역과 사람을 살려야 한다는 문제의식을 담아 **공정 무역**에 대한 관심이 높아지고 있다. 공정 무역이란 제품과 노동에 정당한 가격을 지불함으로써 공정한 교환이 이루어지도록 하자는 사회 운동이다.

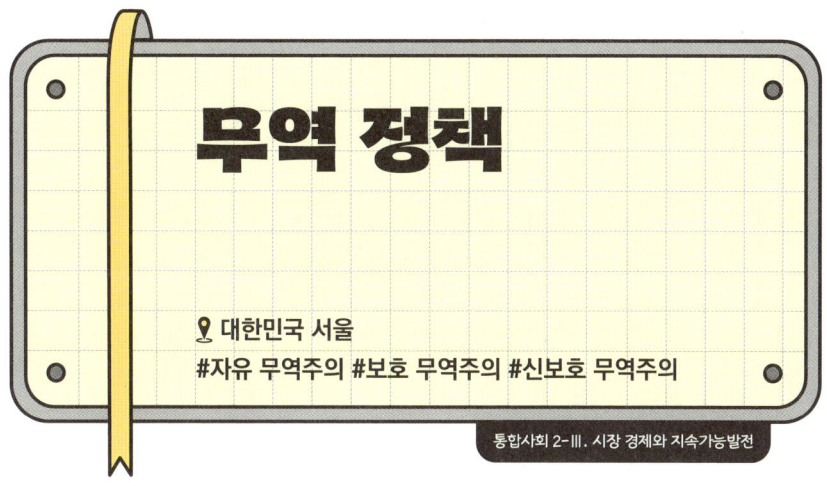

평소라면 만나 보기 어려운 유명 영화 배우들이 거리로 몰려 나와 시위를 벌이던 때가 있었다. '어? 영화인들의 파업이나 시위라면 할리우드에서나 하는 것 아닌가?' 싶겠지만, 2000년대 초반은 한국 영화인들의 입장에서는 그야말로 초비상 상황이었다.

21세기는 한미 FTA 등 각종 자유 무역 협정(FTA)이 이어지며 시작됐다. 자유 무역 덕분에 값싼 칠레 포도와 캘리포니아 오렌지 등을 먹을 수 있는 것은 반가운 일이었지만 이로 인해 국내의 농업은 큰 타격을 입었다. 가장 문제가 된 것은 쌀 시장 개방 문제였다. 쌀 시장을 개방하면 값싼 수입 쌀이 들어올 텐데, 그러면 쌀 농사를 주로 짓는 우리 농가는 어떻게 될 것이며, 유사시 다른 나라가 식량을 무기로 우리를 압박한다면 우리는 꼼짝 없이 당할 수밖에 없지 않겠냐는 우려의 목소리가 높아지고 있었다.

2006년 7월 서울 대학로, 스크린 쿼터제 폐지를 반대하는 영화인들과 이
에 뜻을 같이하는 시민들이 시위를 벌이고 있다.

　자유 무역이라는 세계적인 흐름 앞에서 영화 산업도 예외
는 아니었다. 거대 자본과 선진 기술로 제작되는 외국 영화
(주로 미국 영화)와 경쟁하기에 우리 영화 산업은 취약했으므
로 정부는 국내 영화 보호와 육성 정책을 실시하고 있었다.
그 하나는 영화 상영관에 대해 한국 영화의 의무 상영 일수
를 규정한 것이고, 다른 하나는 한국 영화 제작 편수에 따라
외국 영화 수입을 허가하는 방식이었다. 이를 '스크린 쿼터
제'라고 한다. 한국 영화는 스크린 쿼터제를 통해 할리우드
영화와의 경쟁에서 살아남을 수 있었는데, 자유 무역의 원
칙을 내세우며 스크린 쿼터제를 폐지하라는 미국의 압박이
한국의 영화 산업을 위협했다. 많은 영화인이 거리로 나와

　통합사회 개념 픽

'스크린 쿼터제 사수', '스크린 쿼터제 폐지 반대'를 외쳤는데, 워낙 유명한 배우들이 시위 현장에 등장하는 상황이다 보니 이 시위에 대한 관심이 매우 뜨거웠다.

배우들은 1인 시위도 이어 갔다. 안성기, 박중훈에 이어 세 번째 1인 시위 주자로 나선 이는 배우 장동건이었는데, 인기 있는 배우인 데다 그의 출연작인 영화 〈태극기 휘날리며〉가 어마어마한 흥행을 거둔 시점이라 시위는 생각지도 못한 방향으로 전개됐다. 광화문 교보문고 앞에서 시작된 배우의 1인 시위는 1,000명을 훌쩍 넘는 팬들과 수많은 취재진으로 아수라장이 됐고, 시위 시작 5분 만에 철수하는 사태가 벌어졌다.

이날의 에피소드는 꽤 오래 사람들의 입에 오르내렸지만, 오늘 우리는 인기 영화 배우의 시위보다는 자유 무역과 보호 무역에 관심을 집중해 보자. 당시 미국이 스크린 쿼터제의 폐지를 요구하면서 내세운 명분은 '자유 무역'의 원칙이었다.

1944년, 제2차 세계 대전의 종전이 눈앞에 다가온 시점에서 전후의 세계 질서에 대해 논의하는 회담이 미국 브레턴우즈에서 개최됐다. 이 회담의 결과 '관세 및 무역에 관한 일반 협정(GATT)'이 설립된다. 이 협정은 '가장 혜택을 입는 국가(최혜국)에 적용되는 조건(가장 낮은 수준의 제한)이 다른 모든 국가에도 적용돼야 한다'라는 것을 골자로 하는데, 자유 무역을 세계적인 수준에서 실현하기 위한 것이었다. 자유 무역의 흐름은 계속되어 20세기 말 세계무역기구(WTO)의 출범과 함께 국제 무역에서 거스를 수 없는 원칙으로 자리 잡았다.

자유 무역주의는 말 그대로 무역을 자유롭게 하자는 주장이다. 국가 간에 오가는 상품과 서비스에 대해 관세나 무역 장벽을 최소화하자는 것이다. 이 사상의 뿌리는 18세기 스코틀랜드의 경제학자 애덤 스미스까지 거슬러 올라간다. 그는 '보이지 않는 손'(→183쪽)이라는 개념으로 시장이 스스로 균형을 찾아가며 모든 사람의 이익을 극대화할 수 있다고 보았다. 따라서 각 나라가 자신들이 잘할 수 있는 것에 집중하고, 부족한 것은 다른 나라에서 들여오면 모두가 더 풍요로워진다고 주장했다. 영국의 밀 산업을 보호하기 위해 값싼 밀의 수입을 금지했던 〈곡물법〉의 폐지(1846년)는 자유 무역주의의 승리를 상징하는 사건이다.

영국이 주장하던 자유 무역주의에 모두가 찬성한 것은 아니다. 자유 무역주의에 반대되는 움직임을 **보호 무역주의**라고 한다. 보호 무역주의는 자국의 산업을 외국과의 경쟁으로부터 보호하기 위해서는 국가가 적극적으로 개입해 관세를 부과하거나 수입품의 양을 제한함으로써 국내 기업을 살려야 한다고 주장한다. 영국의 자유 무역주의를 부르짖던 시기 이에 맞서 보호 무역주의를 주장한 것은 미국과 독일이었다.

19세기 미국은 영국으로부터 공산품을 수입하고 농산물을 수출하고 있었다. 미국의 초대 재무장관이었던 알렉산더 해밀턴은 미국 공업이 현재 유치원에 다니는 수준이니(유치산업), 이 산업이 성장해서 경쟁력을 갖출 때까지 적극적인 보호 조치가 필요하다며 보호 무역주의를 주창했다.

알렉산더 해밀턴
미국 10달러 지폐 속 주인공이다. 우리에게는 낯선 인물이지만 미국에서는 건국의 아버지 중 한 명으로 여겨지며, 그의 생애를 다룬 뮤지컬 〈해밀턴〉이 인기리에 상연됐다.

한편 독일의 보호 무역주의자 프리드리히 리스트는 애덤 스미스의 자유 무역주의를 비판하면서 각국은 경제 발전 단계가 다르기 때문에 선진국의 자유 무역 공세로부터 산업을 보호하기 위한 보호 관세가 필요하다고 주장했다. 그럼에도 불구하고 선진국이 후진국에 일방적으로 자유 무역을 요구하는 것은, 자신들이 먼저 성공의 사다리를 올라간 뒤 다른 나라가 쫓아오지 못하게 하려는 '사다리 걷어차기'♥라고 비판했다.

사다리 걷어차기
경제학자 장하준의 저서 《사다리 걷어차기》가 출간되면서 이 말이 대중에게 널리 알려졌는데, 이는 리스트의 말에서 가져온 것이다. 이 책에는 "앞선 나라는 따라잡고 뒤쫓는 나라는 따돌리던 선진국 경제 발전 신화 속에 감춰진 은밀한 역사"라는 부제가 붙어 있다.

19세기 약소국임을 자처하며 보호 무역주의를 주장했던 미국은 20세기 들어서면서 세계 최강의 반열에 오른다. 그러자 적극적으로 자유 무역으로 돌아섰다. 세계무역기구를 주도한 것도, 자유 무역 협정을 주도한 것도 미국이다. 미국은 자유 무역주의의 기수인 것처럼 행동하고 있지만, 한편으로는 중국산 철강·반도체·태양광 제품에 고율 관세를 부과하며 자국의 제조업을 보호하는 보호 무역주의 정책도 동시에 구사하고 있다.

자유 무역주의와 보호 무역주의는 대립하고 갈등하고 경쟁하면서 세계 무역 질서를 형성해 갔는데, 흥미로운 점은 어떤 나라도 자유 무역주의나 보호 무역주의를 일관성 있게 주장하지 않는다는 것이다. 자국의 이익을 최대화하는 방향으로 편리한 대로 자유 무역주의와 보호 무역주의를 가져다 쓰고 있는 형국이다. 경쟁력이 우위에 있을 때는 자유 무역주의, 불리할 때는 보호 무역주의, 이런 방식으로 말이다.

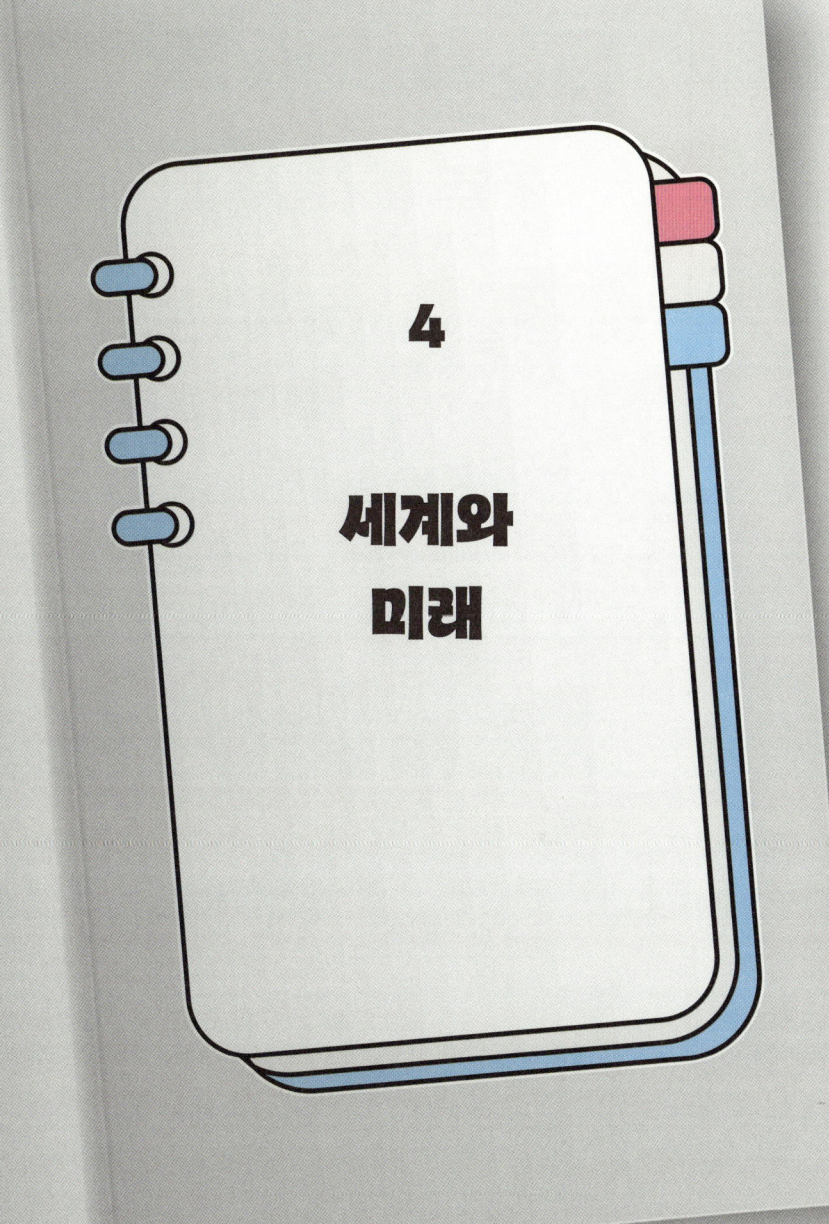

4

세계와
미래

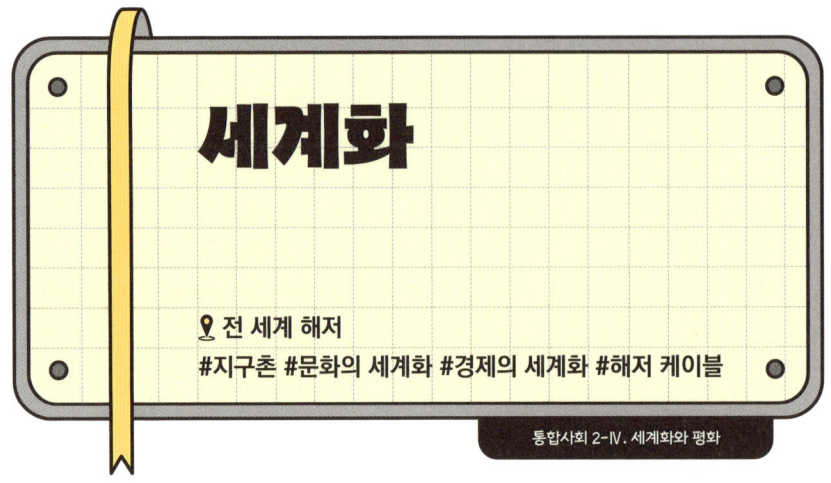

세계화

📍 전 세계 해저

#지구촌 #문화의 세계화 #경제의 세계화 #해저 케이블

지구촌(Global village)이라는 말이 있다. 이 말을 처음으로 쓴 사람은 캐나다의 미디어 이론가 마셜 매클루언이다. 그는 "미디어는 메시지다"라는 말을 남겼다. 모든 미디어, 이를테면 전화, TV 등은 그 자체로 메시지로 기능한다는 뜻이다. 미디어의 형태에 따라 거기에 담기는 메시지 자체가 달라질 수 있다. 음성만 들을 때와 영상과 음성을 함께 시청할 때의 느낌이 다른 것처럼 말이다. 미디어에 관한 그의 통찰은 오늘날 현대 미디어 산업의 핵심을 관통하는 언명으로 남았다.

미디어 변화를 연구한 그가 세계를 지구촌이라 표현한 까닭은 뭘까? 전자 매체의 발달로 시간과 공간의 제약과 장벽이 사라져 마치 시공간이 축소된 것처럼 느낄 것이라고 봤기 때문이다. 시공간의 축소는 교통과 통신의 발달을 전제한다. 시간이 단축됐다는 것은 그만큼 통신 기술이 발달했다는 뜻이고, 공간이 축소됐다는 것은 그만큼 교통이 발달했다는 뜻이다. 광활한 세계가 줄어들어 작은 마을처럼 생활하는 모습! 매클루언은 바로 이러한 양상을 '지구촌'이라 명명한 것이다. 그런 면에서 교통과 통신의 발달은 지구촌을 이끄는 쌍두마차다.

교통과 통신이 이끄는 지구촌은 **세계화(globalization)**라는 개념어와 이어진다. 세계화는 대체로 지구촌화를 뜻한다. 하지만 엄밀하게 보면 세계화와 지구촌화는 살짝 결이 다르다. 세계화가 국가 간의 상호 연결성이 확장하는 과정에 초점을 뒀다면, 지구촌화는 세계화의 결과로 지구촌이 상호 의존하게 된 결과에 초점을 둔 개념이다. 세계화가 꾸준히 이뤄져야만 자연스럽게 지구촌화가 이뤄지는 구조다.

세계화는 크게 두 가지 측면에서 활발하게 진행 중이다. 문화의 세계화와 경제의 세계화다. 오늘날 세계는 공통으로 즐기는 문화 요소가 많다. 예를 들어, 영국에 사는 청소년과 남아프리카 공화국에 사는 청소년이 모두 특정 기업이 만든 청바지를 입는 경우다. 두 나라는 지리적으로 멀리 떨어져 있고 자연환경도 다르다. 전통적 관점에서 두 지역은 같은 의복을 입을 수 없다는 뜻이다. 하지만 교통이 발달한 오늘날에는 청춘을 상징하는 이미지 등을 만들어 홍보하면 세계 어느 지역에서든지 똑같은 청바지를 입을 수 있다. 유럽이든 북미든 오세아니아든 세계 어디를 여행하더라도 특정 기업의 커피나 음료, 햄버거나 치킨 등을 즐길 수 있는 이유다. 이른바 **문화의 세계화**가 이뤄진 것이다.

경제의 세계화는 자본이 이끈다. 마을, 지역, 국가, 대륙을 넘어 세계 전역에서 화폐 교환이 수월해진 덕이다. 세계화는 지구촌을 거대한 하나의 상권으로 만들려는 기세다. 가령 세계 최대의 온라인 쇼핑몰인 아마존 닷컴✔에서 물건을 산다고 가정해 보자. 절차는 간단하다. 원하는 물건을 장바구니에 담고 주문 버튼을 클릭하면 그만이다. 결제는 평소 즐겨 쓰는 신용카드를 이용하면 된다. 국내에서 발급한 카드라고 해서 걱정할 필요는 없다. 이미 국제적으로 통용되는 결제 시스템이 마련돼 있기 때문이다. 나라마다 돈의 가치가 다른 것도 문제없다. 화폐 교환 비율인 환율이 구매 버튼을 누르는 시간에 맞춰 실시간으로 적용되기 때문이다. 이렇게 보면 자본에 국경은 의미가 없는 선에 불과하다. 국경을 초월한 자본의 이동은 기하급수적으로 성장하는 서비스 산업의 발전을 이끈다.

오늘날 세계를 활발하게 누비는 핵심 교통수단은 항공과 해운이다. 항공은 주로 사람, 해운은 주로 물자를 실어 나른다. 대부분 국가가 공항을 더 크게 짓고 공항이 첨단 시설과 장비를 갖추도록 하기 위해 애쓴다. 건축적으로도 멋지게 짓는 것은 기본이다. 공항은 그 나라의 얼굴이다. 이방인이 낯선 나라를 방문할 때 가장 먼저 마주하는 장소가 공항이기 때문이다. 공항이 얼마나 많은 지역과 연결되는지, 얼마나 많은 직항 노선을 보유하고 있는지, 얼마나 빠르고 정확하게 화물을 처리할 수 있는지는 해당 공항의 위상을 드높이는 중요한 평가 지표다. 해운도 마찬가지다. 21세기 세계

아마존 닷컴
미국에서 출발한 종합 인터넷 플랫폼 기업. 특히 온라인 쇼핑몰 및 서점의 세계적인 붐을 일으켰다. 사업의 성장 속도가 매우 빠르고 경영 방식이 치밀한 것으로 유명하다.

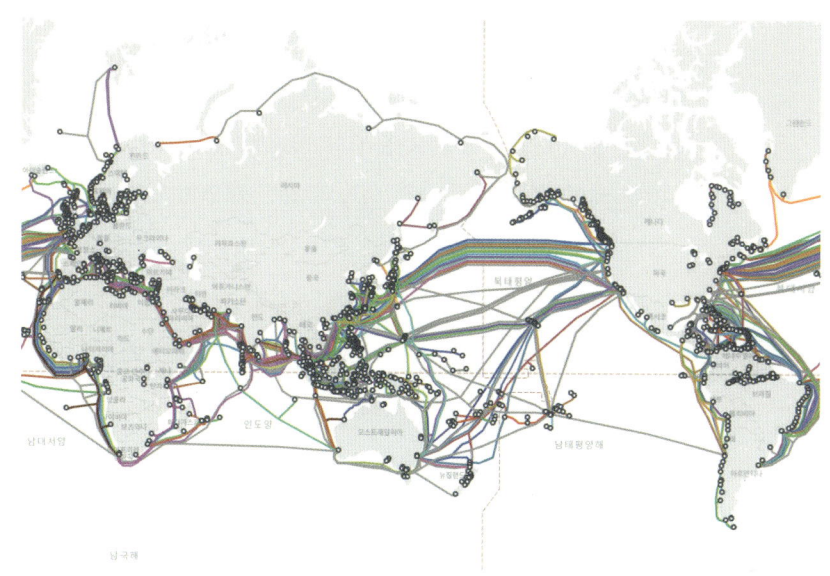

세계 해저 케이블 매설 지도

경제는 국제 무역이 떠받치고 있다. 항구는 세계 곳곳을 이동하는 화물의 관문이다. 세계적인 항구는 막대한 양의 컨테이너 물자를 빠르고 정확하게 처리할 수 있는 역량이 중요하다. 이러한 역량을 갖춘 항구는 더 많은 배를 불러 모아 해상 물류의 거점으로 발돋움한다.

그렇다면 통신을 연결하는 핵심 수단은 뭘까? 바로 **해저 케이블**이다. 해저 케이블은 바다 밑에 있다. 목적은 전기적 통신 신호를 주고받는 일이다. 막대한 양의 통신 데이터가 오가는 해저 케이블은 오늘날 없어서는 안 될 디지털 시대의 핵심 자원이다. 초창기 해저 케이블의 목적은 국가 간 통신이었다. 하지만 디지털 시대가 본격적으로 열리면서 그

종류와 양이 폭발적으로 늘었다.

현재 세계의 바다엔 지구 둘레의 30배가 넘는 길이의 해저 케이블이 매설돼 있다. 워낙 많은 비용이 필요한 터라 해저 케이블을 놓을 땐 각 나라의 통신 사업자가 의기투합한다. 국가 차원에서 공동으로 구축한 경우 투자한 비용에 따라 차별적으로 사용한다. 해저 케이블은 앞으로도 계속 늘어날 전망이다. 이렇게 보면 인터넷은 땅이 아닌 바다 밑에 있는 셈이다.

세계화를 **네트워크**의 개념으로 설명하기도 한다. 빛의 속도로 데이터를 전송하는 해저 케이블은 세계화를 더욱 견고하게 만드는 강력한 거미줄이다. 네트워크는 두 지역 간의 소통에 머물지 않는다. 네트워크로 촘촘히 연결된 지역들은 물리적 거리를 떠나 모두 하나로 연결된 효과를 얻는다. 세계화의 관점에서 네트워크 세계화는 사람이 사는 곳이라면 어디든 가리지 않고 연결할 것이다. 그런 면에서 해저 케이블은 수십억 명을 하나로 잇는 강력한 네트워크다. 구글, 메타, 아마존, 마이크로소프트와 같은 세계적인 테크놀로지 플랫폼 기업은 네트워크 세계화가 빛의 속도로 키운 거대기업이다.

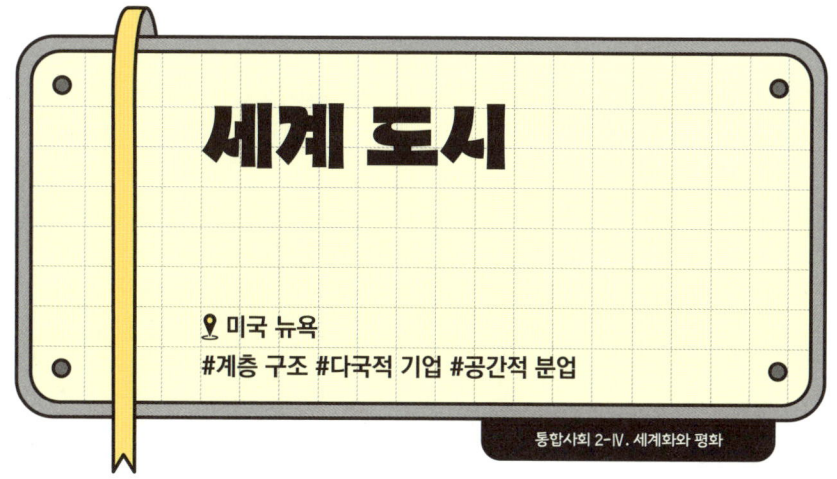

뉴욕은 '세계의 수도'라 불린다. 세계에서 가장 영향력이 큰 도시라는 뜻에서다. 뉴욕의 영향력은 금융, 문화, 외교 등 다양한 분야를 아우른다. 금융이라면 월가, 문화라면 브로드웨이, 외교라면 뉴욕의 유엔 본부가 자연스럽게 떠오를 정도다. 뉴욕은 마천루의 고향이기도 하다. 1931년에 지어진 높이 381m의 엠파이어스테이트빌딩을 시작으로 맨해튼을 빼곡하게 메운 고층 빌딩 숲은 압도적인 느낌을 안겨 주는 뉴욕의 상징적인 경관이다. 대서양을 따라 어퍼만(Upper Bay)으로 진입하면 프랑스로부터 선물 받은 자유의 여신상이 반긴다. 미국은 이곳을 통해 수많은 이민자를 들였다. 그들은 자유의 여신상 앞에서 비로소 실감했다. 자신들이 제국의 수도에 도착했음을 말이다.

뉴욕처럼 세계적으로 영향력이 큰 도시를 **세계 도시(world city, global city)**라 부른다. 사실 넓은 의미에서 세계 도시

뉴욕은 세계화 네트워크에서 중요한 역할을 하는 대표적인 세계 도시다. 자유의 여신상 너머에 고층 빌딩이 밀집해 있는 곳이 맨해튼이다.

는 오래전부터 있어 왔다. 가장 대표적인 사례가 옛 로마 제국의 중심지였던 로마다. 로마 시대에 꽃피운 기념비적인 역사 유적과 문화적 자산은 오늘날 서양 문명에 큰 영향을 줬다. 당시 로마 제국의 크기는 범접하기 힘든 수준이었지만, 오늘날의 관점에선 다소 초라한 감이 없지 않다. 지중해를 중심으로 북아프리카, 유럽, 서아시아 일대의 영토를 거느렸지만, 세계 도시 로마의 영향력은 딱 거기까지였기 때문이다. 바꿔 말하면 오늘날 세계 도시의 영향력은 로마 제국과는 비교할 수 없을 정도로 막강하다는 뜻이다.

세계 도시의 강력한 힘은 교통과 통신의 발달에 따른 **세**

계화와 맞물려 있다. 세계화는 시공간을 축소했고 국경을 무색하게 만들었다. 이 틈새를 이용해 도시는 답답했던 국가라는 옷을 벗고 세계를 향해 날개를 펼쳤다. 특히 경제적인 면에서 그랬다. 그런 점에서 세계 금융의 메카로 불리는 도시는 모두 세계 도시의 범주에 속한다. 뉴욕을 비롯해 런던, 파리, 도쿄 등은 세계 도시 가운데서도 최상위 세계 도시로 별도로 구분한다. 세계 도시엔 이렇다 할 공장이 없어 물건을 만들지 못한다. 하지만 세계 자본의 흐름을 통제하고 효율적으로 관리하는 능력이 뛰어나다. 세계적인 금융 기업이 밀집한 탓에 세계 도시로서의 위상을 한껏 펼칠 수 있다.

세계적인 금융 기업은 대부분 **다국적 기업**(→246쪽)의 형태를 띤다. 다국적 기업은 국내를 넘어 세계를 상대로 경제 활동을 펼치는 기업을 뜻한다. 뉴욕과 런던 같은 최상위 세계 도시에 모인 회계 법인, 자산 운용사, 부동산 회사, 법률 회사, 금융 거래소 등은 세계 도시를 움직이는 강력한 엔진이다. 이들은 주로 세계 도시에서도 특정 공간에 집중적으로 모인다. 뉴욕의 월가, 런던의 시티오브런던이 그 예다. 다국적 기업이 밀집한 공간은 세계 도시의 노른자위다. 그 자체로 강력한 브랜드 효과를 낸다.

세계 도시에 모인 다국적 기업의 면면을 조금 더 자세히 살펴보자. 다국적 기업은 크게 본사와 지사, 생산 공장으로 구조화돼 있다. 본사에선 기업의 중대한 의사를 결정하고 전략을 수립한다. 지사는 세계 각지 설치돼 현지 시장의 상황을 파악하고 본사의 결정을 집행한다. 우리나라의 현대자동차나 일본의 도요타와 같이 물건을 만드는 기업은 세계 각지에 생산 공장을 두기도 한다. 각각이 역할을 충실히 수행할 때 다국적 기업은 안정적으로 존속할 수 있다. 이러한 다국적 기업의 **생산 네트워크**✔를 가리켜 **공간적 분업**이라 부른다.

생산 네트워크
하나의 기업이 완제품을 만드는 시대는 일찌감치 저물었다. 생산 네트워크란 여러 기업이나 조직이 상호 연결돼 다양한 상품과 서비스를 만드는 시스템을 뜻한다.

세계 도시엔 주로 다국적 기업의 본사와 지사가 있다. 물건을 만들어 파는 제조 기업은 적다. 금융, 보험, 회계, 마케팅과 같은 서비스 기업의 비중이 높다. 다국적 기업의 수는 곧 세계 도시의 힘을 상징한다. 뉴욕, 런던, 파리, 도쿄 등엔 다국적 기업의 본사와 지사가 밀집해 있다. 여기서 한 가지 의문이 든다. 다국적 기업의 본사가 많아서 세계 도시가 된 걸까, 세계 도시라서 다국적 기업의 본사가 많은 걸까? 둘 다 맞다.

도쿄를 예로 들어 보자. 도쿄는 아시아 최대의 세계 도시로 평가받는다. 도쿄가 지금처럼 막강한 도시 권력을 갖게 된 원인은 다양하다. 일본의 근대화를 이뤄 낸 에도 시대부터 수도로 기능한 측면, 넓은 삼각주에 위치해 촘촘하게 도시를 넓힐 수 있는 평탄한 땅의 조건, 태평양과 인접해 바다로 나아가는 데 유리한 지리적 조건 등은 세계 도시 도쿄의 성장을 뒷받침했다. 도쿄는 다국적 기업이 하나둘 모이면서 세계 도시로서의 면모를 갖춰 갔다. 그랬더니 더 많은 다국적 기업이 도쿄를 찾았다. 선순환이 일어난 것이다.

뉴욕, 런던, 도쿄 등이 최상위 세계 도시라면 그 하위 세계 도시도 있다는 뜻일까? 그렇다. 경제 활동의 범위가 세계적이다 보니 그 안에서도 계층적 질서가 엿보인다. 마치 한 나라 안에 대도시부터 중소 도시까지 계층 질서가 있는 것과 비슷하다.

세계 도시의 분포를 보면 흥미로운 사실을 알 수 있다. 최상위 세계 도시는 대부분 북반구, 선진국에 있다. 이는 북반구가 남반구보다 육지 면적의 비중이 크기 때문이기도 하지만, 무엇보다 북반구가 온대 기후 지역의 분포 면적이 월등히 높아서다. 사람이 살기 좋은 곳에 돈이 모이고 도시가 만들어지고 나아가 세계 도시로 성장하는 것은 충분히 수긍할 수 있는 논리다.

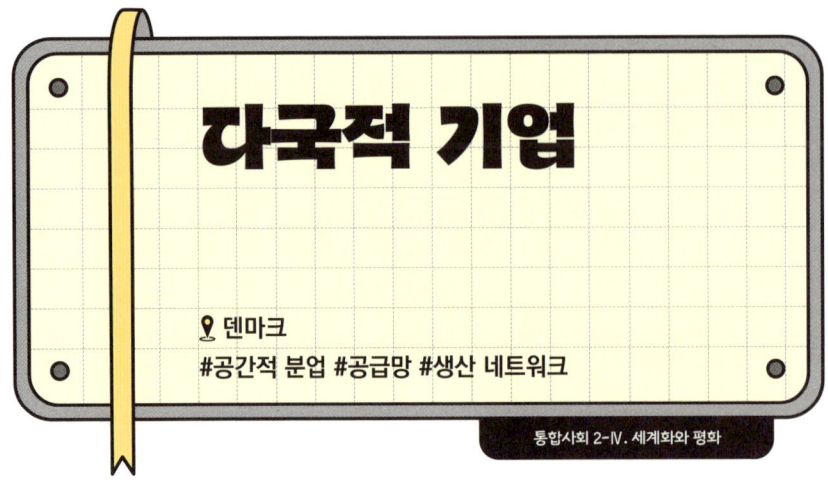

다국적 기업

📍 덴마크

#공간적 분업 #공급망 #생산 네트워크

소설 《피터 팬》에서 피터 팬은 '네버랜드'에 산다. 나이를 먹지 않고 영원히 어린이의 마음을 유지하면서 살아가는 곳이다. 실제 그런 나라는 없다. 그래서 '땅'을 뜻하는 랜드(land) 앞에 '결코 없다'라는 뜻의 네버(never)를 붙였다. 늙지 않는 것은 생물학적으로 불가능하다. 모든 생명체는 언젠가 반드시 죽음을 맞는다. 하지만 마음은 다르다. 의식적인 노력이 뒷받침되면, 마음만은 늙지 않는다. 마음은 신경 가소성✔을 지닌 뇌의 영역이기 때문이다.

의식적으로 유년의 마음을 떠올리는 좋은 방법은 뭘까? 아무래도 놀이다. 어린 시절의 놀이라니, 레고 놀이가 떠오른다. 수백 개의 블록만 있으면 무궁무진한 가짓수의 모형을 만들 수 있다. 조립 설명서가 있지만, 정답은 없다. 내가 원하는 것을 자유자재로 만들 수 있는 게 레고의 힘이다. 완벽을 요구하지 않고 가능성을 열어둔 게 레고의 강점이다.

신경 가소성
뇌가 경험, 학습 등에 반응해 구조와 기능을 변화시키는 능력

덴마크 빌룬에 위치한 레고 테마파크 '레고랜드'

레고가 전 세계 140여 개국 어린이들에게 사랑받는 이유다.

레고의 기본 틀은 1932년에 시작됐다. 덴마크의 한 목수가 블록을 규격화하는 아이디어를 냈고, 1947년부터 상품성을 높이고자 플라스틱으로 블록을 만들기 시작했다. 블록 윗부분에 튀어나온 원형 기둥을 만들어 블록끼리 조립하고 분해하는 일을 간편화한 것이 탁월한 결정이었다. 이후 자동차, 비행기, 기차, 마을 등 다채로운 주제를 구현할 수 있도록 부품의 다변화가 시도됐다. 중요한 건 각 주제를 위한 몇 개의 특수 부품을 제외하곤, 모두 상호 보완이 가능하다는 점이다. 결과는 대성공이었다. 이후 레고는 불티나게 팔렸다.

가족 중심의 작은 회사는 **다국적 기업**으로 성장했다. 덴마크에 본사를 두고 여러 나라에 공장을 세웠다. 덴마크 빌룬 공장에서는 플라스틱 블록을 만들고, 체코에서는 미니 피규어를 생산하고, 헝가리에서 포장과 물류를 맡는 식이다. 이 시스템에 참여하는 나라는 앞서 언급한 나라 말고도 여럿이다. 기후 변화의 시대를 맞아 베트남 빈즈엉성에는 탄소 중립을 위한 아시아 거점 공장을 세웠다.

레고의 생산 방식은 다국적 기업의 문법을 충실히 따른다. 다국적 기업은 대개 모국에 본사와 연구소를 두고 다른 나라에 공장과 지사를 두는 형태를 띤다. 한 걸음 더 성장한 다국적 기업은 연구소를 선진국에 여럿 두기도 한다. 레고의 경우 시장 규모가 큰 나라에 연구소를 두고 현지 상황을 파악한다. 공장은 상대적으로 인건비가 낮고 노동 인력이 풍부한 개발 도상국에 만들어진다. 영국, 미국 등에 레고 디자인 연구소가 있고, 멕시코, 헝가리, 중국, 체코, 베트남 등에 블록 생산 공장이 있는 건 그 때문이다. 이를 **공간적 분업**이라 한다.

공간적 분업은 교통과 통신의 발달로 가능했다. 스마트폰 또한 공간적 분업의 좋은 예다. 애플 아이폰의 경우 디스플레이 부문만 해도 한국, 일본, 중국, 타이완이 생산에 관여한다. 이러한 생산 체계는 각 지역의 강점을 모아 유기적으로 엮으면서 이뤄졌다. 핵심 원료가 풍부한 나라가 있다면 그곳 현지에서 1차로 가공하는 게 여러모로 이득이다.

다국적 기업의 글로벌 생산 네트워크는 원활한 **공급망**

공급망
제품의 원료 조달부터 소비자에게 전달되기까지 모든 과정을 포함하는 연결망을 말한다. 공급망의 원활한 연결은 물건을 만들어 파는 기업의 중요한 과제다. 이제는 하나의 제품을 생산하는 데 한 나라의 자원과 기술만으로는 역부족인 시대이기 때문이다.

확보가 관건이다. 코로나19처럼 전 지구적 충격에도 견딜 수 있는 위험 분산이 공급망 구축의 핵심이다. 공급망의 관리는 인공 지능이나 빅데이터 같은 첨단 기술이 뒷받침한다. 실시간으로 각 지역의 물류 흐름을 파악해 적재적소에 문제점을 해결하는 일이 매우 중요하다. 레고도 이에 민감하게 대응하고 있다.

레고는 블록을 자유롭게 분해하고 조립하는 아이디어를 공급망에 적용했다. 블록과 부품을 만드는 공정을 다변화하는 유연한 생산 전략을 도입한 것이다. 나아가 환경에 끼치는 부정적 영향을 줄이고자 지속 가능한 소재를 찾기 위해 연구 중이며 제조 기술 개선에도 박차를 가하고 있다. 플라스틱 제품을 만들다 보니 환경에 관한 이슈가 치명적이기 때문이다. 사실 환경과 관련된 지속 가능성은 모든 다국적 기업의 큰 과업이다. 예상을 뛰어넘는 기후 재난은 결국 공급망에 영향을 주고, 생산 네트워크를 무력화할 수 있기 때문이다.

그렇다면 레고와 같은 다국적 기업은 정말 이상적인 기업 모델일까? 다국적 기업이 세계 경제에서 차지하는 역할과 비중이 나날이 느는 추세이긴 하지만, 역작용도 만만치 않다. 대표적인 것이 생산 공장을 둔 개발 도상국의 피해다. 다국적 기업은 막대한 자본과 기술을 앞세운 덕에 중소 기업은 도산하거나 종속될 위험이 크다. 이는 결과적으로 다국적 기업이 진출한 나라가 거대한 다국적 기업에 경제적으로 종속되는 일로 이어질 수 있다.

저임금 노동력만을 찾는 다국적 기업의 이윤 전략도 문제다. 생산비 절감이라는 명목으로 문어발식 확장 경영에 치중하면, 현지의 노동력에 정당한 대가를 지불하지 않거나 열악한 노동 환경을 제공할 수밖에 없어서다. 그런 면에서 다국적 기업의 지속 가능한 성장 전략은 단순하다. 그건 다국적 기업의 모국은 물론 새롭게 진출한 나라의 법과 질서를 지키고 노동자의 인권을 존중하는 일이다. 사실 이런 정도의 준법 의식을 가진 기업이라면 환경 보호를 비롯한 공정 경쟁에 관한 기업 철학이 오롯이 서 있을 확률이 높다. 레고 기업이 극단적 이윤 추구가 아닌 보편적 상생에 더욱 신경을 쓰는 이유다.

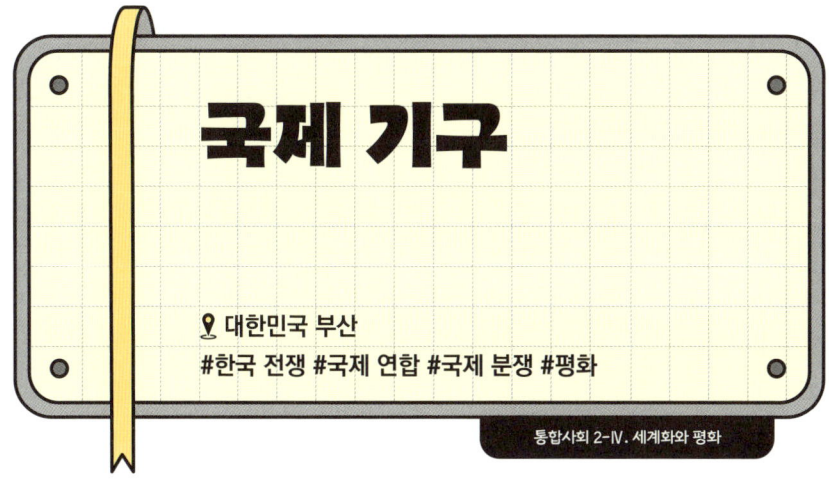

한국 전쟁은 표면상 남북한의 내전으로 여기기 쉽다. 하지만 엄밀히 말하자면 **국제 분쟁**의 성격이 짙다. 국제 분쟁의 사전적 정의는 국가 간의 충돌이 국제적인 규모로 커진 경우를 뜻한다. 일본의 패망 후 분단국이 된 한반도는 남한과 북한이 각자의 국가 시스템을 도입해 운영 중이었다. 그러던 중 북한은 남침을 강행했다. 남한의 영토를 수복해 적화 통일✔을 이루고자 했다. 여기까지 보면 얼핏 내전 같지만, 사실 북한의 남침은 소련(지금의 러시아)과 중국의 입김이 크게 작용한 결과다. 무슨 뜻일까?

적화 통일
공산주의로 이루어지는 통일

　광복 후 북한의 권력을 쥔 김일성은 호시탐탐 무력 적화 통일을 노렸다. 김일성의 계산은 이랬다. 소련의 스탈린과 중국의 마오쩌둥을 잘 설득해 전쟁의 명분을 얻는다. 전력을 38선에 모아 새벽에 침공하면, 미국이 굳이 남한을 위해 참전하진 않을 것이다. 김일성은 끈질긴 노력으로 스탈린과 마오쩌둥의 허락을 받았다. 그러곤 침공 일자를 정했다. 그게 바로 1950년 6월 25일이었다. 북한은 한국 전쟁이 발발한 지 70년이 넘은 지금까지도 남침을 인정하지 않고 있다. 하지만 소련의 기밀 문서에는 명백하게 기록돼 있다. 한국 전쟁은 북의 남침으로 시작됐다고.

김일성의 바람과는 달리 한국 전쟁이 발발하자 가장 발빠르게 움직인 쪽은 미국이었다. 미국은 제2차 세계 대전 이후 소련과 대립각을 세우고 있었다. 당시 두 강대국은 국가 운영 시스템에서 큰 차이를 보였다. 미국이 자유 민주주의 시장 경제 체제라면 소련은 사회주의 계획 경제 체제(→203쪽)였다. 소련은 인류 역사상 최초로 사회주의 국가를 현실화한 나라다. 이를 모범으로 삼은 게 북한이었다. 미국으로서는 소련을 중심으로 사회주의 국가가 확산하는 걸 저지해야했다. 자유 민주주의 세력의 남한을 지키는 일은 나아가 한반도의 사회주의화를 막는 길이었다. 반도는 지정학적으로 대륙과 해양의 교두보다. 미국의 참전은 넓은 시야에서 당연한 선택이었다. 미국이 돕지 않으리라는 생각은 김일성의 큰 오판이었다.

한국 전쟁이 치러지는 3년여 동안 한반도는 그야말로 쑥대밭이 됐다. 온갖 실탄과 폭약이 주요 도시와 길목에 집중적으로 떨어졌다. 당시 최신예 전투기와 폭격기는 새로 개발한 무기를 선보이며 위세를 떨쳤다. 짧다면 짧고 길다면 긴 시간 동안 무고한 국민은 물론 참전한 군인까지 수백만 명이 목숨을 잃었다. 만약 남한의 군대만으로 한국 전쟁을 치렀다면? 지금의 대한민국은 없지 않을까.

미국을 비롯한 자유 민주주의 진영은 꽤 탄탄한 국제 협력 조직을 가지고 있다. 바로 **유엔(UN, 국제 연합)**이다. 유엔은 인류 역사상 최악의 전쟁으로 평가받는 제2차 세계 대전의 발발을 막지 못한 국제 연맹을 대신해 발족했다. 그 뿌리는 제2차 세계 대전의 연합국이다. 이 국가들은 유엔의 설립 목적과 역할, 구조를 광범위하게 논의했고 그 결과를 바탕으로 다양한 하위 기구를 설립했다. 본부는 미국 뉴욕에 뒀다. 유엔은 2025년 기준 193개국이 가입한 명실상부 세계 최대의 **국제 기구**다. 한국 전쟁으로 오랜 분단을 유지하고 있는 남한과 북한은 동시 가입의 조건으로 1991년 유엔의 회원국이 됐다.

한국 전쟁의 참전 양상을 보면 이 전쟁이 어째서 국제 분쟁인지 실감할 수 있다. 북한 측은 소련과 중국군이 뒤를 받쳤다. 반면 남한 측은 유엔의 결의에 따른 연합군이 참전했다. 당시 북한의 남침은 유엔 산하 기구인 **안전 보장 이사회**✔의 결의를 위반한 것이었다. 안전 보장 이사회는 북한의 남침을 명백한 침략 행위로 규정하고 유엔군을 파병했다. 유엔군은 유엔 회원국의 자발적 참여로 구성된다. 당시 유엔군을 지휘한 총사령관이 바로 더글러스 맥아더다. 유엔군의 참전은 명분이 확실했다. 반면 북한의 침공은 명분이 없었다. 그런 흐름 속에서 한국 전쟁은 오랜 시간 교착되면서 지금의 38선을 기준으로 한 비무장 지대가 마련됐다. 그 끝이 바로 남북 분단이다.

유엔 안전 보장 이사회
유엔 회원국의 평화와 안보를 담당하는 유엔의 산하 기관이다. 〈유엔 헌장〉은 안전 보장 이사회가 국제 평화를 위협하는 행위를 억제하고 그 진상을 조사할 수 있도록 권한을 부여하고 있다.

부산의 유엔기념공원은 세계 유일의 유엔 기념 묘지다.

부산에는 재한유엔기념공원이 있다. 이 공원이 조성된 건 한국 전쟁에 참전해 목숨을 잃은 수만 명의 연합국 군인을 기리기 위해서다. 미국, 영국, 튀르키예 등 약 2,300명의 전몰 장병이 잠들어 있다. 유엔이 직접 운영하는 기념 묘지는 세계에서 이곳이 유일하다. 넓은 부지는 한국 전쟁의 전사자를 위해 대한민국이 마련했고, 실제 운영은 유엔이 맡는다. 재한유엔기념공원은 유엔이 국제 평화에 얼마나 필요한 기구인지를 간접적으로 알리는 장소다. 국제 기구의 존립 목적이 곧 세계 평화를 지키는 일이기 때문이다.

전 세계의 분쟁을 원천적으로 차단하는 일은 거의 불가능하다. 분쟁의 뿌리를 뽑을 수 없다면, 그 싹은 잘라낼 수 있어야 한다. 국가 간의 작은 분쟁이라도 어느 시점엔 전쟁으로 번지는 경우가 많기 때문이다. 가장 좋은 건 당사자 간의 합의다. 원만하게 합의하면 국제 분쟁의 씨앗은 그 즉시 시들고 만다. 당사자 간의 합의가 어렵다면 국제 기구가 나서야 한다. 국제법에 따라 갈등을 중재하거나 사전에 예방한다. 각고의 노력에도 불구하고 전쟁이 발발하면 직접 무력으로 분쟁을 조정한다. 그 역할을 담당하는 게 국제 평화 유지군이다.

국제 분쟁은 세계 대전으로 이어질 수 있는 불쏘시개와 같다. 불쏘시개에 불이 붙으면 그 즉시 꺼야 한다. 작은 불씨도 남기지 않아야 한다. 그러기 위해선 국제 분쟁 해결을 위한 끊임없는 노력이 필요하다. 국제 협력을 강화하고 평화가 얼마나 위대한 가치인지 교육을 통해 널리 알려야 한다. 유엔의 산하 기관엔 **유네스코(UNESCO)**가 있다. 유네스코의 핵심 목표는 평화다. 인간의 자유와 인권, 정의 구현, 교육과 문화 교류 등을 목적으로 활동한다. 세계유산을 지정하는 것도 그 일환이다. 유네스코의 활동은 평화는 완성된 결과가 아니라 인류 모두가 끊임없이 의식하고 꾸준히 노력하며 숨을 불어넣어야 하는 가치임을 보여 준다.

유네스코
정식 명칭은 유엔 교육·과학·문화 기구(United Nations Educational, Scientific and Cultural Organization)다. 영어 이름의 앞 글자를 따 유네스코라 부른다.

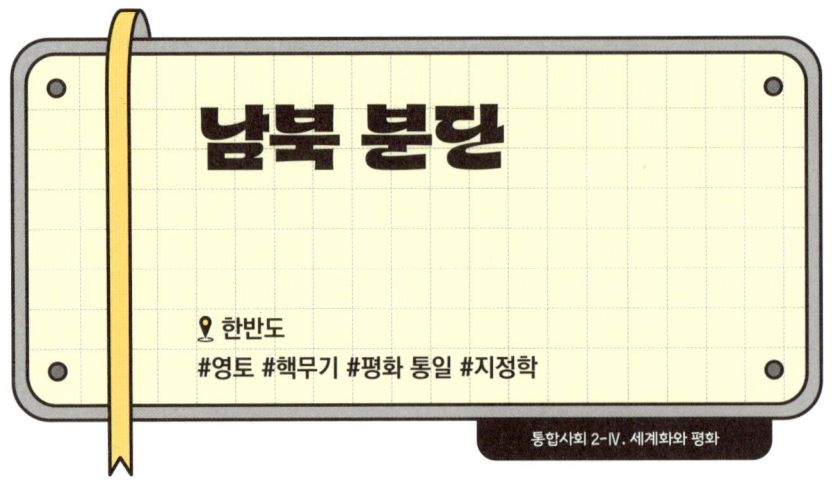

부속도서
한반도 주변의 부속 섬은 약 3,300개다. 이 중 사람이 살지 않는 무인도가 약 2,900개다. 무인도가 압도적으로 많은 이유는 면적이 좁은 탓도 있지만, 대개 물을 구하기 힘든 경우가 많아서다. 지하수조차 발달하기 힘든 조건이다.

〈대한민국헌법〉 제3조는 '한반도와 그 부속도서✓'를 대한민국의 영토로 규정한다. 이는 대한 제국 시기의 영토를 기반으로 마련된 조항이다. 여기서 부속도서는 우리나라가 실효 지배하는 유인도와 무인도를 통칭한다. 실효 지배란 실질적으로 대한민국 국적의 시민이 살거나 군대가 주둔해 점유함을 뜻한다. 이를테면 독도는 시민이 살고 국군이 경비하는 대한민국이 실효 지배하는 영토이고, 쓰시마섬은 일본이 실효 지배하는 영토다. 하지만 오늘날 헌법이 규정한 대한민국의 영토는 현실과는 거리가 멀다. 1953년 한국 전쟁이 끝난 후 한반도가 분단됐기 때문이다.

남북 분단은 남한과 북한의 독립 체제로 반세기를 훌쩍 넘어 이어지고 있다. 그 출발은 1945년 제2차 세계 대전의 종전이었다. 일본의 패망으로 일제 강점기는 막을 내렸다. 이때 세계 질서를 좌지우지하던 미국과 소련은 북위 38도선

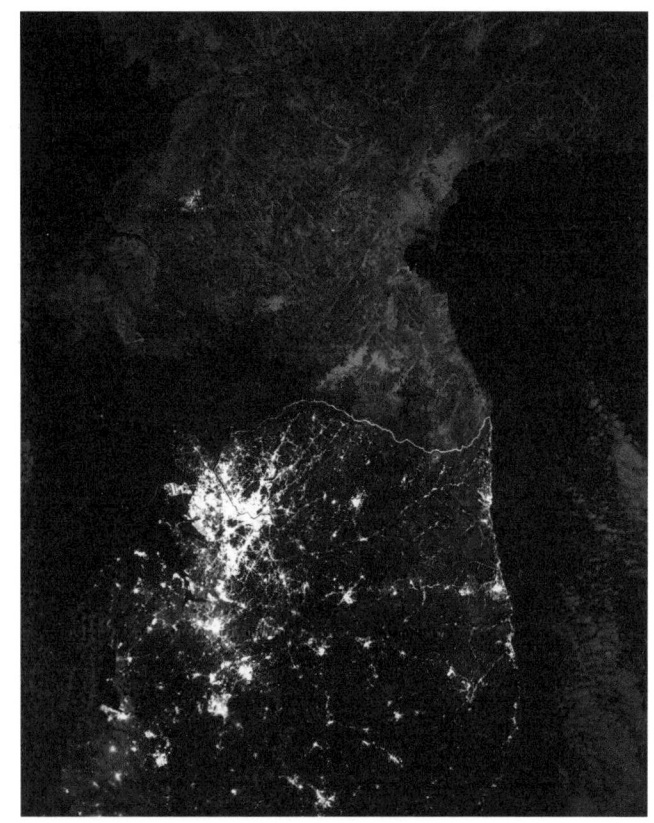

2024년 국제 우주 정거장에서 촬영한 한반도의 밤

을 기준으로 한반도의 허리를 갈랐다. 비슷한 과정으로 분
단됐다가 지금은 통일을 이룬 나라가 독일과 베트남이다.
1948년 남한은 대한민국으로, 북한은 조선민주주의인민공
화국으로 각자의 길을 걸었다.

　1950년 북한의 남침으로 일어난 한국 전쟁은 분단을 더
욱 고착화했다. 그전까지는 국토가 나뉘고 서로 다른 지배
체제가 들어선 정도였지만, 한국 전쟁은 한민족이라는 민족

정서에도 부정적인 영향을 주었다. 이후 남북이 국제법적으로 완전히 다른 나라가 된 계기는 1991년 남북한의 유엔 동시 가입이다. 두 나라가 각각 유엔에 가입함으로써 실질적인 국가의 분단이 이루어졌다.

2024년 미국 항공 우주국(NASA)이 한반도의 밤을 촬영했다. 국제 우주 정거장에서 본 밤의 한반도는 남북한의 모습을 극명하게 대비시킨다. 북한은 평양 정도만 희미한 섬처럼 떠 있다. 반면 남한은 수도권을 중심으로 지방 대도시와 중소 도시 곳곳이 불빛으로 환하다. 이는 국가 경제력의 차이를 잘 보여 준다.

본디 한 뿌리였던 두 나라가 이렇듯 극명한 경제 수준의 차이를 보이는 이유는 국가 시스템이 달라서다. 남한은 자본주의 시장 경제 체제(→202쪽)로 성장했고, 북한은 국가 주도의 계획과 폐쇄된 경제 시스템으로 성장했다. 세계 여러 나라는 무역이라는 질서 아래 서로 의존하고 보완하며 경제 발전을 이뤄 왔다. 하지만 북한은 국제 사회에서 소외를 넘어 제재를 받는 수준에까지 이르게 됐는데, 가장 큰 원인은 핵 개발이다.

북한은 핵무기를 보유한 것으로 알려진다. 북한이 경제적 어려움을 무릅쓰고 핵무기를 개발한 까닭은 뭘까? 핵심은 체제 유지다. 북한의 권력은 분단 이후 김일성 일가가 세습해 오고 있다. 기형적인 권력 세습을 유지하기 위해선 강력한 보호책이 필요하다. 그게 바로 핵무기다. 이는 소수 권력 집단의 안위를 위해서라면 극단적인 공멸의 길도 선택할 수 있음을 시사한다.

인류의 멸종에 관한 몇 가지 시나리오 중에서 첫손가락에 꼽는 게 **핵전쟁**이다. 인류는 이미 핵무기의 무서움을 경험한 바 있다. 일본 히로시마와 나가사키에 떨어진 원자 폭탄은 당시 일본 제국주의의 무조건 항복을 이끌었다. 히로시마에서는 폭격 당일에만 7만여 명이 목숨을 잃었고, 살아남은 이들 역시 방사능 피폭 후유증으로 평생 고통을 겪어야 했다. 원자 폭탄의 버섯구름은 인류의 지속 가능한 생존을 위협하는 독버섯과 같았다.

남북 분단 문제의 궁극적인 해결은 **평화 통일**이다. 대한민국 정부는 공식적으로 '민족공동체 통일방안'을 마련하고 있다. 골자는 남과 북이 상호 존중의 정신 위에 무력이 아닌 평화적으로 통일을 이루는 것이다. 오랜 시간 쌓인 불신은 털어 내고 서로 다른 체제를 채택하며 달라진 국가 시스템을 묶어 하나의 공동체를 지향한다. 이를 위해선 단기간 내에 통일하려는 급진적인 생각을 버려야 한다. 더디더라도 남과 북이 신뢰를 바탕으로 유지할 수 있는 점진적 통일이 중요하다. 단, 양보할 수 없는 원칙이 있다. 바로 자유 민주주의 국가 체제다. 국가의 권력은 국민으로부터 시작돼야 한다. 또한 국민의 생존을 뒷받침하는 체제는 자본주의 시장 경제여야 한다. 요컨대 평화적으로 통일된 한반도가 그리는 미래는 '민족 구성원 모두가 국가의 주인이고, 개개인의 자유와 복지 그리고 인간 존엄성이 보장되는 선진 민주 국가'다.

지정학
한 개인이 어디에 있는
가에 따라 상황이 달라
지듯, 국가도 어떤 지
리적 조건에 있는가에
따라 국제 상황이 달라
질 수 있음을 연구하는
학문이다. 대개 주변
국가와의 관계가 지정
학적 리스크를 만드는
중요한 변수다.

한반도의 통일은 동북아시아의 **지정학**에도 큰 영향을
준다. 남한을 둘러싼 미국, 일본 등의 태평양 세력과 북한을
둘러싼 러시아, 중국 등의 대륙 세력은 오랜 시간 동아시아
지정학을 이루는 두 개의 축이었다. 한반도의 통일은 남북
한에서 각각 세력을 유지하던 균형추가 사라지는 효과를 낳
는다. 그런 면에서 한반도의 평화 통일이 무엇보다 중요하
다. 여러 강대국의 이권과 전략이 점철된 한반도에 만에 하
나 무력이 개입한다면, 통일은 고사하고 국가의 존립 자체
가 위험해질 수 있다. 북한이 만든 핵무기를 본원적으로 없
애는 비핵화의 요구는 이런 맥락에서 선택이 아닌 필수라고
보는 견해가 지배적이다.

통일 한반도의 미래는 비관적이지만은 않다. 특히 경제적
인 면에서 이점이 크다. 북한의 풍부한 천연자원과 노동력
은 남한의 기술 및 자본과 만나 강력한 시너지 효과를 낼 수
있다. 통일에 따른 비용보다 이후의 경제적 편익이 크다는
연구 결과는 평화적 통일을 이룬 한반도의 낙관적인 미래를
그리도록 만든다. 본질적으로 경제적 효과보다 중요한 것
은, 남북한은 본래 하나의 공동체였다는 점이다. 이 점을 잊
지 말아야 한다.

아프리카는 세계에서 출산율이 가장 높은 대륙이다. 세계에서 출산율이 가장 높은 나라도 아프리카의 니제르다. 니제르는 국토의 북부 지역이 사하라사막에 걸쳐 있다. 남부 지역은 키 작은 풀이 자라는 스텝 기후 지역이다. 한 나라에 사막과 스텝 초원, 다시 말해 건조 기후 지역이 모두 분포한다. 사헬(Sahel) 지역에 있다는 거다. 최근에는 니제르의 북부 사막 범위가 점차 넓어지는 추세다. 이를 사헬의 사막화라 부른다. 이렇듯 사막화가 진행 중인 니제르에서 아이를 많이 낳는다니 의외다.

한 나라의 출산율을 살펴보려면 대개 **합계 출산율**이라는 개념을 활용한다. 15~49세의 여성이 가임 기간 동안 낳을 것으로 예상되는 평균 출생아 수를 뜻한다. 일반적으로 한 나라의 인구가 안정적으로 유지되려면 이 수치가 2.1명은 돼야 한다. 2022년 기준 니제르의 합계 출산율은 약 6.7명이

니제르의 합계 출산율은 세계에서 가장 높다.

고, 아프리카 대륙 전체는 약 4.3명이다. 가정마다 4~7명 정도를 낳는 셈이다. 이는 세계 평균(2.3명)의 약 두 배다. 아프리카 대륙의 별명이 '젊은 대륙'인 이유다. 유엔은 2050년이 되면 세계 인구 넷 중 한 명이 아프리카인이 될 것으로 보고 있다.

니제르를 포함한 아프리카 국가 대부분은 어째서 아이를 많이 낳을까? 여기엔 몇 가지 사회적 요인이 작용한다. 먼저 남성 중심의 가족 구조다. 세계적으로 보았을 때, 경제 발전의 수준이 낮을수록 여성의 사회적 지위 역시 낮은 경향이 있다. 니제르는 극심한 빈곤국이다. 당장 먹고사는 문제가 온 국민의 당면 과제이다 보니, 교육이나 여성의 권리 증진에 자원을 충분히 투자하지 못한다. 조혼과 일부다처제가 문화적으로 허용되고 있기도 하다. 이는 조기 출산을 유발하며, 결국 출산율 상승에 기여한다. 이처럼 니제르의 높은 출산율은 문화적·사회적·경제적 요인이 복합적으로 작용한 결과다.

문제는 여기서 끝나지 않는다. 워낙 부양가족이 많다 보니 돈을 제대로 벌지 못하면 가족 전체의 생명이 위험해진다. 니제르가 합계 출산율과 더불어 영아 사망률이 높은 이유다. 세계은행의 통계에 따르면 2023년 기준 1,000명당 67명 수준이다. 안타깝게도 5세가 되기 전 사망하는 아이도 매우 많다. 그야말로 악순환이다.

악순환을 끊으려면 가장 먼저 아이 낳는 걸 줄여야 한다. 나날이 느는 인구는 1차 산업 중심의 저성장 국가엔 큰 부담이다. 이에 니제르 정부는 아이를 적게 낳도록 장려하는 산아 제한 정책을 펴고 있다. 그중 가장 흥미로운 정책은 '남편을 위한 학교'다. 이는 여성을 남성에게 종속된 대상으로 인식하는 문화를 바꾸려는 시도다. 여성에 관한 인식의 전환은 높은 합계 출산율의 뿌리를 들여다보는 일이다. 남편을 위한 학교가 잘 정착된다면, 부부가 동등한 지위에서 출산을 계획할 수 있는 민주적인 가정 문화가 정착할 수 있을 것이다.

니제르와 같은 개발 도상국은 정도의 차이가 있을 뿐, 세계 어디서나 비슷한 문제로 골머리를 앓고 있다. 이를 한눈에 살펴볼 수 있는 게 **인구 피라미드**다. 주로 세로축에 나이, 가로축에 남성과 여성의 인구 수를 배치해 연령대별 인구 수를 시각적으로 파악할 수 있도록 만든 그래프다. 나이는 일반적으로 5세 단위로 구분한다. 이를 다시 크게 세 분류로 나누면 유소년층(0~14세), 청장년층(15~64세), 노년층(65세 이상)이다. 니제르의 인구 피라미드는 유소년층이 많기 때문에 위로 갈수록 좁아지는 형태를 보인다. 주로 저개발 국가나 개발 도상국에서 나타나는 형태다. 이처럼 인구 피라미드만 봐도 합계 출산율이나 경제 수준과 같은 사회적 문제를 미루어 짐작할 수 있다.

나아가 인구 피라미드를 국가 내 지역별로 그리면 더 세밀한 국가 정책을 펼 수 있다. 지역별 인구 문제는 사회적 문제로 이어질 수 있기 때문이다. 예를 들어, 어느 지역에 남자가 여자보다 월등히 많다면, 남성 노동력이 더 많이 필요한 곳이라는 추측이 가능하다. 또 어느 지역에 노년층의 비중이 높다면, 고령화에 따른 사회적 노동력 부족의 문제를 짐작할 수 있다. 한 걸음 더 나아가 도시와 농촌 간의 인구 구조를 비교하면 지나친 도시화에 따른 과밀화 현상과 그에 따른 **국토 불균등 성장**☑️의 문제를 엿볼 수도 있다.

아주 오래전부터 인구는 한 나라의 존속에 밀접한 영향을 줬다. 한 명 한 명을 파악하고 관리하는 일은 결국 국가의 노동력이자 군사력을 잘 관리하고 세금을 제대로 부과하는 일이었다. 로마에서는 사람마다 세금을 부과하는 인두세를 시행했다. 이때 인두세를 매기던 감찰관을 라틴어로 켄소르

(censor)라 불렀다. 이 말에서 유래해 인구 주택 등을 모두 조사하는 행위를 **인구 센서스**라 부른다.

오늘날 경제 수준이 높은 선진국은 국가 차원에서 주기적으로 센서스, 즉 인구 총조사를 통해 사회적 문제를 진단하고 미래를 준비한다. 반면 이를 시행하기 어려운 나라는 인구를 통해 앞을 내다보는 일이 제한적이다. 우리나라는 통계청에서 5년마다 실시한다. 공식 명칭은 인구주택총조사다. 역사적으로 한반도 센서스의 기원은 삼국 시대로 본다. 고구려, 백제, 신라는 조금이라도 더 영토를 확보하기 위해 치열하게 경쟁했다. 그래서 센서스가 중요했다. 여담으로 인구조사엔 동물, 식물 등도 포함된다. 우리나라의 인구주택총조사에서 가축과 반려동물에 관한 통계가 정밀하게 조사되는 이유다.

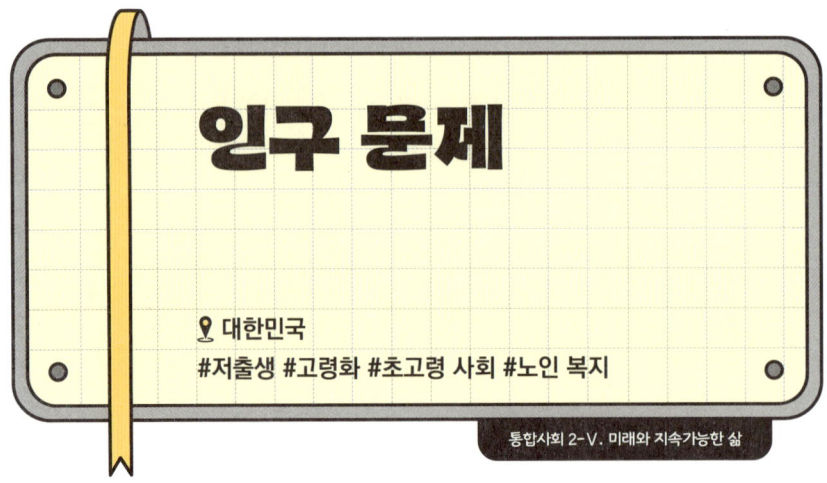

인구 문제

📍 대한민국

#저출생 #고령화 #초고령 사회 #노인 복지

인구는 한 국가를 지탱하는 강력한 힘이다. 국가는 법과 제도로 운영되는 거대 시스템이고, 이 시스템을 운영하고 유지하는 주체는 사람이다. 그런 면에서 인구 감소는 사회적으로 부담스러운 일이다. 역사적으로 인구 감소를 불러온 것은 전쟁, 전염병, 기근 등이었다. 이런 일이 생기면 인구가 급속하게 줄었지만 상황이 정리되면 상처가 난 곳에 새살이 돋듯 인구는 자연스럽게 복원됐다. 인구 감소의 속도가 빨랐지만, 위험의 정도는 회복이 가능한 수준이었다.

인구 감소 측면으로만 보면 전쟁, 전염병보다 무서운 게 있다. 바로 **저출생**이다. 저출생은 합계 출산율이 **대체 출산율**✔을 밑도는 현상이다. 여성 한 명이 최소 두 명 이상의 아기를 낳아야 사회가 적절히 유지된다고 본다. 그보다 적으면 저출생 사회로 진입하는 구조다. 저출생 사회가 되면 급격한 인구 감소는 없지만 시나브로 사회가 붕괴할 수 있다. 격

대체 출산율
한 나라의 인구가 감소하지 않고 유지되기 위해 필요한 출산율을 뜻한다. 일반적으로 2.1명이다. 한 쌍의 부부가 2명의 자녀를 낳는 것에 더해 유아 사망까지 고려한 것이다.

이런 모습, 상상은 해보셨나요?

아이보다 어른이 많은 나라, 상상해보셨나요? 2005년 OECD 국가 중 최저 출산율의 나라, 세계에서 고령화가 가장 빨리 진행 중인 나라, 2050년 노인인구비율이 37.3%에 이르는 나라, 그곳이 다름 아닌 우리나라입니다. 우리 사회의 미래를 함께 생각해 주세요. 아이들이 대한민국의 희망입니다.

kobaco 한국방송광고공사
공익광고협의회

2004년 공익 광고. 광고에서 경고한 내용이 점차 현실로 다가오고 있다.

정적으로 몰아치는 홍수보다 오랜 시간 지속하는 가뭄이 생태계에 더욱 치명적인 영향을 주는 것과 비슷하다.

저출생 문제는 원인이 다양하지만, 첫손가락에 꼽는 요인은 여성의 사회적 진출이다. 여성의 교육 수준이 높아지고 노동 시장에 진입해 활동하게 되면서, 임신과 출산은 여성에게 상당히 큰 기회비용(→206쪽)이 따르는 일이 되었다. 경력 단절, 경제적 불안정을 불러오기 때문이다. 또한 기존의 가부장적 가족 문화를 거부하고 성평등의 가치를 중요하게 여기는 변화도 빼놓을 수 없다. 전통적 성 역할에서 벗어나 수평적 부부 관계를 지향하는 추세가 궤도에 올랐다. 아이를 낳지 않기로 합의한 딩크족이 꾸준히 느는 까닭이기도 하다.

자본주의 시장 경제 체제(→202쪽)가 안정적으로 정착된 나라일수록 부부가 수평적인 관계인 경우가 많다. 바꿔 이야기하면 경제 발전 수준이 낮을수록 여성이 아이를 많이 낳는 경향성이 있다. **합계 출산율**이 높다는 거다. 아프리카 대륙은 합계 출산율이 세계에서 가장 높다. 이는 아프리카의 여성이 다른 대륙보다 상대적으로 사회적 지위가 낮다는 뜻이기도 하다. 2021년 기준 아프리카 여성은 평균 4~5명의 아이를 낳는다. 채 한 명도 낳지 않는 우리나라(합계 출산율 0.78명)와는 대조적이다.

저출생의 또 다른 요인은 높은 양육비다. 아기 한 명을 키우는 데는 많은 돈이 필요하다. 세계에서 아이를 양육하는 데 드는 비용이 가장 높은 건 우리나라다. 아이 한 명당 양육비는 그 나라의 1인당 국내 총생산을 기준으로 계산한다. 아기를 낳아 18세까지 키우는 데 드는 비용을 그 나라의 1인당 국내 총생산의 몇 배인지를 살피는 것이다.

중국의 한 연구소에서 분석한 바에 따르면 우리나라는 7.8배로 나타났다. 독일의 3.64배, 프랑스의 2.24배보다 월등히 높은 수치다. 아이를 낳으면 수억 원의 돈이 필요하니, 아이 낳기를 주저할 수밖에 없다. 양육비 중에서 가장 큰 몫을 차지하는 건 아무래도 사교육비다. 부모는 바늘구멍으로 표현되는 입시 전쟁을 치르기 위해 과도한 사교육비를 지출한다. 입시 경쟁이 치열한 중국도 사정은 비슷하다. 중국이 우리나라 다음으로 양육비가 높게 산출되는 이유다.

인구 문제는 비단 저출생에 그치지 않는다. 아이를 낳지 않는 것만큼 사회적으로 부담스러운 문제는 **고령화**다. 고령화는 노인 인구 비율이 전체 인구 대비 높아지는 현상을 뜻한다. 유엔에서는 고령화를 세분화해 정의한다. 이에 따르면 전체 인구 대비 65세 이상 노인 인구 비중이 7% 이상이면 고령화 사회, 14% 이상이면 고령 사회, 20%를 넘기면 초고령 사회다. 그렇다면 우리나라는 어떨까? 우리나라는 이미 2000년에 고령화 사회에, 2017년에 고령 사회에 진입했다. 2024년 말에는 급기야 초고령 사회에 진입했다. 일본은 우리보다 훨씬 앞선 1995년에 이미 초고령 사회에 진입했다.

한 국가의 연령별 인구는 크게 셋으로 분류한다. 0~14세에 해당하는 유소년층, 15~64세에 해당하는 청장년층, 65세 이상의 노년층이다. 세 연령층을 적절히 조합하면 저출생 및 고령화의 문제를 두루 살필 수 있다.

국가의 성장 동력은 경제 활동에 참여하는 인구가 많은 청장년층이다. 청장년층을 부양받지 않는다는 뜻으로 피부양 인구라 부르는 이유다. 부모를 청장년층으로 놓으면, 자녀와 조부모는 부양 인구가 된다. 그래서 유소년과 노년 부양비를 산출할 수 있다. 유소년층이 줄면 미래의 청장년층이 줄고, 기존 청장년층은 노년층이 돼 저출생·고령화 현상이 심화하는 양상으로 흐른다. 이러한 인구 구조의 변화를 인구 피라미드로 표현하면 역삼각형 모양이 된다.

중위 연령은 저출생, 고령화를 더 직관적으로 확인할 수 있는 개념어다. 중위 연령은 쉽게 말해 전국의 모든 인구를 일렬로 줄 세워 정확히 절반에 서 있는 사람의 나이다. 1세, 2세, 3세, 20세, 50세 이렇게 다섯 명으로 구성된 나라가 있다고 가정하면 중위 연령은 3세다. 수백, 수천만 명으로 구성된 나라에선 중위 연령은 꽤 신뢰할 수 있는 지표다. 저출생으로 유소년층이 줄고, 고령화로 노년층이 늘면 중위 연령은 자연스럽게 올라갈 수밖에 없기 때문이다.

오늘날 저출생, 고령화는 세계적으로 주요 이슈다. 이를 해결하기 위해 여전히 사회적 지위가 낮은 여성의 인권을 개선하는 것, 노인 복지 시스템을 강화하는 등의 해결책이 언급되고 있다. 저출생, 고령화는 시급한 국가의 미래 과제다. 인구는 곧 사회요, 국가이기 때문이다. 세계에서 출산율이 가장 낮은 우리나라는 이에 관해 더욱 경각심을 가져야 한다.

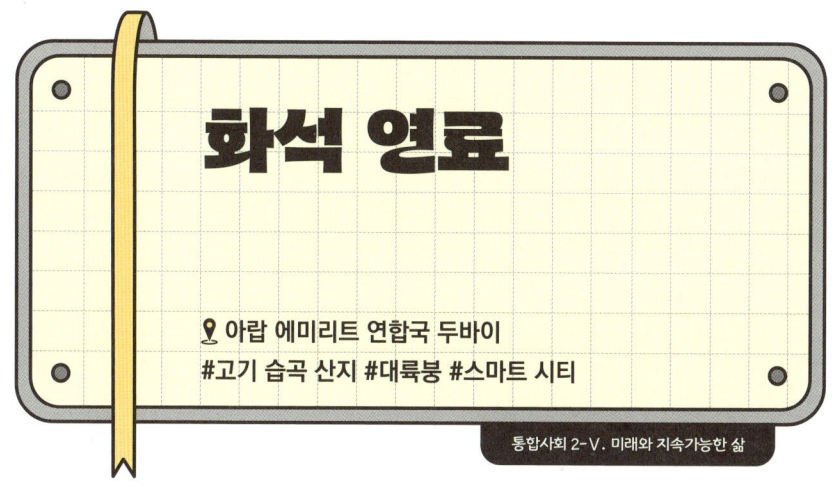

화석 연료

📍 아랍 에미리트 연합국 두바이
#고기 습곡 산지 #대륙붕 #스마트 시티

세계에서 가장 높은 빌딩은 높이 약 830m의 부르즈 할리파다. 이 빌딩은 어디에 있을까? 아랍 에미리트 연합국의 두바이에 있다. 아랍 에미리트 연합국은 아라비아반도 동남쪽 끄트머리에 있는 작은 나라다. 연합국이라는 이름에서 알 수 있듯, 일곱 개의 토호 세력이 모여 한 나라를 이룬다. 수도는 아부다비지만, 가장 큰 도시는 두바이다.

아라비아반도는 대부분 지역이 모래사막이다. 비가 거의 오지 않는다. 이 반도의 동남쪽에 있는 아랍 에미리트 연합국 역시 **사막 기후** 지역이다. 극도로 건조하고 물이 부족해 사람이 살기 부적합하다. 하지만 이 나라엔 사람도 돈도 많다. 2023년 기준 국내 총생산이 세계 30위권이며, 수출액은 세계 20위권이다. 불모의 땅이라는 지리적 한계를 보란 듯이 무력화하는 수치다. 어떻게 이런 일이 가능할까? 답은 **화석 연료**다.

두바이의 부르즈 할리파

　화석 연료는 땅속에 묻힌 동식물의 유해가 오랜 세월을 지나면서 화석처럼 변하면서 만들어진다. 크게 석유, 석탄, 천연가스 이렇게 세 종류다. 20세기 후반과 21세기는 가히 석유의 시대로 불릴 만큼 압도적인 화석 연료 소비량을 자랑한다. 석탄은 유럽의 산업 혁명을 이끌었고, 오늘날에도 여전히 중요한 역할을 하는 화석 연료다. 천연가스는 석탄과 석유보다 상대적으로 이산화탄소 배출량이 적은 자원이다. 그래서 이름에 '천연'이라는 말이 붙었다. 주로 가정이나 기업에 공급하는 도시가스나 산업용으로 널리 쓰인다. 화석 연료는 오늘날의 문명 사회를 떠받치는 핵심 에너지원이다.

　화석 연료가 만들어지는 과정은 화석이 만들어지는 것과

비슷하다. 잔잔한 호수나 얕은 바다에 동식물의 유해가 묻히되, 이들이 흩어지거나 금방 썩지 않는 게 중요하다. 동식물은 유기체이며, 유기체를 구성하는 핵심 물질은 탄소다. 생물의 유해가 탄화하면 탄소가 응집된 물질이 만들어진다. 그러려면 강한 열과 압력을 받는 작용이 필요하다. 이러한 조건을 모두 충족하기란 쉽지 않다. 화석 연료가 특정 지역에서 집중적으로 나타나는 이유다.

석탄은 주로 **고기 습곡 산지** 주변에 많다. 석탄을 만든 유기체는 주로 고생대에 살던 식물이다. 약 5억 년 전에서 2억 년 전 사이의 지질학적 시대로 거슬러 오른다. 이 중 특히 석탄이 많이 생산된 시기를 고생대 석탄기라 부른다.

석유와 천연가스는 석탄보다 훨씬 나중에 만들어졌다. 석유는 석탄과 비슷하게 과거에 얕은 바다나 잔잔한 호수였던 곳에서 나온다. 이는 수백만 년 전에 유기물이 땅속에 매몰되어 탄화 작용을 거치며 석유가 됐다는 뜻이다. 석탄과 큰 틀에서 비슷한 탄생의 역사를 지닌다. 석유가 있는 곳을 지질 구조상 트랩(trap)이라 부른다. 덫에 쥐가 갇히는 것처럼, 지층이 위로 솟아 휜 작은 공간에 석유가 축적되는 것이다. 이곳에 모인 석유를 뽑아 올리는 일은 간단하다. 워낙 강하게 압축되어 있어 구멍을 뚫으면 위로 솟구치기 때문이다.

천연가스 역시 주로 석유와 비슷한 곳에서 난다. 석유와 천연가스가 함께 있는 경우 상대적으로 밀도가 높은 석유가 아래, 천연가스가 위에 있다. 석유를 뽑아 올릴 때면 어쩔 수 없이 가스가 같이 나오는 이유다. 순도가 높은 원유를 생산하기 위해 가스를 태워 없애기도 한다. 석유를 채굴하는 유전 시추공 중에서 화염을 내뿜는 곳이 많은 이유는 그 때문이다.

천연가스와 석유의 차이점을 굳이 말하자면 만들어지는 지역이다. 천연가스는 석유에 비해 얕은 바다의 **대륙붕**☑에서 만들어지는 경우가 많다. 이곳에 플랑크톤이 많기 때문이다. 형성 과정은 비슷하지만, 어떤 것을 핵심 원료로 삼는가에 따라 조금씩 차이가 있는 셈이다.

두바이와 같은 사막 도시를 키운 건 전적으로 석유와 천연가스다. 아랍 에미리트 연합국의 석유 및 천연가스 매장량과 생산량이 압도적으로 많은 것은 아니다. 하지만 석유와 천연가스는 오늘날 세계에서 매우 인기가 많은 에너지원이다. 시야를 넓혀 이웃한 나라를 보자. 사우디아라비아, 카타르, 이란, 이라크, 쿠웨이트 등이 모두 세계적인 석유와 천연가스 생산국이다. 페르시아만을 끼고 빙 둘러싼 나라에서 많이 산출되는 셈이다. 이 역시 지리적 요인이 중요하게 작용했다.

아라비아반도를 보면 서쪽은 좁고 긴 홍해, 동쪽은 페르시아만과 접해 있다. 페르시아만은 홍해보다 훨씬 수심이 얕다. 바닷물을 살짝 걷어 내면 거대한 분지와 같은 모양새다. 얕고 넓고 완만한 분지는 특정 시기에 유기체의 유해가 잘 쌓일 수 있는 환경 조건이다. 앞서 이야기했듯, 페르시아만 일대에 산유국이 즐비한 까닭이 여기에 있다. 두바이에 세계 최고층 빌딩이 들어서고, 사막에 도시를 건설하고, 바다 위에 없던 도시를 세우고, 바닷물을 민물로 만들 수 있는 강력한 원천은 자본, 즉 돈이다. 그 돈은 곧 화석 연료에서 나온다.

그렇다면 화석 연료가 고갈된 아랍 에미리트 연합국은 어떤 나라가 될까? 아랍 에미리트 연합국은 화석 연료에 기대어 생활할 수밖에 없는 한계가 뚜렷하다. 그래서 반드시 화석 연료 이후의 미래를 그려야 한다. 이를 위해 화석 연료 수출 일변도의 경제 구조를 바꾸려고 노력 중이다. 기술을 혁신하고 세계의 첨단 및 금융 기업을 유치해 돈의 흐름을 바꾸고, 살기 좋은 나라와 도시를 조성해 여행객을 불러 모으는 데도 관심이 크다.

아랍 에미리트 연합국의 궁극적인 목표는 첨단 기술로 무장한 **스마트 시티**✅ 구현과 신재생 에너지 전환이다. 화석 연료가 지탱하는 경제는 기후 변화의 시대에 상당히 부담스러운 옷이다. 과감하게 그 옷을 벗는 날, 지속 가능한 사막의 도시라는 새로운 옷을 만날 수 있다. 이들에게 변화는 선택이 아닌 필수다. 지리적 조건으로 보면 확실히 그렇다.

스마트 시티
행정은 물론 교통과 안전, 환경 등의 분야에서 최신 기술로 효율적인 관리가 가능한 도시

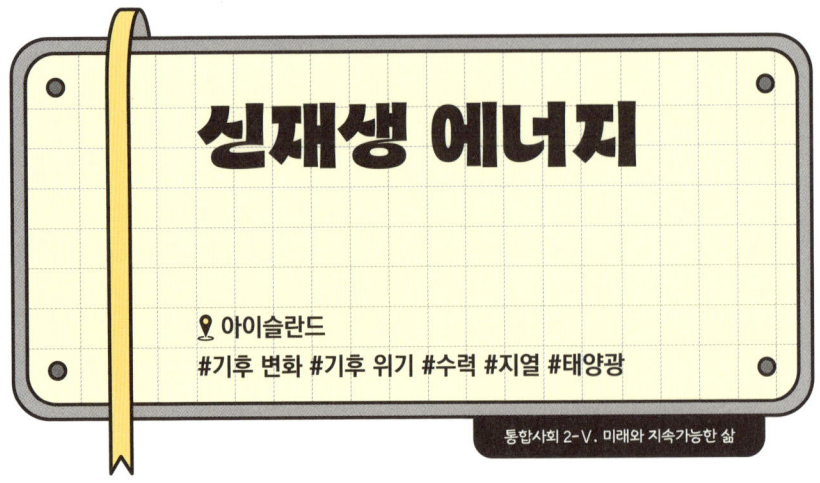

신재생 에너지

📍 아이슬란드
#기후 변화 #기후 위기 #수력 #지열 #태양광

통합사회 2-Ⅴ. 미래와 지속가능한 삶

기후 변화를 넘어 기후 위기의 시대다. 기후 위기의 주범으로 꼽힌 건 다름 아닌 화석 연료(→271쪽)다. 화석 연료는 유기체가 탄화되어 만들어졌다. 태우는 과정에서 이산화탄소가 배출될 수밖에 없다. 탄소는 지구 복사열을 붙잡아 지구 기온을 높인다. 엄밀히 말해 이 역할을 탄소보다 월등히 잘하는 건 이산화질소다. 그럼에도 전 지구적으로 탄소 배출량이 워낙 많아 이산화탄소가 주범이 됐다. 얼마나 많은 석유, 석탄, 천연가스를 사용하는지를 떠올리면 충분히 수긍할 수 있는 결과다.

탄소 배출을 줄일 방법으로 떠오르는 유력한 대안은 신재생 에너지다. 신에너지와 재생 에너지를 합친 말이다. 신에너지는 수소, 연료 전지 등 새로운 기술을 접목해 에너지를 만드는 방식이다. 재생 에너지는 태양광, 풍력, 수력, 지열 등 자연으로부터 거의 무한히 얻을 수 있는 에너지를 말

아이슬란드의 지열 발전소

한다. 앞으로는 화석 연료의 의존도를 낮추고 신재생 에너지 사용 비율을 높이는 일이 매우 중요하다. 이왕이면 고갈되지 않고 자연에서 지속적으로 얻을 수 있는 재생 에너지라면 더욱 좋다.

자국의 거의 모든 전력을 재생 에너지로 생산하는 나라, 아이슬란드가 대표적이다. 아이슬란드는 수력 발전으로 약 70%를, 지열 발전으로 약 30%의 전력을 생산한다. 이는 오롯이 지리적 조건 덕에 가능했다. 무슨 뜻일까?

아이슬란드는 대서양에 있다. 대서양에서 북위 60도 이상의 고위도에 있다. 지리적으로 북유럽의 스칸디나비아반도

북극권
일반적으로 북위 66도
선을 기준으로 그 이북
의 지역을 뜻한다. 북
극권에서는 여름철 해
가 지지 않는 백야 현
상, 겨울철 해가 뜨지
않는 극야 현상이 나타
난다.

와 그린란드 사이다. 북극권✔에 가까운 고위도 지역은 1년
내내 눈과 얼음으로 뒤덮인 곳이 많다. 그런 점에서 아이슬
란드의 해안을 주목해야 한다. 드나듦이 매우 복잡한 좁고
긴 해안, **피오르 해안**이다. '피오르'는 노르웨이어로 좁고 깊
은 만, 즉 협만(峽灣)이라는 뜻이다.

좁고 깊은 만은 빙하가 주도해 만들었다. 지구가 매우 추
웠던 빙기에는 아이슬란드와 같은 고위도 지역의 대륙을 빙
하가 덮었다. 덩치를 키운 빙하는 지구의 기온이 서서히 오
르면서 녹아 이동했다. 그 과정에서 흔적을 남긴 골짜기라
좁고 길다. 여기에 바닷물이 차오르는 과정이 더해지면 피
오르가 완성된다.

피오르가 있는 나라는 산악 빙하가 남아 있는 터라 눈과
얼음 녹은 물이 꾸준히 공급된다. 여기에 힘을 보탠 건 현곡
이라는 빙하의 선물이다. 현곡(hanging valley)은 매달린 골짜
기다. 워낙 큰 빙하가 자기 모습 그대로 밀고 내려간 덕에
잘린 계곡은 큰 높이 차가 발생한다. 산 정상부의 물줄기가
큰 낙차를 만나면? 그게 바로 수력 발전이다. 아이슬란드의
수력 발전 비중이 압도적으로 높은 이유다.

한편 지열은 땅의 구조로 가능했다. 아이슬란드의 국토
한복판은 대서양 중앙 해령이라는 걸출한 판의 경계가 지난
다. 대서양 중앙 해령은 북극해에서 출발해 아프리카 남단
에서 다시 방향을 틀어 인도양을 향하는 거대한 판의 경계
다. 이곳은 지구 속에서 끝없이 뜨거운 마그마가 분출하는
자리다. 아이슬란드는 마그마의 분출로 만들어진 화산섬이

다. 1년 내내 솟구쳐 오르는 마그마는 그 자체로 무한한 에너지원이다. 적절히 유도해 지열 발전을 하면 전기를 얻을 수 있다.

수력과 지열 발전 외에도 재생 에너지는 대부분 지리적 조건과 밀접히 관련된다. 자연에서 얻기 때문이다. 그렇다면 태양광 발전이 유리한 지역은 어디일까? 당연히 태양 에너지가 지표에 잘 도달하는 조건을 지닌 공간이다. 태양 에너지를 가로막는 핵심 요인은 비구름이다. 구름이 잔뜩 긴 날은 아무래도 해를 보기 어렵다. 이상의 조건을 땅에 적용하면 건조 기후 지역이 최적의 입지다. 세계적인 태양광 발전소 대부분이 건조 기후 지역에 있는 이유다.

풍력 발전은 바람에 민감하다. 바람은 공기의 흐름이다. 그런 면에서 공기의 흐름을 막지 않는 공간이 최적의 입지다. 바람을 막는 큰 장벽은 산지다. 산지는 존재만으로 바람을 막거나 휘거나 흩뿌린다. 산지가 없는 넓은 평지가 좋겠지만, 더 좋은 공간은 바다다. 바다는 그야말로 바람이 힘을 내는 고속 구간이다. 한 가지를 더 보태자면 일정한 바람의 방향이다. 이를 지리적으로 표현하면 항상풍이 부는 바다가 그야말로 최고의 공간이다. 세계적인 풍력 발전 단지는 위의 두 공간 조건을 충실히 따른다.

아이슬란드와 비슷한 수력 발전의 조건을 갖추고 더 많은 전력을 생산하는 나라는 이웃한 노르웨이다. 북해 연안의 노르웨이의 해안선은 피오르 해안의 전형이다. 스칸디나비아산맥이 북해에서 밀려드는 비구름을 받아 막대한 눈과

항상풍
지구에서 늘 일정한 방향으로 부는 바람을 말한다. 적도를 기준으로 고위도로 가면서 나타나는 무역풍, 편서풍, 극동풍이 대표적이다.

비를 머금는다. 쉬이 녹지 않는 고위도의 지리적 조건, 여기에 빙하가 깎아 생긴 수많은 현곡은 수력 발전이라는 축복을 선물했다.

수력 발전은 고위도의 빙하 지역에만 있지 않다. 현곡처럼 낙차가 크지 않더라도 유량이 압도적이면 그 자체로 발전의 충분조건을 갖춘 셈이다. 1년 내내 비가 많이 오는 지역은 하천의 유량이 압도적이다. 브라질의 아마존강이 대표적이다. 브라질은 아마존강 덕분에 전체 전기 생산의 약 60%를 수력 발전으로 감당하고 있다. 신에너지는 몰라도 적어도 재생 에너지만큼은 지리적 조건의 부산물이다.

어떤 도시에 가면 길바닥에 돌 모자이크로 이루어진 독특한 문양을 볼 수 있다. 바닥을 돌로 포장하는 와중에 가위, 빗, 책을 들고 있는 손과 같은 문양을 표현했다. 이 문양이 있는 곳은 가게의 입구다. 예상하다시피 가위와 빗은 미용실, 책은 서점이다. 세계 어디를 가도 상점엔 간판이 있다. 간판은 십중팔구 전기를 사용한다. 밤에도 상점의 존재를 알리기 위해서다. 하지만 이 도시는 바닥에 새긴 모자이크가 곧 간판이다. 밤에는 듬성듬성 켜진 가로등이 바닥의 모자이크를 비춰 준다. 이 도시는 어딜까? 바로 독일의 프라이부르크다.

프라이부르크는 독일 남서부에 있다. 인구는 약 23만 명이다. 근처에 라인강이 흐르고 강을 건너면 프랑스를 만난다. 라인강 상류로 조금만 거슬러 오르면 스위스의 바젤을, 조금 더 거슬러 오르면 알프스산맥에 기댄 리히텐슈타인을 만난다. 여러 나라와 제법 가깝다. 내륙 수운이 발달한 라인

프라이부르크 길거리 곳곳에서 발견할 수 있는 돌 모자이크 간판

강에 여러 나라와 접해 있다는 사실을 더하니, 교역이라는 값이 나온다. 프라이부르크가 오래전부터 교역 도시로 발달해 온 이유다.

지리적으로 주목할 또 다른 특징은 프라이부르크에서 가까운 슈바르츠발트다. '검은 숲'이라는 뜻의 삼림 지역이다. 침엽수가 워낙 빼곡하게 들어찬 터라 숲에는 빛이 잘 들지 않기 때문이다. 자연이 오랜 시간 동안 빚은 검은 숲은 생태적으로 존재감이 남다르다. 이곳이 국립 공원으로 지정된 이유다. 나아가 슈바르츠발트는 프라이부르크의 인지도를 높이는 데도 한몫했다. 오늘날 프라이부르크라면 **생태 도시**라는 타이틀이 꼭 따라붙는다. 슈바르츠발트는 이 긴밀한 관계의 디딤돌을 놓았다. 무슨 뜻일까?

프라이부르크가 세계의 주목을 받은 계기는 1975년 핵 발전소 반대 시위다. 1950~1960년대 유럽 사회에는 프랑스를 중심으로 핵 발전소 건설이 들불처럼 번졌다. 적은 원료로 많은 에너지를 만드는 원자력 발전은 상당히 매력적인 선택지였다. 눈앞의 이익이 그 위험성을 제대로 보지 못하도록 눈을 가렸다. 프랑스는 오늘날까지도 유럽 국가 가운데 원자력 발전 비중이 가장 높으며, 그 비중은 약 70%에 이른다.

1975년 슈바르츠발트 근처의 작은 마을에 서독의 스무 번째 핵 발전소가 들어설 예정이었다. 이 소식을 접한 마을 주민들과 프라이부르크를 비롯해 독일 곳곳에서 모인 반핵 시위대는 검은 숲의 발전소 부지를 점령하고 격렬한 반대 시위를 벌였다. 그야말로 결사 항전이었다. 결국 핵발전 건립 계획은 폐기됐다. 수많은 시민이 핵 발전소 건립을 반대한 핵심적 이유는 자연의 선물인 검은 숲을 지키자는 것이었다. 슈바르츠발트는 그만큼 국민적 사랑을 받는 독일 생태의 이정표와 같은 공간이다.

이때의 활발했던 시민 운동은 1980년에 환경 보호와 탈핵 등을 주요 의제로 내세운 녹색당을 만드는 계기가 됐다. 내친김에 지속 가능한 에너지 구조를 만들고자 원자력 발전은 물론 화석 연료도 사용하지 않겠다는 자발적 시민 운동이 시작됐다. 그 중심에 선 도시가 바로 프라이부르크다.

사실 프라이부르크는 20세기에 여러 번의 고비를 맞았다. 제2차 세계 대전으로 시가지의 약 80%가 폐허가 됐고, 1960년대엔 산성비로 숲이 말라 죽어 가는 것을 목도했다. 프랑스의 공업 지대에서 발생한 오염 물질은 편서풍을 타고 슈바르츠발트 일대로 몰려들었다. 알프스산맥 이북의 유럽 북서 지역은 대부분 편서풍의 영향권에 있다. 그래서 오염원의 발생 지역과 피해 지역이 다른 경우가 많다. 특히 산성비가 그렇다. 슈바르츠발트의 침엽수는 산성비로 콩나물처럼 힘을 잃고 스러졌다. 이러한 경험이 있었기에 시민들은 결사 항전으로 핵 발전소 건립 계획을 백지화할 수 있었다. 환경을 살리는 일이 곧 공동체를 살리는 길이라는 사실을 절감한 것이다.

생태 도시의 모범인 프라이부르크에 가면 모든 게 신선하다. 일단 자동차가 눈에 잘 띄지 않는다. 프라이부르크의 시민은 대부분 자전거를 이용한다. 도시 설계를 자전거와 보행자 중심으로 꾸준히 재편하니 오히려 자동차를 타는 것이 불편한 구조가 됐다. 자동차를 중심으로 도시를 설계하는 미국과는 사뭇 다른 분위기다. 도시가 자전거 중심으로 바뀌니 교통사고가 거의 사라지는 부가 효과도 나타났다.

소비 중심의 물질주의 도시에서는 찾아보기 힘든 아이디어를 프라이부르크 곳곳에서 만날 수 있다. 가장 대표적인 것이 태양광 집열판이다. 이제는 어느 나라에서나 익숙하게 찾아볼 수 있는 지붕 위 태양광 패널의 시작도 프라이부르크였다. 환경 사랑으로 똘똘 뭉친 사람들은 어떻게 하면 **에너지 자립 도시**✔를 만들 수 있을지 늘 생각했다. 그 정수를 모아 보봉(Vauban)이라는 에너지 자립 마을도 힘을 합해 만들었다. 주민이 함께 땅을 구입해 공동 주택을 지었기에 모든 것은 주민 마음대로였다. 그래서 제대로 된 '친환경' 설계가 이뤄졌다. 태양광 패널은 마을에서 끝나지 않고 프라

에너지 자립 도시
도시에 필요한 에너지를 자체적으로 생산해 자급자족하는 도시를 말한다. 주로 태양광 등 신재생 에너지를 활용한다.

이부르크 곳곳에 확산됐다. 관공서는 물론 상점과 자전거 도로에도 패널을 설치해 전기를 만들었다. 프라이부르크의 별명은 '태양의 도시'다. 충분히 수긍할 만하다.

프라이부르크는 지속 가능한 도시다. 지구의 자원을 낭비하지 않고 환경을 파괴하지 않으며 현재의 필요를 충족하는 도시라는 뜻이다. **지속 가능한 발전**은 21세기 최대의 화두다. 지구 온난화에 따른 **기후 변화**가 심상치 않기 때문이다. 기후 변화의 속도를 늦추고 지속 가능성을 이루려면 탄소 배출을 최소화해야 한다. 이른바 **탄소 중립** 도시가 돼야 한다는 것이다. 같은 맥락에서 최근 세계의 여러 기업은 이에스지(EGS)에 관심이 높다.

이에스지는 환경(Environment), 사회(Social), 지배구조(Governance)의 앞 글자를 딴 용어다. 물질문명의 첨병 역할을 해 온 기업이 환경 보호, 탄소 배출 억제, 노동 환경 개선, 윤리 경영 등에 노력을 기울이는 이유는 지속 가능한 발전이라는 목표에 부응하기 위해서다. 이제 지속 가능성을 고려하지 않는 기업은 소비자로부터 외면 받는다. 누구도 거스를 수 없는 시대적 요구라는 뜻이다.

탄소 중립
인위적인 탄소 배출량을 최대한으로 줄이고, 이미 배출한 탄소는 최대한 흡수해 실질적 탄소 배출량이 '0'이 되도록 하는 개념이다. 바꿔 말하면 탄소 순 배출량을 '0'으로 만드는 것이다.

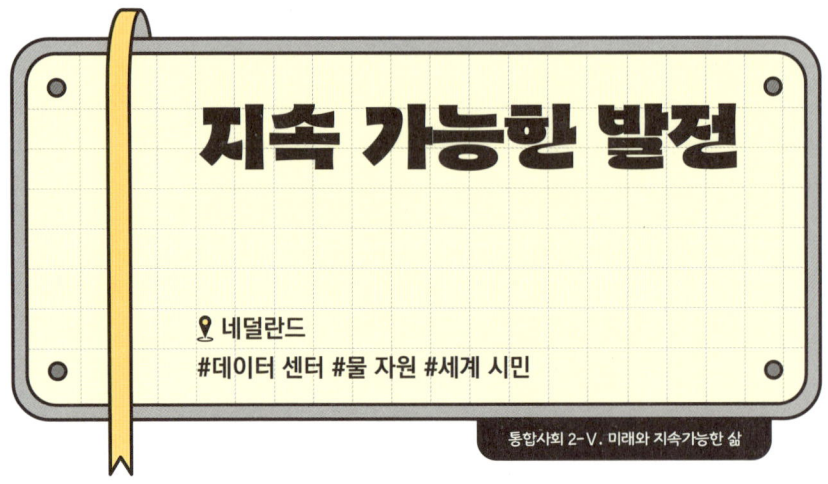

지속 가능한 발전

📍 네덜란드
#데이터 센터 #물 자원 #세계 시민

통합사회 2-Ⅴ. 미래와 지속가능한 삶

21세기는 첨단 기술의 시대다. 20세기 머릿속으로 공상하던 세계는 시나브로 현실 세계에 펼쳐지고 있다. 지구 반대편에 있는 친구와 영상 통화를 하고, 운전자 없는 자동차가 알아서 목적지까지 데려다준다. 원하는 정보는 인터넷이라는 정보의 바다에서 얼마든지 길어 올릴 수 있고, 도무지 갈피를 잡지 못하는 문제는 인공 지능의 도움으로 몇 초 안에 해결할 수도 있다. 각종 동영상 플랫폼을 통해 개인 방송을 할 수 있고, 그 어떤 방송국의 도움 없이도 유명 인사가 될 수 있다. 상상하는 만큼 현실에 구현하는 가능성의 시대라는 거다.

첨단 기술의 발달은 돈을 버는 방식도 바꿔 놓았다. 전통적으로 기업은 물건을 만들어 팔아 이윤을 남겼지만, 지금은 서비스를 제공하는 기업이 큰 부가 가치를 낸다. 구글, 메타(페이스북) 등 강력한 플랫폼으로 서비스를 내는 기업은

마이크로소프트(MS)가 운영하는 네덜란드의 데이터 센터. 2021년 한 해 동안 8,400만 L의 식수를 소비하며 지역 주민의 반발을 샀다. 이에 네덜란드 정부는 신규 데이터 센터가 들어오지 못하도록 일시적으로 조치하기도 했다.

세계 기업에서 높은 순위를 차지한다. 이 기업들은 인공 지능을 활용한 서비스와 실시간 소통 애플리케이션을 제공하며, 수십억 명의 커뮤니케이션을 책임지고 있다. 오랜 시간 막대한 양의 데이터를 바벨탑처럼 쌓아 올린 덕에 가능했다. 각각의 데이터는 뇌의 뉴런과 시냅스처럼 전기 신호에 발맞춰 서로 모였다 흩어지기를 반복한다. 그 과정에서 인공 지능은 슈퍼컴퓨터를 능가하는 힘을 발휘할 수 있다. 이른바 네트워크의 힘이다.

그렇다면 공룡 플랫폼 기업에 가장 중요한 건 뭘까? 당연히 데이터다. 지금, 이 순간에도 상상을 초월한 수준의 데이터는 세계 전역에서 생산된다. 짧은 메신저를 보내든 유튜브에 동영상을 올리든 온라인으로 이루어지는 모든 행위는 곧 데이터가 된다. 사정이 이렇다 보니 데이터 관리는 플랫폼 기업의 숙명으로 다가왔다. 1년 365일 24시간 동안 한 치의 흔들림 없는 서비스를 제공하는 게 무엇보다 중요하다. 데이터를 유실하거나 서비스가 불안정하면 상상하기 힘든 수준의 후폭풍을 감당해야 한다. 오늘날 분야를 막론하고 온라인으로 이루어지지 않는 경제 행위가 없을 정도이기 때문이다. 이런 시대적 변화에 발맞춰 기존에 없던 건축물이 현실 공간에 나타나기도 한다. 바로 **데이터 센터**다.

산업의 쌀이 철광석이라면, 테크놀로지의 쌀은 데이터 센터다. 컴퓨터 산업이 막 시작할 무렵엔 데이터 센터라는 개념 자체가 없었다. 데이터 센터가 본격화한 시기는 1980년대다. 애플이 첫 개인용 컴퓨터를 만들고 사회 전 분야에 컴퓨터가 빠른 속도로 보급되면서 컴퓨터와 컴퓨터를 잇는 네트워크가 발달했다. 네트워크의 발달은 인터넷 시대를 열었고, 그 과정에서 데이터 센터의 필요성이 대두됐다. 중요한 건 데이터의 양이 늘면서 데이터 센터가 한껏 진화했다는 점이다. 오늘날 데이터 센터를 지을 때 가장 신경 쓰는 건 흥미롭게도 **지속 가능한 발전**이다.

세계적인 첨단 기업은 너도나도 데이터 센터 건설에 관심이 많다. 가공할 양의 데이터를 처리하는 일은 곧 기업의 생존과 직결된다. 최근 세계적인 첨단 기업들은 중동과 남미 지역에 데이터 센터를 지었다. 중요한 건 데이터 센터의 입지로 이 지역들의 물과 전력 소비가 급증했다는 점이다. 데이터센터는 사실 환경 면에서 상당히 부담스러운 시설이다. 막대한 데이터를 안정적으로 유지하기 위해선 적절한 온도와 습도, 전력 공급의 안정성, 공기의 질 등이 중요하다. 서버가 멈추는 일을 방지하기 위해 냉각 및 습도 조절기를 1년 내내 가동해야 하기 때문이다.

최근 한 연구에 따르면, 인공 지능 챗GPT가 여섯 개의 물음에 답하기 위해선 한 컵 정도의 물이 필요하다고 한다. 인공 지능과 물은 일견 관련이 없어 보이지만, 데이터 센터를 유지하려면 냉각수가 필수다. 냉각수는 서버를 한 번 식히는 데 약 80%가 증발한다. 더 많은 냉각수가 필요한 생성형 오픈 인공 지능은 더 많은 물을 쓴다. 한정된 지구의 물은 인공 지능 산업의 발달에 따라 빠르게 고갈되는 추세다.

물은 생명의 근원이다. 첨단 산업을 위한 과도한 물 사용은 또 다른 피해를 가져온다. 그중에서도 특히 생활용수의 부족이다. 식수와 같은 생활용수는 인간의 생존과 존엄을 위한 보루다. 농사도 마찬가지다. 농사를 지어야 식량을 원활하게 조달할 수 있다. 물 자원과 같은 생존을 위한 최소한의 안전장치가 무너지면 이를 둘러싼 갈등이 표면 위로 드러날 수 있다. 물을 얻기 위한 각양각색의 분쟁이 인류 역사와 함께한 것도 그 때문이다.

내가 무심코 인공 지능을 사용하는 사이, 누군가는 일상에 꼭 필요한 물이 부족해 어려움을 겪을 수도 있다. 이처럼 오늘날의 사회 현상은 서로 긴밀하게 얽혀 있으며, 개인의 작은 선택과 행동이 지구적 차원에서 파급 효과를 낳는다. 그렇기에 **세계 시민**✓으로서의 태도와 관점이 더욱 중요하다.

물 부족은 나라 상황에 따라 영향이 다르다. 물 관리를 제대로 할 수 있는 시스템을 구축한 나라가 있는가 하면, 그렇지 않은 나라도 있다. 물 관리를 잘한다는 건, 그만큼 비가 올 때 물을 잘 저장하고 보존하는 능력이 뛰어나다는 뜻이다. 선진국은 대체로 중장기적인 안목으로 이를 채비하고 있다. 반면 개발 도상국은 당장 먹고사는 문제가 시급하다. 긴 호흡으로 물 관리를 하기엔 당장 목마름을 해결하는 데 급급하다. 경제적 불평등이 물 부족에 대처하는 능력으로 고스란히 이어지는 구조다.

물 부족 문제는 전 지구적으로 얽혀 있는 것이기에 이 역시 지속 가능성이라는 관점에서 다루어야 한다. 지속 가능한 발전은 세계의 노력을 진두지휘하는 핵심 의제다. 현재 세대의 필요를 충족하면서도 미래 세대가 자신들의 필요를 충족시킬 수 있도록 배려하는 발전이 바로 지속 가능한 발전이다. 1987년 세계환경개발위원회가 〈우리 공동의 미래〉✓에서 처음으로 정의했다. 이를 위해선 크게 세 축이 유기적으로 맞물려야 한다. 경제 성장, 사회 발전, 환경 보호가 그것이다. 유엔은 이에 관한 17가지의 세부 목표를 두고 매년 도

세계 시민
한 국가나 지역을 넘어 스스로를 지구촌의 일원으로 여기는 책임 있는 사람을 뜻한다. 기후 변화, 인권, 빈곤, 공정 무역과 같은 지구 공동의 문제에 관심이 많고 글로벌 이슈에 민감하다. 또한 서로 다른 민족(인종)과 종교를 이해하고 포용하는 태도를 갖추려고 노력한다.

우리 공동의 미래
'브룬틀란 보고서'라고도 부른다. 유엔에서 출판한 보고서에는 지속 가능한 발전을 정의하고 이에 관한 다양한 임무가 소개돼 있다. 특히 인구 증가, 식량 안보, 생물 다양성 감소 등과 같은 굵직한 이슈가 모두 하나로 연결돼 있음을 파악한 점이 돋보인다.

달 정도를 측정하고 있다.

데이터 센터를 넘어 새롭게 지어지는 대부분 건축물은 탄소 배출을 최소화하는 데 중점을 둔다. 대한민국의 아파트도 그렇다. 가급적 친환경 자재를 쓰고 에너지 효율을 높이는 설계를 하고 과도한 폐기물이 나오지 않도록 지어야 한다. 이러한 건축 방식은 선택이 아닌 의무가 돼 가고 있다. 지속 가능하지 않던 오랜 관행은 시나브로 기후 위기로 인류에게 돌아왔다. 지속 가능한 발전을 추구하지 않을 이유는, 이젠 그 어디에도 없다.

찾아보기

이미지 출처

19쪽   Ministry of Justice, Communication and Foreign Affairs, Government of Tuvalu

31쪽   위키커먼스(ⓒSquelle)

66쪽   NASA

76쪽   셔터스톡(ⓒmarleyPug)

81쪽   Rolls-Royce Motor Cars PressClub

86쪽   셔터스톡(ⓒAlizada Studios)

91쪽   셔터스톡(ⓒStock for you)

96쪽   셔터스톡(ⓒSean Pavone)

103쪽   위키커먼스(ⓒTim Williamsen)

109쪽   琉球新報

115쪽   4.19혁명기념도서관

123쪽   연합뉴스

126쪽   헌법재판소

132쪽   청년기후긴급행동

138쪽   New England Historical Society

150쪽   위키커먼스(ⓒPhilipsakwari)

156쪽   연합뉴스

162쪽   셔터스톡(ⓒFiledIMAGE)

167쪽   연합뉴스

173쪽   Kela

186쪽   WPA(Works Projects Administration)

- 출처 표시가 없는 이미지는 자유 이용 저작물이거나
  셔터스톡 제공 사진입니다.

- 이 책에 쓰인 이미지 중 저작권자를 찾지 못하여
  게재 동의를 얻지 못했거나 저작권 처리 과정 중
  누락된 이미지에 대해서는 확인되는 대로 통상의 절차를 밟겠습니다.

통합사회 개념 픽

1판 1쇄 발행일 2025년 11월 17일

지은이 박현희 최재희

발행인 김학원
발행처 (주)휴머니스트출판그룹
출판등록 제313-2007-000007호(2007년 1월 5일)
주소 (03991) 서울시 마포구 동교로23길 76(연남동)
전화 02-335-4422 **팩스** 02-334-3427
저자·독자 서비스 humanist@humanistbooks.com
홈페이지 www.humanistbooks.com
유튜브 youtube.com/user/humanistma
인스타그램 @gomgom_teens
편집주간 황서현 **편집** 이여경 이영란 **디자인** 유주현
조판 홍영사 **용지** 화인페이퍼 **인쇄·제본** 정민문화사

ⓒ 박현희·최재희, 2025

ISBN 979-11-7087-392-1 43300